中国现代化进程中的价值虚无主义研究

刘宇 著

复旦大学出版社

本书为国家社会科学基金哲学类一般项目
"当代中国社会的价值虚无主义研究"(项目编号:14BZX004)最终成果

中 文 摘 要

价值虚无主义是内在于现代化进程的普遍问题，它是轴心时代确立的最高价值的陨落与超验世界的坍塌所引发的意义向度的萎缩与价值秩序的混乱。奔赴现代文明的中国社会，不可避免地遭遇了价值虚无主义的问题，其核心内涵在于传统神圣终极价值失落以后，主体理性却尚未发育成熟，进而引发价值失序。也就是说，中国传统社会以最高价值为根本准则的绝对性价值构建所确立的传统规范秩序已然失范，却未能产生拥有自主性人格的多元化社会主体以自我立法的相对性价值构建，建立有效的现代规范秩序，致使心灵世界与公共生活的价值秩序发生紊乱，终极价值和规范价值同时"祛魅"，唯功利价独尊。

传统"天道"观是中华民族在轴心时代所确立的最高价值，它不仅为政治权力提供了权威性基础，也为社会规范提供了正义性本源，还为道德行为提供了自律性根据，更为人生意义提供了神圣性源泉。"天道"为传统中国社会的政治秩序、社会秩序、心灵秩序，提供了超越的最高价值与神圣的终极关怀。然而，在被动急促的现代化进程中，实际的生活与中国传统社会内在超越的文化结构、与实质性的伦理传统发生了"断裂"，传统最高价值"天道"不可避免地陨落了，从而导致"从天到人"之敬畏伦理的失落、"从人到天"之耻感伦理的消解，以及"终极价值"之信念伦理约束力的削弱，以致引发意义世界的萎缩与价值秩序的混乱。

中国社会价值虚无主义的产生，是现代化进程中无可避免、必定发生的精神价值问题，然而其信仰迷失、价值迷茫、功利短视、人性沦陷的现实表征，却是决不可听之任之的严重问题。没有底线的物质追求、透支未来的竭泽而渔、沉迷钱权的角逐游戏，已经使人们与理想、精神、境界等渐行渐远，贪婪膨胀与反智主义的物欲主义、亵渎和瓦解规范价值的潜规则、妨害和恶化公共生活秩序的信任危机，已经成为中国社会价值虚无主义最为严重的表征。

但是,价值虚无主义的发生并非毫无来由,传统价值构建的失效是其深层根源之一。中国社会的现代化推进使整个社会形态与生存方式,发生了从封闭到开放、从同质到异质、从单一到多元的转变。传统一体化社会整合与绝对性价值构建逐渐失效,进而导致中华民族在轴心时代所确立的最高价值即"天道"的崩塌以及与之一脉相承的"神圣目的"的式微,"人在做,天在看"的价值信念与"神圣目的"的精神追寻,已无法产生昔日应有的范导性和规约力,致使精神价值系统发生连锁式的危机。同时,由于中国社会的现代化推进是在急迫性的历史境遇中展开的,传统文化没有充分的时间实现现代性转化,就已成为一种强大的阻碍性力量,从而被以激进主义的方式彻底抛弃。这是中国社会价值虚无主义产生的直接根源。加之,中国社会现代性未完成的现实状况,不仅表现为社会结构呈现出尚未完全分化的状态,制度伦理也表现为普遍性力量的欠缺,社会人格亦显示出依附性的特质。这种前现代的残留与现代性的匮乏,成为中国社会价值虚无主义发生的现实根源。

然而,价值虚无主义的扬弃路径,决非重新回到一体化社会整合与绝对性价值构建,而是在中国社会发生结构分化与利益多元的状况之下,全力推进社会主义现代性的构建,从而完成契约性社会整合与相对性价值构建,实现程序正义的共同信念、规范价值的底线共识、终极价值的多元共契,呈现出"中国性格"的现代文明形态,从而使中国社会在社会主义现代性的构建中走出价值虚无主义的泥沼。

代序：探寻价值虚无主义的中国密码

山东大学　刘森林

当代中国的现代价值虚无主义研究近年来取得了诸多进展。现代虚无主义在德国、俄国的发生，特别是在德国的哲学发生及其主要代表性人物雅各比、黑格尔、马克思、尼采、海德格尔的相关思想，得到了学术界持续的关注和研究。现代虚无主义的俄国发生和日本发生，对其主要代表人物屠格涅夫、陀思妥耶夫斯基、西谷启治等，也有了越来越多的研究。伴随着研究成果的出版与发表，相关核心文献的整理、翻译已开始陆续出版。

但研究现代虚无主义的落脚点毕竟是理解当代中国。探究再多的现代虚无主义一般问题，翻译整理出版再多的相关西文文献，细究德国、俄国相关思想家的思想，都是为探究中国现当代的虚无主义问题奠定基础、准备前提。我们的现代虚无主义思想研究，核心定位自然是对现当代中国虚无主义的恰当理解，尤其是其处境、表现、发生机理、哲学根基的理解。对这些问题，刘宇教授这本《中国现代化进程中的价值虚无主义研究》为我们提供了适时的解答。

通过对中国价值虚无主义的深入研究，我们可以逐步告别奉西方模式为标准、普遍和一般的立场，更切近对中国问题的理解。我们在现代世界探究现代虚无主义问题的发生和求解方案时，往往只盯住西方式的逻辑、机理和样式，常常自觉不自觉地把西方的逻辑当作普遍和一般而向特殊领域推广、延伸。但如果简单地把问题定位于现代西方，在哲学上仅仅着眼于西方式的那种"上帝"的"死亡"，那会把问题极度简单化的。在中国，这个问题肯定是与中国独特的社会构成、独特的历史传统、独特的思维方式、为价值论证和奠基的独特论证方式等多种因素内在相关的。西方并不代表普遍和一般，至少不是简单应用和推广就了事的那种普遍与一般。甚至可以说，导致现代虚无主义发生的西方也是一种特殊。不能因为这种特殊最早导致出现了广为流传的现代性就把它当作普遍和一般，然后到只有特殊的份儿的其他国度去寻找与西方普遍不一样的"特殊"。实际上，西方仍然是一种特殊，只不过在现代文明的发生和发展期内是一种更重要的"特殊"；这种"特殊"在特定时期内发挥了很大的辐射力，具有类似"一般"的形式特征，但实质上终归是一种"特殊"，一种很"特殊"的"特殊"。这种"特殊"对中国自身的"特殊"产生了并将继续产生着特定的影响和作用。抽去这个维度无法理解现当代中国，但如果抹杀中国自身的这种"特殊"，发生在现当代中国的现代虚无主义就更难以被确切把握。因为发生在当下中国的现代虚无主义，并非单纯的西方影响所致，也是甚至更多是由中国独特的社会结构与文化传统的变革所致。

恰当理解当代中国的虚无主义思潮，首先应该检思当代中国虚无主义思潮的来源和发生机制。当今中国影响更大的虚无主义思潮是历史虚无主义。但历史虚无主义根源于伴随启蒙运动而来的价值虚无主义的价值重估冲动。欧洲启蒙运动对价值和历史的重估与重写，蕴含着价值和历史层面的虚无主义质素，并在现代化运动中伴随着某些条件而得以释放。而欧洲启蒙运动期间对中国形象的重塑，把中国从一个令人羡慕的文明形象重塑为一个跟落后、封闭、专制、因循守旧、抑制工商业联系在一起的半文明形象，从而对中国历史和中华文明做了明显的一种反思、否定，这种反思与否定现在看来需要一次新的反思和批判，因为这其中既有基于中国现代化建设而对落后传统的有益反思，也有简单化的一概否定（虚无化）。用本书作者的话说就是，中国"传统文化没有充分的时间实现现代性转化，就已成为一种强大的阻碍性力量，从而以激进主义的方式被彻底抛弃"。20世纪伊始，中国很多先进的知识分子简单地接受了这种被欧洲启蒙运动改写了的中国话语系统，对此缺乏足够的反思与批判。这个系统中无疑蕴含着某种针对中国的虚无主义。直到被虚无化的中国从传统中国发展到中华人民共和国时，我们才发现这种源远流长的虚无化中国的思想潮流的危害性，并开始重视它。检思这个思潮及其历史，需要进一步考察启蒙运动、工业化、现代化所产生的现代性效果，以及中国传统天道的陨落与崩溃。因为话语的转型根植于政治-经济-社会的现代性转型。先是艰难曲折后是激进快速的中国社会现代化转型，不可避免地遭遇到现代价值虚无主义的来临。

如果说虚无主义在西方社会的发生和表现在于"上帝之死"，即以道德价值、宗教信仰、哲学思维方式等形式体现出来的各种"超验之神"的死亡，与基督教的变革和转型、与传统形而上学的终结密切相关，那么，虚无主义在中国是怎样一种体现？如果说西方虚无主义的发生与教会代理权的丧失、神性世界坍塌、西方独特的传统形而上学思维方式直接相关，那么，中国虚无主义的发生与什么直接相关呢？刘宇教授认为，虚无主义在中国也同样是轴心时代确立的最高价值的陨落与超验世界的坍塌所致。只不过这个超验世界、最高价值不是以西方的"上帝"形式展现，而是以"天道"的形式出现。因而，中国价值虚无主义的发生，与天道的陨落，天道与中国政治、经济、文化的复杂关联直接相关。中国价值虚无主义的发生，与价值的失效、与中国社会独特的文化结构、与中国社会现代化的路径，都产生了复杂的交织，通过天道的陨落与崩溃、规范的陷落（敬畏的失落、犬儒主义生存抉择的传播、社会信任的危机等）、信念伦理的失效等方式展现出来。这在为政治提供权威性根基、为社会提供正义性本源、为道德提供自律性基础、为个体提供终极关怀等方面也是类似的。天道陨落导致敬畏伦理失落、耻感伦理消解、信念伦理式微所喻示的意义世界萎缩和价值秩序颠覆，跟"上帝之死"发生的西方世界也多有类似。不同的只是，传统与现代的断裂由外力急速引发，裂痕可能更大，形式更加多样，问题更加复杂；而且，天理与政治的同化度更大、与经济基础的契合性更深、形式更为多样。由此，社会各方面的更新尤其是知识更新的速度与宽度，要求就更高、更快，完成起来更耗力费时、更有难度。

深入理解当代中国的价值虚无主义问题，至少需要开展三个方面的工作。第一，对当下中国的各种虚无主义现象进行认真、仔细的观察描述和理论思考，并在与其他相关国家的比较中确立自身的独特特征。第二，分析中国当代价值虚无主义发生的思想机理。这种机理不同于发生在德国、俄国以及其他国家的虚无主义，具有十分独特的中国特征。它是中国独有的"天道"系统崩塌的结果和效应。第三，考察滋生了虚无主义的欧洲启蒙话语或现代性话语在中国的落地、效应、逻辑、表现，以及需要重新反思的必要性与可能性。在我看来，在这几个方面，刘宇教授都做出了非常出色的分析。多年来，刘宇教授着力描绘当代中国虚无主义的特征表现，取得了突出成绩。他对信仰迷失、价值迷茫、功利短视、人性沦陷的贴切分析，对经济生活、政治生活、公共生活、精神生活中各种具体表征的素描，观察之精细、分析之入微、用词之贴切，非常显示功力，常常有画龙点睛之笔，甚或有一石惊起千层浪之效。描述当代中国的虚无主义，刘宇教授是最出色的研究者之一。

追溯现代虚无主义在中国的发生史，之前有徐复观先生的数篇文章，还有多位其他学者的研究成果，我也曾有过一点思考。这些思考多是就某个问题、某个方面、某个人物而展开，不够系统。刘宇教授在这本著作中对虚无主义中国性的分析，是迄今为止篇幅最大、最为系统的分析。这是一项非常重要的工作，刘宇教授带了个好头，启动了一个富有前景的研究工作，相信他一定能在价值虚无主义的中国特质研究方面，取得更多更好的成果，为这个领域的研究做出更多开拓性的贡献。

目录

引言 ·· 1
  一、天道的陨落：中国社会价值虚无主义的内涵与
     危害 ·· 3
  二、问题的由来：中国社会价值虚无主义发生的逻辑
     进路 ·· 9
  三、新型的现代性：破解中国社会价值虚无主义的
     必由之路 ······································ 15

第一章　价值虚无主义的核心内涵及其表现形态 ········ 23
第一节　价值虚无主义：内在于现代化进程的普遍问题 ······································ 24
  一、神圣的颠覆：价值虚无主义的三重意蕴 ········ 25
  二、理性的重压：价值虚无主义的形成机制 ········ 30
  三、语境的差异：中西方价值虚无主义的不同
     内涵 ··· 35
第二节　西方社会之价值虚无主义的内涵及其表征 ····· 39
  一、形式的僭越：西方价值虚无主义的内涵及其
     表现 ··· 40
  二、偏好的抉择：西方价值虚无主义的伦理表征与
     危害 ··· 46
  三、确定的寻求：西方社会扬弃价值虚无主义的
     探索 ··· 49
第三节　中国社会之价值虚无主义的内涵及其表征 ····· 53

一、天道的崩塌：中国社会价值虚无主义的特定
内涵 ·· 54
二、规范的陷落：中国社会价值虚无主义的独特
表现 ·· 58
三、双重的跨跃：中国社会价值虚无主义的扬弃
路径 ·· 62

第二章 中国伦理传统的知性断裂及其社会危害 ········ 71
第一节 敬畏伦理的失落：为所欲为之恶性膨胀 ········ 72
一、天道的脉络：传统最高价值的产生及其
演变 ·· 73
二、天道的贯注：传统价值秩序构建的内在
机制 ·· 87
三、天道的陨落：传统最高价值失落的内在
必然 ·· 95
第二节 耻感伦理的消解：鲜廉寡耻之底线陷落 ········ 108
一、善端的扩充：传统耻感伦理的核心内涵 ········ 109
二、修身与做人：传统耻感伦理的运作机制 ········ 114
三、底线的陷落：传统耻感伦理丧失的必然路径 ······ 120
第三节 信念伦理约束力的削弱：犬儒主义之生存抉择
 ·· 126
一、崇高的目的：传统信念伦理的核心内涵 ········ 127
二、组织的动员：传统信念伦理的构建机制 ········ 132
三、多元的社会：传统信念伦理约束力的削弱 ······ 136

第三章 中国社会之价值虚无主义的主要表征 ········ 143
第一节 物欲主义的汹涌：社会灵魂的侵蚀和消解 ······ 145
一、贪婪的膨胀：中国社会之物欲主义的内在
特征 ·· 146
二、反智的倾向：中国社会之物欲主义的重要
表征 ·· 150

三、规范的消解：中国社会之物欲主义的特权
诉求 ………………………………………… 155
第二节 潜规则的盛行：规范价值的亵渎和瓦解……… 160
一、人情与关系：中国社会之潜规则的文化场域 … 161
二、土政策的运行：中国社会之潜规则的制度载体 … 166
三、荫庇的网络：中国社会之潜规则的腐败后果…… 169
第三节 社会信任的危机：公共秩序恶化的开始……… 174
一、失序与不安：中国社会之信任危机的主要表征 … 175
二、人格与系统：中国语境之社会信任的双重匮乏 … 179
三、国家与社会：中国场域之社会信任的结构缺位 … 183

第四章 中国社会价值虚无主义的社会文化根源 ……… 189
第一节 传统价值构建的失效：价值虚无主义的深层
根源 ………………………………………… 191
一、封闭的解除：传统一体化价值构建失效的社会
动因 ………………………………………… 192
二、垄断的无效：传统一体化价值构建失效的政治
动因 ………………………………………… 196
三、神性的退场：传统绝对性价值构建失效的文化
动因 ………………………………………… 201
第二节 激进变革方式的后果：价值虚无主义的文化
根源 ………………………………………… 205
一、两极的断裂：激进变革之于传统与现代的整体
对立 ………………………………………… 206
二、线性的进化：激进变革内在支撑的科学主义
世界观 ……………………………………… 211
三、荡涤的革命：激进变革摧毁旧秩序的理想主义
情结 ………………………………………… 215
第三节 "前现代性"的幽灵：价值虚无主义的现实
根源 ………………………………………… 219
一、结构的未分化：中国场域之社会架构的现代性

亏欠 …………………………………………… 220
二、规则的特殊性：中国社会之制度伦理的现代性
匮乏 …………………………………………… 224
三、人格的依附性：中国社会之主体理性的现代性
欠缺 …………………………………………… 228

第五章　中国社会扬弃价值虚无主义的必然性路径 …… 235
第一节　社会主义现代性：走出价值虚无主义的现实
基础 …………………………………………… 237
一、人民的权利：社会主义现代性的价值前提 …… 238
二、社会的重建：社会主义现代性的坚实土壤 …… 242
三、正义的诉求：社会主义现代性的制度架构 …… 247
第二节　社会主义的伦理：克服价值虚无主义的精神
构建 …………………………………………… 251
一、制度的范导：社会主义现代性伦理的价值框架 …… 252
二、责任的担负：社会主义现代性伦理的角色落实 …… 256
三、公民的人格：社会主义现代性伦理的精神显现 …… 260
第三节　精神家园的重塑：超越价值虚无主义的文化
建设 …………………………………………… 263
一、传统的贯通：社会主义精神家园构建的文化融合 …… 264
二、共享的价值：社会主义精神家园构建的意识形态 …… 268
三、多元的共契：社会主义精神家园构建的终极价值 …… 272

结　语 ……………………………………………………… 277

参考文献 …………………………………………………… 281

后　记 ……………………………………………………… 293

引 言

迈向现代文明的中国社会正在遭受深刻的转型之痛，道德信念的颓靡、意义世界的萎缩、内在灵魂的消解，都在表征着中国社会现代性构建的艰难，也激发着中华民族深刻而卓越的智慧。若仅以道德滑坡、价值迷茫、人情冷漠等经验性描述的方式阐释中国社会深层的精神困境，并不能直指问题的核心和要害，相反只会陷入非理性的道义谴责与就事论事的浅表性回应。因此，我们只有在传统社会向现代文明转型的宏观总体性视域中，去检视不同形态与方式之社会整合和价值构建，才能深度厘清中国社会所遭遇的精神问题。从这一视域来看，中国社会的精神困境就是一体化社会整合与价值构建的失效，引发传统最高价值的陨落，导致意义世界萎缩与价值秩序颠覆的问题，亦即价值虚无主义的问题。尽管中国文化之内在超越的伦理特质，使一些学者对这一问题是否存在持有异议，如崔大华所言："儒家的'内在超越'，是'尽心知性知天'，依靠发掘人自身的精神源泉，通过道德实践实现对终极'天命'的体认，感受到人生意义，不存在被理性'祛魅'或与超越性根源分离而发生的危机"[①]，然而，中国社会独特的现代化进程，使其从传统"先赋性社会整合"的瓦解，经由"行政性社会整合"的失效，直至"契约性社会整合"[②] 的未完成，最终导致了中华民族轴心时代所确立之最高价值"天道"的陨落，以及敬畏伦理、耻感伦理、信念伦理的知性断裂，却是无可争辩的事实。由此，传统绝对性价值构建的失效与现代相对性价值构建的未完成，致使中国社会陷入价值秩序错乱的困境，从而表征了价值虚无主义毋庸置疑地存在于现代化进程中的中国社会，也使昭示这一精神问题的内在根源、逻辑进路和扬弃路径，成为当代学者不可回避的重大课题。

[①] 崔大华：《儒学的现代命运——儒家传统的现代阐释》，人民出版社2012年版，"自序"，第12页。
[②] 孙立平：《转型与断裂——改革以来中国社会结构的变迁》，清华大学出版社2004年版，第11页。

一、天道的陨落：中国社会价值虚无主义的内涵与危害

"虚无主义"（nihilism）就其词根而言，源于拉丁语"nihil"，意味着"一切皆无"（nothing），"-ism"使之成为现代性语境中的一种"主义"，从而表征了传统社会迈向现代文明进程中的本质性危机。德国思想家雅可比在1799年致费希特的信中，首次将其所反对的观念论斥之为"虚无主义"："纯粹理性的哲思一定是一个化学过程，通过这一过程，理性之外的万物都化为了虚无，只留下了理性这种精神"，"它也就废除了自然信仰，同时也就废除了信仰本身"①，从而开启了对现代性之虚无主义困境的哲学批判。尼采则在价值论的意义上，对这位"最阴森可怕的客人"下了一个经典的定义："虚无主义：没有目标；没有对'为何之故？'的回答。虚无主义意味着什么呢？——最高价值的自行贬黜。"②欧洲基督教世界的最高价值"上帝"之死，乃是由于自身存在否定生命的虚假性，因而必然在现代化进程中"自行贬黜"。尼采指出，精神世界一旦失去最高价值的终极依据，也将没落和沉沦，"消极的虚无主义"正表征着"精神力量可能已经困倦、已经衰竭，以至于以往的目标和价值不适合了，再也找不到信仰"，并呼吁以"积极的虚无主义"重估一切价值③。尼采以后的存在主义、自由主义、社群主义、马克思主义，也从文化哲学、政治哲学、宗教社会学、政治经济学等各个视角，全方位地阐释了虚无主义的各种类型、各种表现。传统最高价值自行贬黜的必然性与现代文明理性主义的价值困境，共同构成了虚无主义的本质内涵。

源发于欧洲现代文明的虚无主义，随着世界历史的展开，遍布世界各个角落，后发现代化国家因文化传统与最高价值形态的差异，也在现代文明的巨大张力中，呈现出不同程度、不同表现的价值动荡与

---

① ［德］雅可比：《1799年雅可比致费希特的信》，刘森林、邓先珍选编：《虚无主义：本质与发生》，华东师范大学出版社2020年版，第30、15、6页。
② ［德］尼采：《权力意志》上卷，孙周兴译，商务印书馆2007年版，第148、400页。
③ 同上书，第401页。

精神阵痛。然而,"虚无主义话语首先发生在西方现代文明沿着亚欧大陆自西向东传播过程中因外部因素被动实施现代化的大国"①。如果说作为先发现代化国家的英国只是如阿诺德那样以"无政府状态"指称虚无主义②,那么作为西欧后发现代化国家的德国则直接产生了"虚无主义"的概念及其哲学反思。尼采甚至预言:"也许,几百年以后有人会断言,德国的一切哲学著述在这方面都享有逐步收复古希腊基地的尊严。"③ 作为东欧后发现代化国家的俄国当然也遭遇了虚无主义,其核心问题关乎俄罗斯传统之神圣价值碰撞现代文明将何去何从。陀思妥耶夫斯基声称:"同欧洲的任何较为密切的交往都能够对俄罗斯人、对俄罗斯思想产生有害的和腐蚀的影响,都可能歪曲东正教,'按照其他各个民族的榜样',把俄罗斯引上毁灭的道路。"④ 对于具有深厚文化传统、被动而急促地开启现代化进程的中国社会而言,这种动荡和阵痛更为强烈。这就使立足于中国现代化进程,研究虚无主义的特定形态,求解这一问题的应对方案,显得正当其时,它也必将促成新型现代性的孕育。从根本上讲,虚无主义就是价值论的虚无主义,是社会转型中凸显的价值危机及其哲学表达、反思和批判,其他任何一种虚无主义概念,实质上都只是其在不同领域的表征,我们明确地称之为价值虚无主义。

就本质而言,价值虚无主义的核心要义就在于,它是传统社会向现代文明大转型过程中面临的普遍问题,是轴心时代确立的最高价值的陨落与超越世界的崩塌所引发的意义世界的萎缩与价值秩序的颠覆。因为现代化的进程同时也意味着一体化社会整合与绝对性价值构建的失效,这必将导致传统理解世界的价值坐标与意义系统发生坍塌。

当然,中国文化"内在超越"的表现形态,使之并不存在与世俗世界分离的造物主以及教会的社会建制,而是以内心道德自觉的能力

---

① 刘森林:《虚无主义的历史流变与当代表现》,《人民论坛·学术前沿》2015年第10期。
② [英]马修·阿诺德:《文化与无政府状态》,韩敏中译,生活·读书·新知三联书店2002年版。
③ [德]尼采:《权力意志——重估一切价值的尝试》,张念东、凌素心译,商务印书馆1991年版,第166页。
④ [俄]陀思妥耶夫斯基:《乌托邦的历史观》,见《陀思妥耶夫斯基全集》第19卷,张羽译,河北教育出版社2010年版,第354页。

升越出超越性的"天道",自我心性与神圣天道之间具有内在的贯通性,由"尽心"而"知天",因而在此文化系统内部难以发生社会理性化导致的精神生活与终极神圣实体分离的问题,正如余英时所言:"中国人对自我价值的肯定不但碰不到'上帝死亡'问题的困扰,而且也不受现代基督教神学中所谓'消除神话'(demythologization)的纠缠。"① 然而,尽管"天道"与日常伦理不即不离、相互贯通,但也不能将中国人的精神价值源头视为全然世俗的存在,它依然是深具神圣性的超越世界。这种一元论道德主义传统,不同于西方社会的"个人"直面"上帝"、超出经验世界的"纵向超越",而是形成了以血缘家族为"模板",从小的共同体向更广阔的、大的共同体,亦即"家—国—天下"的"横向超越"。"天道"作为中国传统社会之"天下共同体"的最高价值,为现实的政治秩序、社会秩序、人心秩序提供了超越的终极关怀与神圣的核心价值,不仅为王权政治提供了"受命于天"的权威性,也为世俗规范提供了"天网恢恢,疏而不漏"的正义性,还为道德行为提供了"人在做,天在看"的自律性。由此,中国社会之价值虚无主义的产生,就并不表现为社会的理性化致使精神生活与神圣实体的分离,它的独特性恰恰在于,中国社会内在超越的文化结构与特殊的现代化路径,使之与实质性伦理传统发生了"断裂","天道"的陨落与理性化的未完成,导致中国社会的价值真空与社会失序。于是,中国社会价值虚无主义的核心内涵,便不同于西方社会之传统神性立法权的剥夺与主体立法的失效,而在于传统神圣价值襁褓功能的失落与主体理性尚未发育成熟二者交互作用导致的混乱。具体说来,一方面是以神圣终极价值为唯一准则的绝对性价值构建所确立的传统规范秩序的失范;另一方面是没有产生具有自主性人格的多元社会主体以自我立法的相对性价值构建、建立有效的现代规范秩序,进而导致社会价值秩序的紊乱。

由于价值的构建形态必定要以一定的社会整合方式为基础,绝对性价值构建失效所导致的价值虚无主义,从根本上讲就是一体化或总

---

① 余英时:《从价值系统看中国文化的现代意义》,《余英时文集》第三卷《儒家伦理与商人精神》,广西师范大学出版社2004年版,第32页。

体性社会之整合失序的必然反映。梅因曾言:"所有进步社会的运动,到此处为止,是一个'从身份到契约'的运动","在以前,'人'的一切关系都是被概括在'家族'关系中的,把这种社会状态作为历史上的一个起点,从这一个起点开始,我们似乎是在不断地向着一种新的社会秩序状态移动,在这种新的社会秩序中,所有这些关系都是因'个人'的自由合意而产生的"①。这就意味着,从传统到现代的转型,实质上就是传统之"先赋性社会整合"向现代之"契约性社会整合"的转变,价值构建形态也随之发生"绝对性"向"相对性"的"位移"。中国社会独特的现代化路径,致使其从"先赋性社会整合"的瓦解,经由"行政性社会整合"的失效,直至"契约性社会整合"的未完成,最终在旧者已逝、新者未立之际,出现了"天道"陨落与超越世界崩塌后的源头干涸和价值真空。由此,绝对性价值构建的失效与相对性价值构建的未完成,致使中国社会价值虚无主义的产生难以避免,其中存在着鲜明的历时性脉络。

在"先赋性社会整合"的古代中国,人们的精神生活与超越而神圣的"天道"紧密相连,四时流转、阴阳变化的宇宙苍穹不仅是生命之基,亦是价值之源。人们在宇宙秩序与神圣世界的亲密接触中,不仅以形上的哲思支撑着自身之于道德的信念与践行,更以形下的技术渗透至生产、医药等日常生活,使天道不流于抽象的玄想,而是内在于世俗生活之中,支撑着人们对神圣世界的敬畏和信仰。这种价值构建的社会基础在于王权-官僚系统、士大夫-士绅阶层、血缘家族之一体化社会结构,以及儒家礼教的普遍建制化,个人便在"尊尊亲亲"的身份等级秩序中,安伦尽分、各安天命。由于先赋性社会整合是以垂直隶属性之政治权威与宗法权威来实现的,自治性之主体人格便无从生长,当政治权威与宗法礼教力量强大之时,尚能维系宗法社会的机械稳定性与组织有序性,而当西方文明蛮横地冲击着先赋性整合的社会机体,使这种力量失去了威慑力和感召力的时候,非自主性人格之个体一旦摆脱了权威结构与礼教力量的束缚,同时又无法形成契约性

---

① [英]梅因:《古代法》,沈景一译,商务印书馆1959年版,第96—97页。

社会整合之规制，就必然陷入盲目放纵和为所欲为的失范乱象。中国社会以行政性社会整合重拾旧山河，推动现代化进程，由此便具有了当然的合法性。

事实上，无论是"先赋性社会整合"，还是"行政性社会整合"，都是一体化或总体性社会结构的整合方式，无可避免地具有封闭性和僵化性，如果说前者的失序来自西方文明的强势冲击，那么后者的失效则源于自身对持续性经济社会发展的阻碍。于是，随着以一体化社会整合为基础的绝对性价值构建的失效，价值虚无主义开始在中国社会产生。

中国社会之价值虚无主义的产生同样具有显在的共时性路径，亦即从价值认知的相对主义到价值情感的物欲主义，再到价值意志的工具主义，最终导致价值信念的虚无主义，从而形成了自神圣的最高价值陨落后的连锁性反应，以致公共生活的核心价值与规范价值出现了陷落，唯功利价值独尊。

所谓价值认知，它是"主体之于价值原则、规范与本质的实体性认知，进而对价值行为的伦理意义进行判定，以确定做与不做的行为，健全的价值认知是引起良善价值行为的前提和基础"[1]。神圣的终极价值为价值认知提供普遍有效的内在依据和本体源泉，一旦隐匿或废黜，便在源头上丧失了客观而权威的价值标准，陷入价值认知的相对主义，即麦金太尔所言之"不可公度性（incommensurability）"，"因为每个前提都使用了与其他前提截然不同的标准或评价性概念"[2]。由于中国传统最高价值之"天道"的陨落与终极价值的式微，又未能产生自治性公共生活领域以理性商谈形成价值共识的内在机制，价值标准的模糊与不确定使价值认知沦为既无超越客观性又无历史正当性支撑的主观选择，以及公说公有理、婆说婆有理的众声喧哗。价值的真空便在这种价值认知的相对主义境遇中产生了。由于当代中国社会之终极价值的匮乏，人们陷入无所适从的价值迷茫，乃至迷失，一旦市场经济

---

[1] 刘宇：《论当代中国价值虚无主义精神状况及其超越》，《道德与文明》2014年第3期。
[2] [美] 麦金太尔：《追寻美德——伦理理论研究》，宋继杰译，译林出版社2003年版，第9页。

揭开承载人性中原始欲望的潘多拉之匣，价值情感的物欲主义便会迅速弥漫、难以遏制。

所谓价值情感，"它是主体对某种价值规范与价值行为好恶、爱憎的心理倾向性，既可表现为自觉或自发去实践某种价值认知的内在倾向，又可表现为对自我与他人价值行为之善恶特征的体验和判定"，"当某种价值认知与价值行为的后果相联系，逐渐内化于心之时便产生了价值情感"①。既然神圣的终极价值遥远而虚妄，既然精神价值只是众声喧哗的主观想象，那么只有金钱等功利价值才是实实在在的，更何况这种利益的追逐，还是在总体性社会开始瓦解、契约性社会整合尚未完成、政治权力之于市场经济深度介入的情况下进行的，精神价值真空之中所形成的价值情感的物欲主义就更为彻底，从而消解了核心价值与规范价值，唯功利价值独尊。同时，价值情感的物欲主义，在价值规范缺乏终极价值与价值共识支撑、社会主体理性能力尚未发育成熟的情况之下，必定合乎逻辑地导致价值意志的工具主义。

所谓价值意志是指价值主体完成某种价值行为的动机和意愿，它是价值行为发生的内在动力，直接表征人们内心的价值信念。在当代中国社会中，"道德危机不是发生在'我们应当遵守什么样的道德'这一问题上，而是发生在'我们为什么一定要遵守道德'这一更为根本的问题上"②。价值信念表现出明显的工具主义或实用主义倾向，在何种语境之下"认同"何种价值，成为人们心知肚明、心照不宣的"处世智慧"。功利价值的至高无上不仅使价值信念沦为追名逐利的"遮羞布"，亦使道德理想与崇高价值被当作虚假的东西遭到唾弃和消解，价值虚无主义在中国社会迅速弥漫开来。

价值虚无主义之于中国社会的巨大危害性在于，神圣终极价值的陨落产生了极大的连锁反应，致使公共生活的核心价值与规范价值陷落，从而导致政治权威性的流失、社会规范力的下降与人生意义的荒芜。如前所述，中国社会价值虚无主义的产生，来自先赋性社会整合、

---

① 刘宇：《论当代中国价值虚无主义精神状况及其超越》，《道德与文明》2014年第3期。
② 阎孟伟：《"道德危机"及其社会根源》，《道德与文明》2006年第2期。

行政性社会整合的失效与契约性社会整合的未完成,来自绝对性价值构建的失效与相对性价值构建的未完成。当代中国之社会整合与价值构建呈现出错综复杂的方式和形态,不仅先赋性、行政性、契约性之社会整合同时并存,绝对性、相对性之价值构建也同时共在,前现代、现代与后现代亦同时共存。社会结构之形态的新旧共在与规范价值之信念的新旧并存,致使中国社会存在着一定的领域匮乏与较大的价值真空和制度真空。就前者而言,公共生活领域的狭小使人们对核心价值与规范价值的认同缺乏必要的社会空间。在传统社会,人们对核心价值与规范价值的认同,来自终极价值之神圣源头的信念,一旦终极价值陨落,又缺乏公共生活的价值商榷与舆论范导,各种伦理规范与道德观念内容虽善,却非公民之自我立法,显得强制而模糊,只要行政权力监管不到便形同虚设。同时,个人独自面对市场,呈现出原子化的存在状态,以自身的能力化解生存的困境,也使利益原则蔓延到一切社会关系之中,他人成为外在于自身的存在,从而表征了由于公共生活领域的匮乏所导致的核心价值与规范价值的失效。就后者而言,价值系统的新旧并存造成较大的价值真空。中国社会大量充斥着"过渡人",即"站在'传统-现代的连续体'(traditional-modern continuum)上的人",他们极有可能"既不生活在传统世界里,也不生活在现代世界里"①,加之"前卫"的"后现代人"对理性秩序的"解构",这就意味着新旧核心价值与规范价值在他们那里都将是失效的。更为重要的是,契约性社会整合的未完成所产生的制度真空与非自主性人格的放纵,直接引发权力与资本的联姻,致使核心价值与规范价值的内在认同在更大程度上遭到消解,这势必造成社会规范执行效能的降低,从而导致社会失序的发生、政治权威性的流失与人生意义的荒芜。

二、问题的由来:中国社会价值虚无主义发生的逻辑进路

许纪霖曾言:"为什么一个千年礼仪之邦,一旦进入世俗化社会,

---

① 金耀基:《从传统到现代》,法律出版社 2010 年版,第 76 页。

物欲主义的出现会比其他世俗化的发达国家更凶猛？这其中一个重要的原因，乃是中国在进入世俗化社会的时候，信仰同时发生了衰落。"① 众所周知，西方社会之"外在超越"的宗教传统在现代化进程中实现了世俗化转型，使教会收缩于私人生活领域，继续发挥着自身的宗教影响力，它的问题在于经济冲动力对宗教冲动力的湮没与工具理性对价值理性的遮蔽。中国文化之"内在超越"的伦理传统与之截然不同，它在并无组织建制的同时，又与政治权力高度统合，致使道德伦常笼罩着个人、家族、社会、国家全部的社会政治生活，王权、绅权、族权的一体化整合亦使道德体系无法收缩于私人生活领域，继续承担规约社会、安抚心灵之功能。一荣俱荣、一损俱损的总体性社会结构，势必由社会整合的失效引发伦理传统的认同危机和知性断裂。中国社会价值虚无主义的独特性正在于此，它植根于伦理传统的断裂而非理性化的祛魅，所导致的最高价值之"天道"的陨落，不仅是"从天到人"之敬畏伦理的失落，亦是"从人到天"之耻感伦理的失效，还是"终极价值"之信念伦理的式微，从而引发意义世界的萎缩与价值秩序的颠覆。

　　传统敬畏伦理是人们遭遇神圣"天道"之时既敬且畏的价值情感，从而自觉规约自身言行的伦理形态。它以王权-官僚体系、士大夫-士绅阶层、血缘家族之总体性社会结构为基础，以王权、绅权、族权，抑或政治权力、社会权力、文化权力之一体化权力结构为载体，实现了一元论道德主义"从天到人"的贯注和教化。"轴心时代"是伟大的民族文化确定其内在基调之精神跃动的时代，中国文化的"轴心突破"祛除了巫文化的蒙昧，产生了以一元论道德主义为文化基调的最高价值——"天道"，形成了以即凡入圣之内在超越为文化特征的"礼教"，从而在宗法政治解体以后，支撑着宗法社会之先赋性的内在整合，成为政治权威、社会规范、生命意义的终极价值源泉。《论语·季氏》有云："君子有三畏：畏天命，畏大人，畏圣人之言。"《荀子·宥坐》亦

---

① 许纪霖：《启蒙如何起死回生——现代中国知识分子的思想困境》，北京大学出版社 2011 年版，第 335 页。

云:"为善者天报之以福,为不善者天报之以祸。"《春秋繁露·基义》又云:"仁义制度之数,尽取之天";"王道之三纲,可求于天"。在汉代,中国社会已经形成了王权-官僚体系、士大夫-士绅阶层、血缘家族紧密结合的总体性社会结构,产生了政治权力、社会权力、文化权力高度统合的一体化权力结构,成为承载和贯注"天道",践行与落实敬畏伦理的社会载体、阶层基础与权力系统。由此,从宏观的维度上看,"天道"的贯注与敬畏伦理的落实,依赖于宏观权力的主导,王权与绅权、政治权力与社会权力携手,以"先验给定"的方式,实现了"天道"自上而下的社会化贯注和渗透。其中,士大夫-士绅阶层是王权、绅权、族权之整体协调,政治、社会、文化之权力统合的中坚力量,他们将"天道"之敬畏伦理,承载于入仕为官的政治权力与赋闲为绅的社会权力之上,不仅使儒家文化精神渗透至礼法制度之中,更在乡村社会中担负着领袖的权威与教化的功能。而从微观的维度上看,"天道"并不仅仅是一种玄妙抽象的形上哲思,其亦存在于日常生活的形下技术和经验之中,如天学、历法、医药等,广泛地应用于民众的生产与生活,王权之于天学、历法、祭天礼仪的操纵和垄断,便可使"天道"的形下支撑为知识权力所微观渗透,从而与宏观权力一道主导着"天道"之终极价值与敬畏伦理的落实。然而,这种先赋性社会整合,缔造了一个封闭的、超稳定的内循环系统,无法从自身内部产生农业文明迈向工业文明的内在动力,故而无力抵挡西方文明的强势冲击。况且,现代化的推进对"天道"的社会土壤即乡村之血缘共同体也具有消解和荡涤的功能,亦使"天道"的逐渐陨落与敬畏伦理的知性断裂不可避免。就这样,西学东渐对传统天学的解构,颠覆了"天道"的知识根基;列强入侵对王权威严的消解,破除了"天道"的政治权威;科举的废除使士大夫阶层失去其合法性,瓦解了"天道"的社会基础,致使传统敬畏伦理日益失效。在三者的交互作用下,先赋性社会整合日渐脱序,进而引发了现代化进程中为所欲为的恶性膨胀。

  传统耻感伦理是在集体主义文化土壤中形成的,由现实自我与理想人格之间的落差引发的羞惭无地、无颜以对的道德情感和伦理形态。它既是一种底线伦理,以人禽之辨告诫人们切勿跨越人之为人的界限;

又是一种至善伦理,以君子人格激励士大夫不断精进以通达"天道"之境界。如果说敬畏伦理是"从天到人""从普遍到特殊"的信念贯注,那么耻感伦理则是"从人到天""从特殊到普遍"的道德升越。"耻感"之所以成为伦理,乃是由于人们生活在以血缘家族为基础的人伦关系网络之中,这种先赋性社会整合使个体必须承担相应的伦理义务,当个体并不具有相应的德性,亦未能履行相应的义务,便会在共同体的唾弃中产生"耻感"的否定性心理机制,并逐渐形成客观稳定的伦理形态。然而,耻感作为一种伦理传统,肇始于"轴心时代"巫文化的祛魅与道德精神的觉醒,个体以"仁心"的苏醒和"善端"的扩充,便可修养成人、通达至善。就底线伦理的耻感伦理而言,它是在以仁礼之善为核心的人禽之辨的否定性情感体验中产生的道德自律。"饱食、暖衣,逸居而无教,则近于禽兽",只有"父子有亲,君臣有义,夫妇有别,长幼有序,朋友有信",才是"人之有道也"(《孟子·滕文公上》)。其中的动力机制就是能感受耻感的"羞恶之心":"人之所以异于禽兽者,几希。庶民去之,君子存之。"(《孟子·离娄下》)就至善伦理的耻感伦理而言,它以底线伦理之"善端"为扩充根基,以"家—国—天下"为转换路径,在君子小人之辨的否定性情感体认中,发生以"道"自任的自我超越与君子人格的自我成就,从而在"几希"的原点之上"扩而充之",就能"居天下之广居,立天下之正位,行天下之大道"(《孟子·滕文公下》)。中国传统之先赋性社会整合从治理格局上讲,是一个以"礼教"为理论依据,以"公产"为经济基础,以"士绅"为社会主导的自治格局。由此,小国家大民间之乡村自治与"四民社会"之首的士大夫-士绅阶层,成为耻感伦理现实运作的社会基础。士大夫-士绅阶层在乡村社会中垂范儒家道德和士人之耕读生活,形成了耕读应试、离乡做官、落叶归根的文化循环,成为承载耻感伦理的中坚力量。耻感伦理的现实运作,便在于士大夫以"修身"通达"天道",坚守君子人格之信念;亦在于人们以"脸面"与"报恩"之互动获得社会的认可,坚定良善"做人"的信心。然而,传统社会形成的封闭的超稳定性系统,难以产生现代化的内在动力,无法应对西方文明的入侵,导致"天道"的陨落不可避免,致使耻感伦理丧失终极的价值参照。同时，士大夫以"修身"行"道"，一旦"势"过于强大，就只能"以身殉道"，故而唤醒士人内心"耻感"的"道"，极易走向其反面，造就"无耻"的伪君子。"脸面"与"报恩"由于乡村礼俗的外在性，也易于变异为形式化、强制性的东西。当士大夫-士绅阶层因为科举废除而退出历史舞台，绅权便丧失了文化权威的内涵；当小国家大民间的乡村自治也遭到破坏，传统耻感伦理也就从此失去了承载的中坚力量和运作的社会土壤，引发了现代化进程中寡廉鲜耻的底线陷落。

传统信念伦理是以全能主义国家组织为中介经由社会化落实而形成的精神信念与社会伦理。它建立在行政性社会整合的基础之上，确信人类历史中存在着崇高的目的，以时间性的"目的"奔赴，取代空间性的"天道"，成为政治权威、社会规范、生命意义新的终极价值源泉。20世纪的中国社会遭受了前所未有的总体性危机，先赋性社会整合的失效，致使敬畏伦理与耻感伦理丧失了规约社会、统合民间的现实力量，零乱动荡的中国社会迫切需要强有力的社会整合与富有感召力的新型伦理，来完成社会政治秩序的重建、工业化进程的推进。行政性社会整合与终极价值之信念伦理，应时代之召唤，经艰苦之努力构建而出，它以道德理想主义与科学主义相结合，成为中华民族新的终极目的。终极价值的至善社会允诺，以近乎自然科学的规律性论证，雄辩地证明历史从总体上就是合目的性与合规律性的统一。人类只要遵从历史的规律，就能奔赴终极目的，解决一切不自由、不平等、不正义的社会问题，引导自身通达解放的世界大同。同时，它以民族主义与人民正义论相结合，形成了政治权威的合法性基础；以平等主义与集体主义相结合，形成了社会规范的正当性依据，进而塑造了全民共享的价值图式与意义根基。由此，终极关怀、政治权威、社会伦理、人生意义之间，形成了相互贯通、意义互现的理念体系，各种伦理规范都能与终极目的相互关联以显现自身的超越性，社会个体亦能在复合性的价值系统中获取生命的意义。生活伦理与目的本源相关联，便能在日常的生活事件与职业抉择中凸显强烈的使命感与精神信念。终极目的之信念伦理贯彻落实的社会基础，在于国家机构、政党精英、基层单位的新一体化社会结构，它在基层单位的组织中介和政治动员之下，将信念伦理贯注到民众的日常生活之中。具体言之，国家通过基层单位形成了对稀缺资源与社会人员的总体性掌控，为信念伦理的社会化提供了重要的组织基础；政党精英的形成、社会阶层的划分、财富资源的分配，为信念伦理的社会化提供了贴地而行的现实机制；超越特殊性群体关系的普遍性同志关系的建立，为信念伦理的社会化提供了和谐的社会风尚和良善的精神生态；领袖的人格崇拜与自上而下的价值输出和信息传递，为信念伦理的社会化提供了重要的精神支撑与构建的基本方式。然而，行政性社会整合具有"秩序"和"动力"的内在悖论，社会活力如果受到抑制，将使经济发展丧失充沛的原动力。一旦遭遇社会的分化，全民共享之意义系统的约束力势必下降，进而引发行政性社会整合失效与信念伦理式微的困境，致使一些人陷入犬儒主义的生存抉择。

因此，中国社会价值虚无主义问题的产生，在于总体性或一体化社会整合方式的失效。无论是先赋性社会整合，还是行政性社会整合，都属于一体化或总体性社会整合方式，都具有一定的封闭性和僵化性，它们的先后失效直接导致了敬畏伦理、耻感伦理、信念伦理的断裂。然而，由于自治性公共生活领域的匮乏与自主性社会主体的缺失，致使契约性社会整合与相对性价值构建，未能真正有效建立，进而导致中国社会之意义世界的萎缩与价值秩序的颠覆。尽管终极目的经历了现实性与世俗化的转型，但伦理传统的失落仍然导致了严重的价值迷茫，潘晓关于人生道路的困惑——"人生的路啊，怎么越走越窄"①，引发了一场深刻的大讨论，便是一个有力的证明。随着后理想主义时代的结束，终极目的逐渐淡出了人们的视野，"人在做，天在看"与"神圣目的"的传统信念，也对人性中的原始欲望失去了约束力，物欲主义的恣意横行已然表征了价值虚无主义在中国社会的生长和蔓延。

---

① 潘晓：《人生的路啊，怎么越走越窄》，《中国青年》1980年第4期。

三、新型的现代性：破解中国社会价值虚无主义的必由之路

既然中国社会现代化进程中的价值虚无主义与传统一体化社会整合、单一性价值构建的失效，以及现代契约性社会整合与相对性价值构建的未完成有关，那么它的克服之道就只能是以国家治理的现代化推进社会主义现代性的构建，舍此绝无他途。这就意味着，中国的现代性构建不仅必须在文化传统的母体之内吸取现代文明的优秀成果，将现代性因子引入特殊的传统文化土壤之中，赋予现代性以文化民族主义的特性；它更要在社会主义传统中凸显大多数劳动者之于现代性的主体地位，构建"人民至上"的社会主义现代性，进而与"资本至上"的资本主义现代性相区别。同时，中国的现代化进程是在未充分分化与同质性较强的前现代社会结构中开启的，它本身也面临着在多元化、异质性的社会结构之中，"推进国家治理体系和治理能力现代化"，完成现代性构建的重大问题，这是"中国特色社会主义制度及其执行能力的集中体现"[①]。国家治理现代化不仅要以社会结构与制度架构的现代性推进，实现人民权利之主体地位的确证，完成契约性社会整合与相对性价值构建，亦要以国家意识形态与精神家园的现代性构建，实现精神纽带的共享与社会灵魂的塑造，在"世界的哲学化"与"哲学的世界化"的双向扬弃中，实现中国社会对价值虚无主义的超越。

首先，国家治理现代化必须以社会结构与制度架构的现代性推进，实现人民权利之主体地位的确证，进而完成契约性社会整合与相对性价值构建，这是中国社会克服价值虚无主义的现实基础。对于中国社会而言，现代性不仅意味着构建以"人民"而非以"资本"为主体的新型现代性；它同时还意味着"人民权利"从总体性社会形态下人民解放之"集体权利"，向分化性社会结构下人民平等之"个体权利"转

[①]《中共中央关于坚持和完善中国特色社会主义制度推进国家治理体系和治理能力现代化若干重大问题的决定》，新华社，2019年11月5日。

变。如果说总体性社会形态下的"集体权利"是在国家和人民之间整体性、非法治化的"隐性契约"支撑下实现的；那么分化性社会形态下人民之"个体权利"的保障，就必须明确划分政府、市场、社会之间的边界，以社会领域的重建赋予人民行动的自主性；以程序正义的构建承载人民权利的实质正义，进而形成具有现代性特征的社会结构与制度架构，确立人民的主体地位。中国从传统总体性社会向现代分化性社会的转型，是在社会主义传统内部进行的，它意图在权威资源的支撑之下，在未分化的总体性社会结构之中，培植市场机制之中介，逐渐让渡社会生活空间，孕育和生长普遍的现代性因子，稳步地转变为承载社会主义传统的现代分化性社会形态。郑永年曾言："从分解式观点看，中国的改革是先经济改革，再社会改革，再政治改革这样一个过程"，"在任何时期，只把一种改革定位为主体性改革，而其他方面的改革也必须进行，只不过是辅助性的"[①]。中国社会告别了计划经济的旧体制，建立了市场经济的新机制，国家在一定程度上收缩了对经济和社会的控制，从旧体制分离出来的企业与个人，形成了相对自主与日益多元的利益格局。然而，总体性社会结构内部的变革，先天地就存在着极强国家与极弱社会的巨大反差，不仅容易陷入权钱结合与权威流失的恶性循环，也易于产生国家压缩社会空间以求"维稳"的路径依赖，未能形成政府、市场、社会之间的合理边界。一方面，社会领域的弱小与保护机制的缺位，致使医疗、住房、教育等公共服务与民生事业，遭到了一定程度的市场化，甚至一度成为暴利的行业，从传统共同体的消解中释放出来的、未能再度"社会化"的原子化个人，便只能无所依傍地以个人的能力去化解一切生存的压力，社会的伦理关系逐渐为金钱关系所侵蚀。另一方面，由于市场内在于政府的主导，财富的生产与分配服从于权力与资本共同主宰的原则，分配结构出现一定程度的扭曲，一部分公共权力逐渐偏离公平正义的轨道。个人的能力与奋斗在高昂的生活成本面前日渐衰竭和廉价，依靠个人能力改变命运、开创事业的理想在残酷的生存境遇中渐行渐远，基本

---

① 郑永年：《中国改革三步走》，东方出版社 2012 年版，第 12 页。

的道德准则和规范价值的约束力亦在"现实"中日益被削弱。

从这个意义上讲,社会领域的重建与改革成为国家治理现代化与社会结构现代性推进的重要环节,这不仅是克服中国社会价值虚无主义的现实基础,也是社会主义现代性构建的核心要义。因为社会主义"其普遍的基本理念和基本价值观念就是要保护大多数普通劳动者的权利和利益","晚近以来社会大众的不安日益明显而普遍,其原因恰恰在于近年来的许多宣传和措施日益无视'社会最低需要',这一社会主义原则"①。社会改革便是一项彰显社会主义特质,总揽社会结构、社会组织、社会制度,且与经济改革和政治改革相互作用的复杂工程,但其核心内涵主要在于三个层面的建设,即社会组织的构建、中产阶级的培育、社会保障的深化。第一个层面在于,中国之于现代分化性社会的奔赴,使政府的运作成本急剧增长,若依旧事无巨细地总揽异常复杂的经济社会事务,势必导致强国家-弱社会的格局,产生诸多的经济社会问题。国家只有向社会赋权,"发挥群团组织、社会组织作用,发挥行业协会商会自律功能,实现政府治理和社会调节、居民自治良性互动,夯实基层社会治理基础"②,才能走出这一困局。社会组织的构建,将使之成为民众意志表达的公共空间、价值商榷的公共平台、社会自治的公共领域,而社会自我治理能力的提升,也必将成为国家增强管理效能的社会基础。第二个层面在于,国家在杜绝"掌握'总体性资本'的那个新富群体的核心阶层通过非经济手段谋求超额利润的途径"的同时,形成"中等阶级占有绝对优势的格局","将整个社会结构从两级结构推向三级结构"③。庞大的中产阶层是社会稳定和发展的支撑性力量,既有利于构建消费型社会以改善内需不足的经济结构,又有利于提升劳动在分配中的比例以优化严重扭曲的分配结构,还有利于达成自由、正义的价值共识以防止极端偏执的思想结构。故

---

① 甘阳:《文明·国家·大学》,生活·读书·新知三联书店 2012 年版,第 23 页。
② 《中共中央关于坚持和完善中国特色社会主义制度推进国家治理体系和治理能力现代化若干重大问题的决定》,新华社,2019 年 11 月 5 日。
③ 孙立平:《转型与断裂——改革以来中国社会结构的变迁》,清华大学出版社 2004 年版,第 73 页。

而，中产阶层所承载的内容便不仅仅是社会结构，还有公共生活的核心价值与多数人的生活理想、生存家园和个性自由。第三个层面在于，国家必须提供公共服务、维护社会公平、保护劳工权益、完善社会保障，使民众"幼有所育、学有所教、劳有所得、病有所医、老有所养、住有所居、弱有所扶"①，真切地感受到无需权力和资本的赐予，仅凭"人民"的身份就能得到的民生权利，仅凭生命自身就能得到尊重的自在价值。正因为如此，党和国家才实施了共同富裕的战略，吹响了当代中国之社会改革的号角。"共同富裕是社会主义的本质要求，是中国式现代化的重要特征。我们说的共同富裕是全体人民共同富裕，是人民群众物质生活和精神生活都富裕，不是少数人的富裕，也不是整齐划一的平均主义。"② 这就为克服价值虚无主义奠定了坚实的社会基础。与此同时，程序正义的构建与形式普遍性的彰显，亦成为国家治理现代化与制度架构现代性推进的关键环节。它不仅要在宏观的政治架构中建立防范公共权力异化的法治体系，划清政府、市场、社会的合理界限，也要在微观的制度运行中，以刚性的形式普遍性去除人为的特殊性，重塑制度规则的权威，确立政府与社会、主体与主体之间权利和义务的均衡。这样，当代中国不仅能够形成强国家-强社会的合理格局，程序正义也能有效地承载人民平等之"个体权利"的实质正义，从而表明中国特色社会主义的现代性构建是人民拥有主体地位的现代性，以至完成"显性"的契约性社会整合与相对性价值构建。内蕴于形式普遍性的实质合理性与规范价值，就能在制度之行为裁判的同一性和惩恶扬善的示范性中得以重建，成为社会正常运行与良性价值秩序的道德基础与底线伦理，从而恢复功利价值的有序性与规范价值的有效性，使"公道"重新回到民众的心中。

其次，国家治理现代化必须以国家意识形态与精神家园的现代性构建，实现精神纽带的多元共享与社会灵魂的共同塑造，进而在"世界的哲学化"与"哲学的世界化"的双向扬弃中，形成社会体制的变

---

① 《中共中央关于坚持和完善中国特色社会主义制度推进国家治理体系和治理能力现代化若干重大问题的决定》，新华社，2019年11月5日。
② 习近平：《扎实推动共同富裕》，《求是》2021年第20期。

革、改造与文化灵魂的塑造、凝聚之间的良性互动,这是中国社会克服价值虚无主义的精神基础。制度与文化是一个相互影响、相互作用的统一体,良善的文化从根本上肇始于良善制度的锻造,只是文化一旦形成便具有相对的独立性,恶化的文化生态势必成为健全体制构建的阻滞性力量。因此,中国社会在展开社会结构与社会体制变革的同时,必须进行文化结构与社会灵魂的塑造,在分化性社会结构中实现国家意识形态与精神家园的现代性构建和落实,便成为其中极为重要的环节。

从概念的内涵上讲,国家意识形态是一个国家的核心价值与文化权威,是国家与社会、各社会群体之间的共享价值,它深层地范导着国家的文化价值准则,引领着社会的精神文化导向。精神家园则是一个民族所共有的精神环境、文化传统和价值向度,它使生活于其中的民众具有心灵的归属感、文化的认同感和精神的感召力,是社会凝聚力的精神源泉。从精神价值的构成上看,精神家园表现为核心价值与终极价值两个层面,国家意识形态在核心价值的层面上与之相互重叠。就核心价值构建的文化资源而言,它直接来自于"马学为魂,中学为体,西学为用"之"三流合一"的"综合创新"[①]。这是由于中国式现代化道路的后发性与"内在超越"的文化传统,使之呈现出从前现代性向现代性的跨越,以及从现代性的追寻到资本主义现代性的超越的复杂性格局与特征。中国社会必须在向西方资本主义文明的学习中,获得普遍的现代性因子,为自身的现代性构建提供孕育的动力,而这种现代性因子也只能在文化传统的土壤和母体中生长,才不至于因失根而凌空蹈虚,导致现代化的流产。同时,现代资本主义文明已经出现主体性异化,文化形态开始"向人类文明初曙时期那种原始的人类学思维范式的回归。最先明确地建立起人类学范式的现代哲学家,无疑是马克思","传统中国哲学和马克思主义哲学的原本形态都是属于人类学范式的"[②]。文化范式的同类性使"中学"与"马学"具有相当

[①] 方克立:《中国文化的综合创新之路》,中国社会科学出版社2012年版,第255页。
[②] 王南湜:《重建亲切的精神家园》,《求是学刊》1999年第6期。

的亲和性，其历史实践的表现就是社会主义现代性构建的现实抉择。因此，"现代性"才是"中学"与"马学"返本开新、相互融合的现实载体，它使"中学"在现代性的土壤中获得"再生"，生成现代化的文化释义；亦使"马学"在中国文化的语境中焕发生机，形成中国化的表现形态。它们之间的融合便形成了中国核心价值之文化源泉与凸显民族特质的文化标识。

就国家意识形态的构建机制而言，改革开放以来，国家意识形态"从'进攻型'向'防守型'转变"，"用来解释现实和论证现实政策的合理性，当意识形态与现实不相吻合时，需要修正的是意识形态，而非牺牲现实"[1]。国家意识形态的实效性转型，赋予社会主义市场经济以正当的合法性，并为国家和社会的发展提供了阶段性的精神资源；国家与社会的结构性分离，亦使自上而下、单维度的国家意识形态构建越来越需要自下而上的机制。中华民族伟大复兴之"中国梦"和"社会主义核心价值体系"的提出，表明国家意识形态已聚焦于更为深远的精神价值信念的凝聚力量，问题的关键反而在于构建机制的创新与精神价值的落实。由于在国家与社会日益分离、社会利益群体日渐分化的今天，意识形态不再只是一元化的国家意识形态，亦存在多元化的社会意识形态，国家意识形态的功能需要从单维度的控制，转变为对多元化社会意识形态的引领。由于单维度的国家意识形态之构建机制的基础在于，"政府和人民之间存在着心照不宣的隐性契约关系"[2]，民众将自身托付给国家换取普遍的资源供给与基本的公平正义，以此为基础的单向度、一元化的国家意识形态构建，便在国家与社会合一之总体性结构中，既拥有当然的合理性，又具有现实的可能性。然而，这种隐性契约随着计划经济的结束而解除，由于社会的日益分化，国家意识形态的构建机制就应转换为，在权威精神资源输出的支撑下，孕育国家意识形态与社会意识形态的双向互动。这样，在社会公共空间构建与中产阶级培育的基础上，社会意识形态就将成为国家

---

[1] 郑永年：《再塑意识形态》，东方出版社2016年版，第35页。
[2] 郑永年：《改革及其敌人》，浙江人民出版社2011年版，第47页。

意识形态的源头活水，因为前者提供了思想孕育的平台，后者避免了思想冲突的偏执，易于形成共享价值或价值共识，从而在社会诉求机制的构建中将价值共识吸纳为国家意识形态。国家意识形态对社会意识形态的引领则是另一条重要路向，它既可以通过社会教育与公共传媒赋予民众法理精神与信念精神的修养；亦可以通过文化产业的发展，进行润物细无声的价值生产与渗透；还可以通过有机知识分子的培育，沟通国家与社会的互动，在增强社会思想创造力的同时，实现国家主流意识形态对社会意识形态的引领。由此，国家的核心价值与共享价值才能真正得以重塑，进而引领责任伦理与阶层文化的走向。

精神家园在终极价值层面的重塑，则是在传统总体性社会之一元论最高价值陨落、超越世界坍塌以后，在现代分化性社会中，自主性社会主体通过自身的实践理性，构建与选择的多元化的终极精神资源，从而延续和再生了中华民族传统的文化血脉和文化生命，成为中国社会新的精神家园，生命个体便可从中安身立命，获得心灵的宁静和灵魂的安顿。终极价值重塑的精神资源，来自文化传统中经过现代性转化的理想性文化，如儒家传统即可"从现代化这一'新外王'的既存事实出发，引向对之逆向超越的'内圣'境界"。由于"理想性文化是指向人类生活的终极目标、终极意义的，因而它便是超越于现实生活的，是与实用性文化密切相关于现实生活完全不同的。就一个民族的传统理想性文化而言，它表达了该民族的终极生活理想"①，进而以自身极为崇高的虚拟性获得了超越历史情景的永恒意义。而现代性的理性文化已经产生了主体性危机，人们转而向传统理想性文化那里寻求心灵的抚慰，这不仅使超越的理想性文化在满足内心需求的竞争中，形成复调的终极价值之多元并存的格局，亦使"在现代社会的理想性文化层面上，现代性与传统性可能构成一个互补的两极，一者为社会提供一种精神上的推动力，一者则提供一种制动力"②，从而在精神文化血脉的凝聚力与现代性问题的反思力两个维度上，为中国社会之价值虚无主义的克服提供重要

---

① 王南湜：《从领域合一到领域分离》，山西教育出版社 1998 年版，第 279、271—272 页。
② 同上书，第 277 页。

的精神资源。由此，终极价值的构建机制，便是在社会公共空间，以学术组织的研究、各类学校的教育、社群团体的普及等方式，在社群共同体的相互交往、相互对话中，自主重构能够满足人们多元化心灵需求的精神资源，国家只是在法律的层面上对其进行秩序性的规约，以及主流意识形态的引导。如此一来，不仅个体能够从中获得永恒的精神慰藉，亦能为规范价值寻求惩恶扬善、以正人心的"超越支点"。

中国社会正在经历一场深刻的社会转型与社会变革，从传统的总体性社会形态向现代的分化性社会形态的转变，致使一体化社会整合与绝对性价值构建必然失效，当契约性社会整合与相对性价值构建还未真正有效建立之时，最高价值的陨落与超越世界的崩塌所引发的意义世界的萎缩与价值秩序的颠覆，也就是价值虚无主义的问题，便无可避免。然而，中国社会所出现的诸多价值乱象，又使之成为决不可听之任之的重大问题。价值虚无主义的克服，便成为中华民族重塑精神世界的"灵魂工程"，故而决不可陷入非理性的极端偏执，必须以健全的制度构建与良善的文化塑造，也即是在"世界的哲学化"与"哲学的世界化"的相互促进与双向推动中，实现共同文化准则的建立与良性价值秩序的重构，最终形成具有"中国性格"的社会主义现代文明。

第一章

价值虚无主义的核心内涵及其表现形态

价值虚无主义是现代文明的普遍问题，它内在地植根于人类社会的现代化进程之中，并伴随着世界历史的拓展而不断生长和蔓延。正如海德格尔所言："从其本质上来看，毋宁说，虚无主义乃是欧洲历史的基本运动……乃是被拉入现代之权力范围中的全球诸民族的世界历史性的运动。"① 人类之于现代文明的奔赴与推进正造就着这样一个时代，即以自身的理性驱散旧神祇、旧价值的蒙昧和冥暗，却未能诞生新神性、新价值的光明和敞亮的时代。价值虚无主义正是这个时代所生发的普遍的精神价值问题，它是传统最高价值这一精神本源的干涸、废黜与失效所引发的人们心灵意义世界的萎缩与价值秩序的颠覆。获得空前自由的人们，由于切断了自身与永恒的精神故乡联系的纽带而形单影只、无家可归，从而在物质的丰厚与意义的匮乏、理性的明晰与情感的迷失的悖论中，承受着世界的"暗夜"和精神的"荒原"，人类的个性自由与社会团结陷入了双重的贫乏。价值虚无主义已经成为现代文明最深刻的精神危机，正在融入世界历史、迈向现代文明的中国社会，也不可避免地遭遇了价值虚无主义的问题，从而使这一问题以更为紧迫而切身的方式呈现在我们的面前。

第一节　价值虚无主义：内在于现代化进程的普遍问题

人类社会从传统时代向现代文明的迈进，使其价值秩序的构建方式必定发生深刻的转型和变革，也就是说，必然从绝对性价值构建转变为相对性价值构建，这种传统价值构建方式的失效，便使承载人类神性之最高价值的陨落难以避免。因此，价值虚无主义从根本上讲就是"绝对价值"的虚无，它一方面解放了主体自身，却在另一方面造成了超验价值陷落的"多米诺骨牌效应"，加之未完成之现代性的现代文明已存在着颇为严重的内在缺陷，它将人类社会的生存活动奠基于

---

① ［德］海德格尔：《海德格尔选集》下卷，孙周兴选编，上海三联书店1996年版，第772页。

物性的无限繁殖，而将生命的神性意义不断加以消融和放逐，从而不仅消解了神圣的本源，而且瓦解了共善的目的，更加遮蔽了质性的价值。人们在物欲的膨胀中释放着罪恶的贪婪，在共善的消解中领受着心灵的孤独，在理性的重压中窒息着生命的尊严。迈向现代文明的中国社会正在遭受着价值虚无主义的困扰，只是由于文化传统与现代化道路的历史性差异，不仅使其内涵较之西方社会有所不同，也使其外在表征呈现出一定的独特性。

一、神圣的颠覆：价值虚无主义的三重意蕴

价值虚无主义并非偶然的精神事件，它之所以成为内在于现代化进程的普遍问题，乃是由于它的精神根源就来自传统神圣信念陨落的内在必然性。诚如尼采所言："虚无主义意味着什么呢？——最高价值的自行贬黜。没有目标；没有对'为何之故？'的回答。"① 最高价值植根于传统宗教或伦理的神性世界观，它确信世界中存在着合理的天道或值得信赖的神圣秩序，遵从这种秩序便可超越特殊经验的偶然，实现世界的至善与意义的充盈。现代文明的理性化推进同时造就了总体性社会的分化，"'总体性'自身也从此变得'支离破碎'，致使人类在个体获得空前自由，社会取得巨大发展的同时，渐次远离了先前由'神性'所承载的生命的终极关怀和超越视野"②。故而这一进程也是与终极神圣本体，抑或实质性伦理传统逐渐"决裂"的过程，它消解着承载神圣的传统世界观的社会基础，却无法消除人们对神圣本身渴求的心理基础。神圣本源的陨落以及由于神圣信念的丧失而渐次发生的共善目的的瓦解与质性价值的遮蔽，共同构成了价值虚无主义的三重意蕴。

首先，价值虚无主义消解了神圣的本源，它使人类及其所处之世界失去了意义的根基与敬畏的秩序，从而陷入荒诞冷漠、恶性泛滥的

---

① ［德］尼采：《权力意志》上卷，孙周兴译，商务印书馆 2007 年版，第 400 页。
② 刘宇等：《价值虚无主义：现代文明深刻的精神危机》，《教学与研究》2018 年第 3 期。

生存处境。人们对永恒无限之神圣的眷念并不源于其理性的思考或真理的探求,而是源于人类由于自身有限性的欠缺、惶恐与充满苦难之生存境遇所产生的价值情感上的渴求,它是人类自我构建与认同的意义世界的源泉。人们渴望着客观真实的神圣之维向自我的灵魂开启充盈的神性之光,让每一颗孤独的灵魂领受神性的滋养与抚慰,从而在神圣的敬畏中获得安定的秩序感、宁静的确定感、共享的意义感。传统的神性世界观是神圣之维的载体,人类曾经徜徉其中获致充盈的力量,一方面净化由生命的有限性所带来的纵情、邪恶与污浊,以维持内心深处良善的信念,抵御现世恶的力量的侵蚀;另一方面慰藉在人生的苦难与荆棘中受伤的心灵,以获取生存的勇气与未来的希望。偶然的个人便在神圣的意义整体中超越了终有一死的有限性,获致了自身的必然性和无限性,世界也在神性之光的照耀下呈现出本真的灵性与盎然的生机,成为人们冥想与爱的对象。然而,传统的神性世界观在现代文明的推进中越来越凸显出意识形态的虚妄、蒙昧与强制,因而逐渐衰落,内蕴其中的神圣之维无处容身。尽管主体的理性取代超验的神性成为意义的源泉,然而有限的理性一旦成为无限的意义的担负者,其结果只能是以自身的局限作为神圣的限制,将一切不可理解的神圣和美好的东西拒之门外。"不能理解的限制反而成为一种权利,受辱性的知道,变成诋毁绝对神圣的应当,虚无主义原则的前提,都是这种清醒的理性主义,都是这种知道和清醒的权能。"[①] 在这种"清醒的权能"的统治之下,"我思"的主体造成了世界与自身双重的价值虚无,变得荒诞而冷漠。世界不再是"物自身"的绽放,它成为主体依据自身的需要与兴趣,以逻辑和概念的理性框架"拷问"与"架构"的产物,凡是理性难以理解的存在便加以遮蔽和拒斥,终极超验的神性、难以言传的神秘、瞬间即逝的意象都遭到无情的消解。马克斯·韦伯称之为"祛魅","从原则上说,再也没有什么神秘莫测、无法计算的力量在起作用,人们可以通过计算掌握一切。……技术和计算在

[①] 刘小枫:《拯救与逍遥》,上海三联书店 2001 年版,第 370 页。

发挥着这样的功效，而这比任何其他事情更明确地意味着理智化"①。充满诗意与静谧的世界消失了，取而代之的是冰冷的数理逻辑与随时待取的"仓库"，主体自身也化为对一切非理性加以排斥的"无情的石头"。同样重要的是，主体被赋予了自足的自由意志与超凡的创造力，使之成为承载神圣的现实性载体，人们在摆脱了权威性枷锁的同时，也失去了对普遍有效之神圣意义整体的敬畏，不仅使价值本身沦为任意的主观偏好，也使自身由于丧失充盈的内在规约力而难以抵挡荒诞冷漠的世界与理性狡计的历史中恶的侵蚀，从而使自我的心灵向魔鬼敞开。于是，为所欲为的恶的洪流从此失去了闸门的阻挡，泛滥成灾便难以避免。

其次，价值虚无主义瓦解了共善的目的，它使人们丧失了共同情操的纽带，成为连根拔起的原子化的个人，从而孤苦无依、无家可归。共善是共同体的"整体之善"，是内在于共同体的成员"共同的目的"，它不仅为个人的判断和行为提供了共享的蓝图和确定的标准，亦为个体之间的相互理解与彼此交往提供了共同的精神基础，成为链接共同体深层的文化纽带和亲切的精神家园。传统的共善基础来自目的论"先在"的价值认同，它"先验"地赋予了社会等级秩序中每一种固定的角色和地位的伦理要求，每个人都可以在既定的价值链条中确证自我的身份、明确自身的目的、寻求存在的意义，从而在统一的共善目的中分享伦理的整体性。由此，共善的目的成为个人实践合理性的前提，凡是精神品格中有助于实现共善之目的即为美德，无助于甚至损害共善目的即为邪恶，个人实践于这个共享的实质性价值图式之中便可理解并彰显自身的善本质，评判并期待他人的善行为。自我便在共善目的的沉思和领悟中形成一以贯之的同一性人格，并在共善目的的感召下与他者产生实质性、整体性、持续性的精神关联、本质互补与深层的共生感。理性化的现代文明去除了传统共同体的封闭与狭隘，瓦解了承载共善的等级秩序和先验目的论基础，然而消解共善之传统

---

① ［德］马克斯·韦伯：《学术与政治》，冯克利译，生活·读书·新知三联书店1998年版，第29页。

载体的同时也消解了共善本身。丧失了伦理整体性与持续性的原子化的个人，虽然获得了前所未有的自由，却失去了安顿自身情感与心灵的精神家园。在被欲望和需要的链条分割得支离破碎的社会关系中，一切都成为自我的外在性关联与功能性存在，自我与社会他者处在一种契约化的利益关系之中，呈现出鲜明的偶然性与任意性，只是伴随着利益的意向性活动才投身进入或抽身而出。个人生活不再有整体性的精神分享、持续性的统一目的与可信赖的情感寄托，人们之间的共生感为利益的博弈所替代，从而变得敌对、蔑视和冷漠。失乐园中的人们从根本上丧失了伦理的"目的"，只是将欲望的"目标"视为自身行为的动力与方向，因此，在私人利益的"竞技场"、一切人反对一切人的"战场"中，期待着以个人私利的追寻达到共同福利的理念，即便不是乌托邦的想象，也只是一种纯粹功利性的"整合"，而非伦理性的"共善"。而当这种契约关系甚至侵蚀了婚姻家庭、血缘家族的情感与关爱之时，个体的生命和心灵便难以在精神与情感如此稀薄的社会中感到自适、安妥和幸福，他们或者在"我是谁"的悲叹中领受无根的漂泊与孤寂的乡愁，或者在"活在当下"的茫然中感受意义的消解与自我的沉沦。"无家可归"已经成为现代人最真实的存在境遇和生存写照，重建共善的目的以实现生命的"返乡"亦成为现代文明必须自我批判与自我超越的时代命题，只是其解决的路径不应是回归传统之先验目的论的价值认同，而是不断商谈中的价值共识与文化认同。

再次，价值虚无主义遮蔽了质性的价值，它使生命丧失了独特的个性与高贵的品质，沦为一种符号化、形式化的存在，从而空洞抽象、琐碎庸常。质性的价值是内在于生命自身"自性"的价值，它是生命存在的本体性依据，是度量生存状态正常与否的本真性尺度。这种质性的价值在传统社会是以等级秩序中的"身份"来承载、以先验伦理的锻造来显现的，进而实现了形式与实质的合一。个体便在依附性的生存中，完成自我如其所是的人性；在固定角色的践行中，实现自身先天应然的目的；在行为的现实表达中，显现生命本然的价值；在整体的人身依附中，呈现原始的丰富性和强制的充盈性。理性化的现代文明以"契约"瓦解了"身份"，以"平等"颠覆了"等级"，而契约在

第一章 价值虚无主义的核心内涵及其表现形态

解除身份之先验规定性束缚的同时,也使之在"流动的现代性"中,实现了形式和实质的分离以及形式对实质的僭越,从而使生命自身陷入了无规定性的空洞和无实在性的抽象。个人的生活在断裂了"整体"的碎片化境遇中,为理性角色分割成各种各样的"片段",失去了人生内在统一性的自我,已然成为承载角色的"衣架",可以出入任何角色,可以符合任何要求,可以接纳任何理念,从而丧失了自身必然性的实质内容与同一性的内在人格。自我在角色的分割和转换中沦为一种符号化的存在,随角色的变化而改变自身的属性,其独特的个性已为角色的功能所遮蔽,不再内在于自我本身。人们不再执着于一以贯之的同一性人格,而是将关注的目光转向角色自身的形态和准则,以获取在角色场域中走向成功的技能和品质作为自身的德行。由此,自我"能够从自己所卷入的任何一种情境、自己所可能拥有的任何一种特性中后退,并且能够从某种与一切社会的特殊性全然分离的纯粹普遍、抽象的观点出发对这种情境与特性作出判断"①。与此同时,理性化的现代文明以"平等"颠覆了"等级",其社会架构便是形式普遍性与实质特殊性的分离,以至于褪去了个性人格、美德良知之质性价值昔日的光环,将硬性的规则和制度等普遍的形式置于至上的地位,从而合乎逻辑地将丧失丰富内涵与独特个性的"符号们"纳入无人身的秩序之中,以外在行为的考量取代内在美德的践行。社会秩序已然成为理性编制的各个层面的规则与制度之网"规训与惩罚"的结果,而内在质性价值的认同基础却遭到了瓦解和虚无。尽管现代性的制度架构为个人自由划分了行动的边界,也解除了自我决断的任意性,为社会正义的维护设定了完整的框架,然而这种丧失质性内涵的规则体系显得极为脆弱,僭越规则之共谋的发生便在所难免。而夷平先验等级、遮蔽质性价值的另一种抽象普遍性便是货币的交换价值,它一方面外在地链接着各个领域的"碎片",使之自在地行动和运转;另一方面将人类的生命锁定在世俗的洞穴之中,陷入普遍的平庸。生命的质性价值丧失了自身的独立性,在交换价值的"整平"作用下,源远流长的

---

① 〔美〕麦金太尔:《追寻美德——伦理理论研究》,宋继杰译,译林出版社2003年版,第40页。

静穆与伟大、崇高与荣誉越来越让位于无精打采的琐碎与日常凡俗的庸常，高贵的文化与价值正在走向衰败没落，低俗的东西却在大行其道。

德国思想家马克斯·舍勒曾将价值按由低到高的等级排列为五种样式，即功利性的"有用价值"、"适意和不适意"的"感官价值"、"高贵与鄙俗"的"生命价值"、"美与丑""正当与不正当""纯粹真理认识"的"精神价值"和"作为最终的价值样式""朝向人格"的"神圣价值"①。尽管这种排序并非完满而周全，却反映了生命之价值内涵的丰富性，健全的价值秩序理应是这五种价值有效地协调统一，价值虚无主义却消解了神圣价值的源泉，窒息了精神价值的力量，无视生命价值的意义，仅将有用价值与感官价值置于至高的地位，从而表征了人类原发力量的瓦解、内在秩序的混乱与外在价值的短视。

二、理性的重压：价值虚无主义的形成机制

正如爱德华·索亚所言："现代化是一个持续的社会重构的过程，它被周期性地按其自身的各种形式加速创造一种空间与时间与存在的有意义的重组。"② 现代化实质上就是人类将自身从传统与自然持续性的亲密关联中抽身而出、连根拔起，以其日益成熟和强大的"理性"不断编织和重构着人类具有普遍意义的"生存之网"的过程。人类的生存和交往被纳入自我构建的理性系统之内，理性的普遍性摧毁先验等级性的同时也窒息了生命自身的灵性和高贵；交往的流动性冲破狭隘封闭性的同时也消解了人们之间共同的精神纽带；意义的符号性瓦解价值垄断性的同时也颠覆了神圣本源的恒久和静穆。理性的释放和重压使人类在平等与压抑、自由与孤独、丰盛与贫乏的悖论中，感受到现代文明之价值虚无主义梦魇般的荒诞和悲凉。

---

① ［德］马克思·舍勒：《伦理学中的形式主义与质料的价值伦理学》，倪梁康译，商务印书馆2011年版，第157—179页。
② ［美］爱德华·索亚：《现代性的解构与重建》，阎嘉、康长青译，《现代性基本读本》，河南大学出版社2005年版，第828页。

首先，现代化所奔赴的现代工商文明，在资本逻辑与技术逻辑携手造就的形式理性中，缔造了人类抽象的普遍性与普遍的抽象性的生存境遇，从而窒息了生命自身实质而独特的个性、灵性与高贵。现代化的推进日益见证着这样一个历程，即传统封闭、狭隘、散落的共同体正在逐渐融合为一个广阔而普遍的生存场域、一个复杂而抽象的关系系统。旧的共同体各异的风俗习惯、等级秩序、意义系统都在一种普遍的"逻辑空间"、抽象的"人工环境"中重新洗牌，人类的生活在一个被理性计算的"客观化"的社会关系体系中重新组织起来。他们改变了与自然亲密接触的存在方式，告别了封闭社群的实质性交往，而在眼花缭乱、相互依赖的功能化社会体系中化为一个个冰冷的角色、统计的数据与抽象的物。这种人类生存方式与交往形态的变迁，乃是由于现代工商文明以其内在的资本逻辑与技术逻辑为经纬，编织着一个以计算的形式理性为根基，以专门化的功能分割为表征，具有抽象普遍性、标准化的"物"的"人造时空"。形式理性就是精益求精地设计最有效的方式、程序和手段，有计划、有步骤地达到特定目的的理性，具有逻辑的形式化、程序的标准化等特征。如果说形式理性直接来源于商品经济的精确计算性，那么现代工业则将这种精确计算引向了极致，从而将整个世界变成一个数学问题，以精密的公式和法则来摆置自然与社会的每一个部分，使之获得了一种抽象的同一性和普遍性，成为现代社会的经济活动、组织流程、法律契约、官僚制度之运行效率的理念基础、客观标准和构成方式。以形式理性为根基，现代工商文明所内蕴的资本逻辑与技术逻辑展开了十分精密的"物的世界"的自我构建。资本逻辑以货币的通约性"真实"地构建着"现实"，一切主观性价值只有经过了"客观化"的通约，才能得到这个"世界"的认可。封闭、分散的传统社群，其特殊的意义目的、等级秩序由此获得了消解、夷平后的抽象普遍性；人类丰富、异质、多元的价值世界遭到了彻底的重构，主观性"价值"与客观性"事实"实现了分裂，从而驱逐了"价值"，使之成为物的"事实"的世界。资本逻辑"通约效应"的本末倒置，致使生命的灵性与高贵在"抽象"的魔法之下变得可以忽略不计，甚至颠倒黑白了。现代工业则在机器动力机制的推动之下形成了一种强大的技术逻辑，在效率原则的范导下，将整个人类的生存场域、生活节奏、行为秩序都纳入其中进行了精密的重组，使之服从于技术逻辑的统治，从而为社会生产注入了强大的技术动力，为社会生活带来了复杂的专业分工，为社会秩序提供了严密的组织系统。在技术逻辑的精心构建下，社会系统摆脱了人为的干扰，社会关系挣脱了互动的局部情境，甚至时空场域也与具体的地点、事件相分离，趋于空洞化、标准化、精确化，乃至虚拟化，人类在抽象的普遍性中获得了广阔的视野和形式的平等，却使自身在庞大、自律的系统网络中化为一个个匿名的角色和符号，致使生命独特的、实质性的个性和美德变得微不足道。

其次，现代工商文明所造就的都市生活，在扬弃乡村社会封闭狭隘的交往关系的同时，以一种浅尝辄止的功能化、流动性的交往形态取而代之，其转瞬即逝的生活方式，消解了社会深层的精神纽带与共同的情感基础。现代工商文明以理性的都市构建结束了传统的田园牧歌，现代都市不再是寄生于乡村社会之上的"毒瘤"，而是现代生活的"中心"，它将分散而闭塞的人群重新配置和组合在集中而开放的都市之中，来来往往涌动的人群，使规模化的生产、分配、交换、消费成为可能。然而，密集而流动的都市生活，却使人们体验了一种"自我退隐"的存在方式，身体距离的邻近与心灵距离的疏远，形成了令人遗憾的反差。为数众多的交往与交流都只是一种消极的、表面性的功能化关联，都市生活中人与人之间交往形态的短暂、肤浅与贫乏，使其纵然存在于拥挤的人群之中依然会感到冷漠、孤独和失落，这已然成为现代都市人的心理常态。恰如西美尔所言："如果我不自我欺骗，这种外在的自我退隐的内在方面就不仅仅是冷漠，而且，它常常是比我们意识到的还要经常轻微的憎恨、相互的陌生和厌恶，这在无论由什么引起的紧密交往时刻会出现憎恨与斗争。"① 由此，流动的都市文明固然超越了乡村社会封闭的特殊性和僵化的等级性，却割断了人类与自然的亲密接触，截断了人们与传统的血脉相连，浮光掠影的碎片

---

① ［德］西美尔：《时尚的哲学》，费勇等译，文化艺术出版社2001年版，第191—192页。

化生存使人们不再终身留恋某个特定的秩序和固定的位置,乡村共同体那些牢固的社会关系、固定的时空场域、共同的价值认同、稳定的心理体验,都在短暂易逝的生活方式中烟消云散了。自然意志所造就的礼俗社会中的血缘纽带、邻里关系、家族生活、宗教品质等传统情感,失去了存在的社会土壤,神圣的价值权威在尘世喧嚣的激荡中悄然远逝,共同的精神品质在浅尝辄止的交往中土崩瓦解。专业分工、利益竞争、金钱交往、契约关系取代了传统礼俗的坚实纽带,这固然使人们摆脱了亲密共同体对自由与情感的控制,然而精神纽带的丧失却成为人们彼此之间相互敌对、相互冷漠的开始。现代都市已然成为人们随时准备抽身而出的临时处所,不稳定的自由与无安定的流动都使现代都市人缺乏应有的归属感和安全感,生活与工作的群体只是一种非实体性的功能化存在,其成员的常态性流动、更替与利益的相互竞争使之难以凝聚为亲密而长久的关系,更何况人们在告别了传统社会严格的等级界限以后,仍然因地位、收入等因素的差异而彼此隔离。这种现代都市的生活方式正如路易·沃斯所描绘的那样:"次要接触代替主要接触,血缘纽带式微,家庭的社会意义变小,邻居消失,社会团结的传统基础遭到破坏。"① 流动于不同社会语境之间,已然失去共同精神纽带的现代人,已经使都市共同体的集体行为变得问题重重,甚至难以预料了。

再次,现代工商文明"祛魅"了传统社会的"超验神圣",却以符号价值的"附魅"构建了现代社会的"经验神圣",使之不仅成为生活意义的"源泉",也凸显了自我个性的"与众不同",资本逻辑的虚无本性,却使这些自我构建的"神圣之物"顷刻之间便烟消云散,从而颠覆和亵渎了"神圣之维"内在的恒久与静穆。现代社会以资本逻辑和技术逻辑的相互交错,共同构建了一个功能化的物的仿真世界,它将真实的"所指"与拟真的"能指"相互分离,不再关注"所指"的真实,而只关注"能指"的增长节奏与仿真程度。在这个"拟像的秩

---

① [美] 路易·沃斯:《作为一种生活方式的都市主义》,陶家俊译,汪民安、陈永国、张云鹏主编:《现代性基本读本》,河南大学出版社 2005 年版,第 709 页。

序"中遍布着"做"出来的"艺术","做"出来的"情感",甚至"做"出来的"神圣"。一切神圣的、超凡脱俗的价值,都只是依附于商品的文化符号,它们在现代传媒的编码与大众消费的解码、符号价值的附魅与资本逻辑的祛魅之往复循环中,实现着自身的"更新换代";在温柔的刺激与销魂的回应、本能的趋向与想象的链接中,释放着非同寻常的文化象征、崇高美好的价值表意,人们在迷醉与虚幻中"消费"着商品所象征之更高的地位和卓越的品位。尽管现代文明是资本逻辑与技术逻辑共同构建的"物的世界",然而物的大量流行及其自身的再生产,却是建立在文化时尚的复制与传播基础之上的,商品的符号化及其文化意蕴的强化,早已超越了单纯的使用价值与交换价值,唯其如此,才能在"时尚"的光环下提升商品自身的"附加值",在"过时"的概念中加快资本循环的速度。皮尔士曾将符号划分为三类,即表征符号与对象相似性的"类象性符号"、表征对象与符号因果关系的"标志性符号"、表征符号与对象无必然联系而只存在着人为约定性的"象征性符号"。现代传媒之于商品的符号性附魅正是先将其转化为文字或图像文本,使之进入类象性符号系列,然后又将其与非凡的人物或事件相关联,使之转化为具有文化意蕴的标志性符号,最终在想象的"抽象"中成为极富时尚的象征性符号,从而使附魅的商品身价百倍,并在反向的推动中坚挺着符号自身的价值。因此,"经验神圣"本身就是借助于传媒的价值附魅与人们的文化想象"制造"出来的时尚符号,它们在光环的照耀中备受推崇,也在光环的消退中遭到遗忘,俨然成为在"物的世界"中临时搭建的空中楼阁,顷刻之间便轰然倒塌。资本逻辑之虚无主义的本性,就这样在利润的追逐中,颠覆和解构着一切神圣、永恒的价值,"一切固定的僵化的关系以及与之相适应的素被尊崇的观念和见解都被消除了,一切新形式的关系等不到固定下来就陈旧了。一切等级的和固定的东西都烟消云散了,一切神圣的东西都被亵渎了"[①]。浮云般转瞬即逝的命运,使神圣的价值早已在现代社会中丧失了自身的恒久、尊严与静穆,只能在资本逻辑的贪婪、

---

① 《马克思恩格斯选集》第 1 卷,人民出版社 1995 年版,第 275 页。

狂躁与不安中颠沛流离、无处容身。

三、语境的差异：中西方价值虚无主义的不同内涵

正如吉登斯所言："传统是惯例，它内在地充满了意义……就其维系了过去、现在与将来的连续性并连接了信任与惯例性的社会实践而言，传统提供了本体性安全的基本方式。"[①] 传统的最高价值便是人类在"惯例"中自我构建、自我认同之意义世界的神圣本源，它赋予人们深刻的超越感、敬畏感与意义感，世俗化、理性化之现代文明的推进使这一神圣本源干涸与消解，意义世界只有奠基于物的世界的根基之上才具有"合法性"，从而使自身不断地萎缩，甚至颠覆。因此，价值虚无主义的核心要义并非在于文化形态学意义上的超感性世界的陨落，这毋宁说只是西方社会文化传统的"特殊"形态，它恰恰在于更为"普遍"的现代物质文明之于传统最高价值的知性断裂，无论这种最高价值的具体形态是宗教神学抑或道德伦理。正是在这个意义上，我们才认为迈向现代文明的中国社会同样遭受着价值虚无主义的困扰，只是由于自身文化形态、发展道路的语境差异，致使其内涵较之于西方社会有所不同。

西方社会价值虚无主义的内涵在于，传统神性立法权的剥夺与主体立法的失效，这一内涵与基督教传统的文化特质、社会建制以及社会转型的渐进性具有密切的关联。教会在世俗化的入侵中逐渐丧失了天国在人间的代理权与立法权，只能在社会系统的空隙间苟延残喘，主体理性却在宗教神性压抑和哺育的悖论中日益成熟，从而破茧而出成为自然与自身的立法者。理性的有限性无力负担意义的无限性，当其将自身视为此岸世界的上帝之时，就注定了主体立法的失效。这一演进历程存在着内在逻辑的必然性，从某种意义上讲，西方宗教传统正是在现代化的进程之中实现了世俗化转型，最终被放逐并融入现代文明私人领域的社会构架之中，实现了理性化的公共生活与终极神圣

---

① [英] 吉登斯：《现代性的后果》，田禾译，译林出版社2000年版，第92页。

实体的"断裂"。漫长的中世纪，人们在教会的引领下担负着共同的精神目的，将整个社会生活都奠基在上帝信仰之超验神性的根基之上，宏伟的建筑、身份的标识、道德的符码、生活的语言无一不是以超验世界的意识与宗教机构的认可为依据。他们在强制与充盈的悖论中体味着自身的超越感，虽在尘世度日却是天国子民，虽受肉身束缚却以精神升华；在原罪与救赎的恩典中生发着神圣的敬畏感，与生俱来的罪性与欠缺期待上帝的惩罚与拯救；在上帝选民的观念中领受着人类的尊严感，生活的凄惨与世俗的卑贱难以击垮天国公民的自信与自尊。人们在神性的眷顾中获取了生存的勇气，在上帝的荣光中找到了心灵的归宿，在神圣的天国中看到了未来的希望，在精神的目的中践行着人生的意义。只是，这种精神意义至上的观念却将财富的获取与利润的寻求视为贪婪与罪孽，以此维系社会等级的恒定与安稳，现代化的推进正是要对这种宗教制度、宗教行为与宗教意识进行世俗化、理性化的颠覆与改造。于是，凡人的幸福消解着天国的观念，世俗的生活冲击着宗教的权威，而教会的贪婪更使自身信誉扫地，内在于神性母体中的主体理性正在悄然地生长、发育，文艺复兴便是最好的注脚。与此同时，基督教传统本身就内蕴着古希腊理性主义的文化特质，理性与神性具有形而上学的同一性，在彼此的紧张关系中相互贯通，理性能够以自身的逻辑确证神性，神性也使理性分有自身的荣光而拥有合法性，理性便在与神性的张力中预示了分道扬镳的未来。如果说托马斯·阿奎那只是承认主体理性能够通过逻辑论证证明上帝的存在，那么奥卡姆的威廉则不仅宣称主体理性可以通过观察洞悉上帝创世的法则，更在自然德性的领域呼告世俗的权威未必要臣服于教会的教义。当马丁·路德以"因信称义"颠覆腐败教会之权威，回归原初宗教之纯洁性的时候，世俗之于神域的入侵，理性之于神性的僭越已使教会之等级大厦将倾了。马丁·路德未能意识到宗教改革本意在于维护上帝的权威、抵御世俗的侵蚀，却由于抽空了宗教的社会建制与社会内容，无意中参与了对上帝的"谋杀"。真正首次承认经济美德，实现宗教教义世俗化的先驱，当属加尔文，他以预定论和天职观的新教伦理构建，鼓励信徒以世俗的成功荣耀上帝，确证自己是上帝的选民，从而奠定了城市工商业的超验合法性，实现了西方宗教传统的现代转型。然而，当启蒙运动推动主体以自身的理性代替上帝之神性为世界立法之时，世俗的欲望与冰冷的理性，早已驱逐仅存于个人内心之超验神圣的冲动力，使现代物质文明沦为精神的"暗夜"。

中国社会价值虚无主义的内涵则在于传统神圣价值的失落与主体理性尚未发育成熟的混乱，这一内涵与中国文化传统的伦理特质、现代化的独特路径，以及社会转型的紧迫性存在着密切的关联。西方现代性的"强暴"使中国社会还未来得及实现自身的文化转型，便迫不及待地与实质性的儒家伦理传统"决裂"了，从而引发了两个层面的价值危机：其一，传统文化血脉的割断和社会精神纽带的丧失，即所谓认同危机与意义危机；其二，社会主体从传统神圣价值中破茧而出之时尚未发育成熟，并不具备理性的立法能力，即所谓价值陷落与秩序危机。诚如丹尼尔·贝尔所言："文化本身是为人类生命过程提供解释系统，帮助他们对付生存困境的一种努力。"① 因此，对于任何一种文化范型而言，最高价值都是不可或缺的，它以赋予意义的方式超越了政治、经济无法应对的困境，并内在地支撑着整个文化系统的信念与圆融。中国文化传统虽未给国人提供"外在超越"的宗教最高价值，却创造了"内在超越"的伦理最高价值，作为整个民族的精神家园。漫长的传统社会，人们将社会生活奠基于儒家伦理的血缘与人伦的自然性根基之上，从而形成了血缘、伦理、政治三位一体的社会秩序系统。他们在"伦常"与"名分"的伦理坐标中安伦尽分、恪守本分，担负着社会的责任与秩序；在"天道"与"人道"的天人合一中尽心知性、参天化育，体味着内在的超越与崇高；在"不朽"与"子嗣"的追寻绵延中立德立言、家族延传，生发着生命的意义与永恒。人们在神圣天道的敬畏中找到了心灵的归宿，在君子人格的修炼中获取了生活的勇气，在伦常德性的践行中实现着人生的价值，在子嗣绵延的传承中看到了未来的希望。当中国社会被动地遭遇西方现代性的"蛮

---

① ［美］丹尼尔·贝尔：《资本主义文化矛盾》，赵一凡等译，生活·读书·新知三联书店1992年版，第24页。

横"之后，人们开始沉痛反思儒家文化传统的"虚弱"，以自我贬损的逆向性认同开始了急剧的现代化推进。救亡图存的现实性促逼导致了启蒙不可避免地遭到遮蔽，激进的民族主义以自身强势的革命话语再造着新的文化传统，加之融入世界历史后资本逻辑对伦理实体的荡涤殆尽与人口政策对家庭规模的迅速缩减，中国社会在短短数十年间已与实质性的儒家伦理传统发生决然的断裂。曾经赋予国人以精神力量和心灵慰藉的最高伦理价值迅速丧失了自身，人们心灵价值序列中的忠孝仁爱、礼义廉耻、心性良知、仁德情感纷纷褪去了神圣的光环，社会深层的共同情操与精神基础日渐涣散，人们已经深刻感受到凝聚社会的文化力量的解体与内心家园感、方向感的迷失。近代以来以大同理想为内涵的终极目的论，取代儒家之"天道"，成为中华民族新的精神家园，但由于一体化社会整合的封闭性和僵化性阻碍了经济社会的发展，绝对性价值构建亦难适应分化的社会结构，故而逐渐式微，致使文化的消解与价值的迷失呈加剧蔓延之势。与此同时，现代性之理性化逻辑表明，传统美德的式微必定要以制度普遍性的规约来取代，这必须以成熟主体之理性立法为基础才是可能的。然而，中国社会中失去传统神圣价值支撑与保护的羸弱主体，却并不具备自我立法的理性能力，既没有立制度规则之法的外在权能，又缺乏立规范价值之法的内在品质。中国社会因而不仅苦于理性化的推进之于实质性价值的窒息，也苦于理性化的未完成之于制度普遍性的褒渎；不仅苦于前现代之价值观念与文化心理尚未真正退场，也苦于现代之制度体系与价值共识尚未真正落实。新旧价值系统与制度体系的交替之间出现了明显的"真空地带"，现代性病症的提前预支与前现代之弊端残留引发了强烈的"共振效应"，从而造成了价值底线的陷落与价值秩序的错乱。

价值虚无主义是现代文明的"梦魇"，现代化的推进使人们在冲破传统的羁绊而盲目地狂飙突进之时，体验了意义的苍白与精神的荒芜；在超越传统的匮乏而片面的物质繁殖之时，感受了情感的荒凉与理性的冰冷。它将人类一切不可计算的高贵品质、不可掌控的生命灵性、不可量化的深远力量、不可言传的人生智慧，都窒息和消解在机器的日夜轰鸣、制度的自动运转与物质的无限繁殖之中。一切现状已经表明,与实质性传统知性断裂的现代文明,只有在更高的层面上"扬弃"自身、"回归"传统之价值理性,才能真正走出价值虚无主义的困境,从而实现人类更深层次的自由和解放。

第二节 西方社会之价值虚无主义的内涵及其表征

现代西方社会之价值虚无主义的核心内涵在于,传统神性立法权的剥夺与主体立法的失效,尼采所言"上帝死了"便是这一时代命题最为经典的哲学表达。这也是宗教文化传统绵延千年的西方社会所生发之价值虚无主义的特定内涵,它亦表征了西方社会从传统时代迈向现代文明之时,冲破神性强制的原子化个人却被连根拔起,失去了曾经亲密接触的,具有整体性、持续性之精神价值关联的社会共同体、宇宙共同体,乃至目的论神圣实体。生存活动从此丧失了客观的价值基础和充盈的意义支撑,变得无家可归、失魂落魄。价值虚无主义已然成为现代西方社会深刻的精神危机。社会主体由于自身理性的强大,不再甘愿匍匐于神性立法的权威之下,而是将客观恒定的自在价值还原为主体的自由意志,如此不仅使价值自身成为主观化、相对化的存在,更使其实质性内涵为外在性形式所僭越,主体立法的失效引发了精神价值与意义世界的萎缩,变得空洞抽象、了无生趣。如何扬弃价值虚无主义成为现代西方社会重大的时代命题,无数伟大的思想家都在进行着殚精竭虑的思考和探索。自由主义将责任伦理和社会正义的构建作为意义的现实载体,却未能解决个人无家可归的根本问题;社群主义立足于社群共同体的构建,将美德传统或多元化宗教视为超验神性在经验世界的支点,却未能解决价值诸神的冲突;马克思主义则确立了辩证的生命原则,在历史的向度中寻求价值的确定性,为去除价值虚无主义提供了一个新的维度。

一、形式的僭越：西方价值虚无主义的内涵及其表现

对于西方社会而言，历史上似乎没有哪个时代会像现在这样，对"人"自身都如此困惑不解，整个社会陷入一片茫然与迷惑之中，由神性立法权所规定的客观价值秩序，这个曾经赋予了人们以人生意义的目的论神圣实体，在此时出现了轰然的坍塌和瓦解。从"整体性"中抽身而出、连根拔起的社会主体，从此获得了以自身的理性立法来规约价值秩序的权利，然而这种价值的主体化并未使其获得真正的效能，反而导致了价值判定的主观化、相对化，以及形式化特征，进而陷入了价值虚无主义的生存境遇。也就是说，现代西方社会之价值虚无主义的核心内涵，正是在于神性立法权的剥夺与主体立法的失效，致使现代人想要寻求某种确定的、牢固的价值基础与意义根基不再可得，而形式合理性之于实质合理性的僭越，更引发了精神价值与意义世界的萎缩。由此，处于"失乐园"的人类不仅失去了与世界、共同体在精神意义上的关联，也失去了自身实质性的内在本质，成为一种空洞化、符号化的存在。

首先，传统神性立法权的剥夺所导致的意义根基的瓦解，是西方社会价值虚无主义的核心内涵，它表明人类在冲破神性强制的同时，也割断了与自身内在相连的超越世界和精神血脉，从而失魂落魄、无家可归。毋庸置疑，个人的人生价值与生命意义只有在整体的、持续的关联性中才可获得，也就是说，个体唯其在所栖息世界的背景坐标中寻求到自我的"身位"之时，才能感受到生命的充盈与存在的价值。西方传统社会正是以"外在超越"的目的论神圣实体，赋予了个人整体性和持续性的意义感，"人们过去常常把自己看成一个较大秩序的一部分。在某种情况下，这是一个宇宙秩序，一个'伟大的存在之链'，人类在自己的位置上与天使、天体和我们的世人同侪共舞"[①]。整个世界被理解成只为彰显不朽神性而存在的神圣客体，包括个人在内的任

---

① [加] 查尔斯·泰勒：《现代性之隐忧》，程炼译，中央编译出版社2001年版，第3页。

何事物都成为神圣价值链条中的特定环节,他们的存在不再是任意的,而是体现了一种内在的根据和神圣的目的。无论是古希腊理性主义传统,还是中世纪基督教传统,其所内蕴的文化精神都是如此,只是在最高价值的表现形态上有所不同。古希腊理性主义传统的最高价值是"自然",亦即"逻各斯",它以极富神性的生命意志,规定了宇宙和人间井然有序的等级秩序与自然法则,由于人的理性与自然理性具有内在的相通性,个人可以而且必须在自然秩序与自然法则的认知和遵从中,实现"偶然"向"本然"的转化,完成富有德性的生活。中世纪基督教传统承接和强化了目的论的文化形态,而将理性主义内蕴其中,进而论证上帝的无上荣光与神迹的无处不在。于是,西方传统的最高价值便从尘世中的"自然"推移至彼岸天国的"上帝",先前以终极知识探求与自然德性培育,就可完成经验偶然向人性本然的升越之途,转变为原罪的芸芸众生在上帝的恩典与惩罚中反观自身的罪恶和欠缺,在神性的旨意和禁令中鞭策自我的禁欲与清修,从而皈依和分享"神"的永定之光与救赎之路。上帝成为世界一切自然法则、存在万有的最高主宰和终极造物主,宇宙苍穹的一切事物与个人,都在这个等级分明、永恒正义的超越世界中,获得了各自存在的意义,世间万物的神奇秩序、人类生命的灵动创造,都是上帝至真、至善、至美的最好证明。这样,人们便在教会的引领之下朝圣着共同的精神目的,虽在尘世遭遇人生的荆棘与肉身的束缚,却在上帝的慈爱和恩典中领受精神的升华与生命的尊严;虽在此岸世界面对邪恶和污浊的围困与侵蚀,却在彼岸天国的召唤和向往中获取生存的勇气与未来的希望,从而在共同精神目的的践行中凸显人生的意义。

然而,这种价值供给形态与意义输出方式,根源于同质性、未分化的社会结构,它以统一的绝对价值,塑造社会成员一致的价值情感与价值信念,个人被锁定于给定的等级秩序与既定的价值秩序,几乎无法想象能够偏离固定的身份和角色。"圣托马斯教导说,正义以某种双重的方式'指导置身于与他人的关系中的人':'首先是在与个体的关系中,其次是在与作为整体的他人的关系中,即一个人服务于一个共同体,服务于所有属于这个共同体的那些人',所有这些都可以用一句源远流长的话来概括,'让人各得其所'(suumcuique)"①。这不仅抹杀了独特的个性与生命的自由,使之沦为共同体与神性价值的工具,也容易从教会内部滋生腐败。西方社会以世俗化的现代性推进与内在于神性母体之中的主体理性孕育,形成了社会建制与观念文化之间相互作用、彼此促进的强大力量,共同推动着传统社会向现代文明迈进,亦使最高神性价值的废黜不可避免。市民社会之于传统共同体的消解,创造了个人自由的社会条件,它与基督教传统出世的个人主义合二为一,产生了人世的个人权利;主体理性之于神性母体的破茧而出,则加速了神圣目的论的分化与瓦解,进一步消解和侵蚀着宗教的精神基石。如果说15世纪的文艺复兴只是转换了人神关系,赋予世俗生活与意志自由以极大的正当性,却并未触及教会的要害与目的论的宇宙观;那么16世纪的宗教改革则以直面上帝的良心自由,剥夺了统一权威之教会在"人间"代理"天国"的立法权,产生了为数众多的"因信称义"的自由教派,"路德死后一个世纪,大约出现了180个新教教派"②。而17世纪的启蒙运动更以强大的科学理性,荡涤了宇宙苍穹富有意义的内在目的,以冰冷的因果关系和僵死的机械动力取而代之。这样,客观价值源头的丧失与世俗化的现代性推进,几乎成为同一过程的两个方面,只是人类的自我立法始终无法产生普遍的意义根基,加之经济冲动力之于宗教冲动力的遮蔽,最终只能导向个人的主观偏好与无意义的精神暗夜。列奥·斯特劳斯以"现代性的三次浪潮"③表征了价值客观性的失落过程:从马基雅维利和霍布斯以自我保存的自然权利取代客观法则的第一波浪潮;到卢梭以道德情感之自然本性建立普遍意志的第二波浪潮;再到尼采以"上帝死了"的时代诊断,力主以权力意志"重估一切价值"的第三波浪潮。这是在哲学文本的视域中,所窥见的主观自我意志不断覆盖客观价值源头的思想历程,最

---

① [德]海因里希·罗门:《自然法的观念史和哲学》,姚中秋译,上海三联书店2007年版,第186页。
② 丛日云:《在上帝与凯撒之间——基督教二元政治观与近代自由主义》,生活·读书·新知三联书店2003年版,第112页。
③ [美]列奥·斯特劳斯:《苏格拉底问题与现代性》,彭磊等译,华夏出版社2008年版,第32页。

第一章　价值虚无主义的核心内涵及其表现形态

后的结果便是价值虚无主义在尼采思想中的经典阐发。它不仅引发了价值诸神的战争,"那些古老的神,魔力已逝,于是以非人格力量的形式,又从坟墓中站了起来,既对我们的生活施威,同时他们之间也再度陷入无休止的争斗之中"①,更使逃离强制的人们陷入了无根的漂泊,不再受到传统等级秩序权威和神法目的论发号施令的人类意志,却饱尝理性化角色的分割之苦。原子化的个人失去了神圣实体的家园而孤苦无依;永无止境的利益博弈又使他们丧失了共同情操的纽带而无所依傍;碎片化的生存更使人们瓦解了整体的目的而精神涣散。社会的整合越来越诉诸外在于一致信仰的法律契约,如此建立起来的一致性,只是依靠博弈关系所取得的权利和义务的暂时性利益平衡。由此,现代西方社会在冲破神性强制的同时,也割裂了与超越世界的精神联系,从而将自身奠基于泥沙般松软的价值地基之上,必然引发严重的精神危机,一种因缺乏稳定的质性价值而生存空洞、无家可归的危机。

其次,现代西方社会主体立法的失效,所表征之形式合理性对实质合理性的僭越是其价值虚无主义的另一意蕴,它表明主体赖以强大的理性力量却抽干了自身价值的质性内涵,从而抽象空洞、了无生趣。在神性母体中孕育而出的主体理性,其日益强大的能量使人类摆脱了自身的不成熟状态,不再甘愿匍匐于神性先在的等级秩序,意欲以理性自律自决的力量去除神性的巫魅。正如霍克海默所言:"启蒙的根本目标就是要使人们摆脱恐惧,树立自主",启蒙的纲领是要唤醒世界,"祛除神话,并用知识替代幻想"②。然而,理性启蒙在去除了神话的蒙昧之时,也造就了"概念"和"数字"这一新的神话,它消解了一切不可实证之质性价值,使价值自身丧失了实质性内涵,沦为一种必须量化才可确证的、形式化的东西,从而宣告了主体立法的失效。一言以蔽之,也就是形式合理性对实质合理性的僭越,引发精神价值与意

---

① [德]马克斯·韦伯:《学术与政治》,冯克利译,生活·读书·新知三联书店1998年版,第41页。
② [德]霍克海默等:《启蒙辩证法——哲学片段》,渠敬东等译,上海世纪出版集团2006年版,第1页。

义世界的萎缩。西方现代性的推进从根本上讲，就是功利的趋向、理性的自决、领域的分离，多元化的社会整合合乎逻辑地使形式合理性，不仅成为支撑经济活动、法律契约、官僚制度运行效率的理念基础、构成方式和组织系统，亦成为社会分化时代之相对性多元价值得以沟通的外在的客观标准与建制基础。"合理性"是马克斯·韦伯用以把握社会行动性质的概念，行动与目的相一致即为合理性，否则即为非合理性，根据特定目的、超验目的或终极目的的划分，便可分为形式合理性与实质合理性。形式合理性体现了一种"价值中立"的原则，它具有逻辑的形式化、程序的标准化、度量的可计算性、运行的可操作性等重要特征，从而以精确的计算和量化的设计，寻求实现特定目标的最佳方式与程序手段，进而形成一系列组织流程、规章制度和规范建制。当形式合理性以人类终极目的之实质合理性来规约自身之时，尚具有明显的合法性，它最大限度地排除了人为因素的干扰，获得了有效的公正与极大的效率。然而，形式合理性一旦脱离了实质合理性的轨道，成为物化结构的自律性存在，整个社会便犹如一只巨大的"铁笼"，无情地吞噬着一切超验价值，"形式"的日益"合理"与"实质"的日益"不合理"之间形成了鲜明的悖论。形式合理性之于实质合理性的僭越，使价值自身成为只有空洞形式而无实质内涵的抽象性存在，其主要表现在技术理性与交换价值两个层面，且二者之间存在着相互作用、彼此促进的密切关系。交换价值是功利至上之现代社会的"终极价值"，技术理性则是获取这种价值的内在动力，二者的相互推动共同遮蔽了超验价值存在的自在性与独立性。

技术理性是形式合理性的表现形式和现实载体，它以现代技术为手段，以数理逻辑为基础，通过精密的计算昭示出客观对象的数量关系和运行规则，从而以最大的效率实现特定的功利目的。平心而论，技术理性面对没有生命的僵死之物的时候，具有精准的分析能力与巨大的运行效率，一旦面对极富灵性的生命自身便立刻捉襟见肘，致使人类诸多弥足珍贵的超验价值迅速遭到窒息，生命的体悟、情感的体验、思想的火花、圆融的智慧等，都在精确换算的数量关系的考量中不断消解。于是，现代的人们在自动运行的机器面前，成为整齐划一的"标准化"存在;在官僚体制的车轮面前,化为一个个"无人身"的环节;有血有肉、充满个性的现代人在机器的昼夜轰鸣与制度的自行运转中,沦为模糊而抽象的"人力资源",从而"专家没有灵魂,纵欲者没有心肝"①,只能被裹挟地成为庞大机器系统中的零件而无法自拔。以技术理性为根基的社会架构,已使人们的诗性审美力与灵性领悟力日益枯萎和衰竭,世界失去了刺激冥想和爱的魅力,沦为工作和计算的"客体";人类自身不再是完整和丰富的生命体,只是活着和认知的"存在物"。交换价值则是形式合理性在经济领域的表现形态,它是资本逻辑的根本原则,在为社会财富增长与生产力提高供给强大合理化动力机制的同时,也在吞噬着人类内在于生命的、更为深远的精神力量。交换价值之所以具有如此强大的构建力量,乃是由于它对一切主观性价值都实施了客观化通约,"货币的量越来越成为货币的惟一强有力的属性;正像货币把任何存在物都归结为它的抽象一样,货币也在它自己的运动中把自身归结为量的存在物。无度和无节制成了货币的真正尺度"②。由此,交换价值将人类丰富而多元的主观性"价值",进行了客观化的"事实"重构,从而以"量"的、物的"事实",驱逐了"质"的、超验的"价值"。这种本末倒置的"通约效应",致使生命的灵性、高贵的人格、人生的尊严、珍贵的自由,都在"抽象的魔法"之下,丧失了自在的规范性,变得可以忽略不计,甚至颠倒黑白。更为严重的是,交换价值的"终极性"与精神价值的式微,使之拥有了一种扭曲人性、操纵一切的魔力,使卑贱者因货币而"高贵",孱弱者因货币而"勇猛",邪恶者因货币而受到尊重。技术理性和交换价值所导致的精神价值秩序的颠覆和错乱,足以说明形式合理性在塑造现代西方社会之精神生活与文化规范的苍白无力,从而宣告了主体理性立法的失效和破产。

---

① [德] 马克斯·韦伯:《新教伦理与资本主义精神》,于晓等译,生活·读书·新知三联书店1987年版,第143页。
② [德] 马克思:《1844年经济学哲学手稿》,人民出版社2000年版,第120页。

二、偏好的抉择：西方价值虚无主义的伦理表征与危害

主体理性立法的失效在伦理构建的维度中表现为规范形式性对于德性实质性的僭越。从某种意义上讲，这也可以视为是形式合理性之于伦理世界的渗透和扩张，伦理仅仅成为外在的规则，失去了内在的德性作为支撑。"规则无人"成为西方社会之价值虚无主义在伦理层面的重要表征，这也是价值主体化的必然逻辑。现代西方社会已不存在一个对所有人都有效的至善或至上美德，也不存在一个完备而客观的价值序列，诸多价值的重要性都是由其所处之特定环境所决定的。换言之，价值成为主体根据特定环境设定的解释系统和评价体系，一定的评价体系对应着相应被设定的价值序列，即便最高价值也必定先存在于这个设定体系之中，才能获得自身的"价位"。由此，价值成为主体意志之偏好的抉择，最高价值也只是在主体意志设定的价值体系之中的最高价值。如此一来，社会价值秩序必须通过一种可以沟通不同价值序列的方式来维系其有序性，这就必然导致"形式"对于"实质"的僭越。

首先，西方传统目的论价值基础的瓦解，使价值自身成为主体设定、解释和估价的结果，这必将引发价值的形式化与任意化，从而导致主体伦理立法的失效。诚如约纳斯所言："目的论从自然原因的体系中排除出去了，而自然本身是无目的的，它不再为可能的人类目的提供任何支持。一个没有存在物之内在等级体系的宇宙，正如哥白尼的宇宙那样，使得价值失去了本体论的支持，自我对于意义与价值的追求不得不完全地依靠自己。意义不再是发现的，而是被'赋予'的了。价值不再被视为客观实在，而是被设想为评价产物。作为意志的功能，目的完全是我自己的创造物。意志取代了洞察，行为的暂时性驱逐了'自在之善'的永恒性。"[①] 这就意味着，传统目的论所支撑之客观统一

[①] ［德］约纳斯等：《灵知主义与现代性》，刘小枫选编，华东师范大学出版社2005年版，第38页。

的、非个体的价值坐标已轰然倒塌，先前个体以神圣之目的规约自身，规则内在于德性践行的伦理构建不复存在，现代伦理由此实现了价值的主体化，从而将伦理行为奠基于作为主体意志的理性自律的基础之上。然而，这种主体实践理性之立法，即以个体良知与主体意志为支点的质性伦理构建，与其说是成功的，毋宁说是试验性的，只是对经验量化伦理的偶然性所进行的一种颠覆性尝试。它是价值主体化以后，以现代主体目的论取代传统神性目的论的"替代品"，试图以"你应该"的强制性"绝对命令"，建立对理性个体普遍必然的伦理有效性，但价值的主体化使"善"的客观价值被归结为主体的"向善"能力，价值自身被转化为主体的欲求，德性从此失去了特定而自在的价值品质，它的存在只是取决于人们的力量和行为所获得的品质与产生的效果。于是，抽象的道德自律主体与单纯理性限度的宗教，相互支撑所产生的道德律令因缺乏客观而稳定的价值质料，实际上只剩下碎片化、纯形式化的规范原则，便难免在具体的伦理处境中遭受"谁之正义，何种合理性"的两难抉择，最终服从个体的主观偏好。现代伦理如此脆弱的主体化价值根基，使之不再具有客观恒定的内在品质作为判定价值的标准，极易从以"律令"为基础的理性伦理蜕变为以"信靠"为基础的非理性伦理，进而使质性伦理的构建丧失普遍性的效能。这必将导致他自身所批判的价值评定与道德人格之内在结构的经验量化，人的本质也就无从勘定，从而陷入更多数量的人们对于福利秩序的价值关怀，即"最大多数人的最大幸福"，而不再是离神性至善更近、更为纯净的价值充盈。价值主体化所引发的现代质性伦理构建的失效，加深了功利主义量化伦理在现代社会的大行其道，不同视角、不同立场的主体价值之间，如果存在着相互的关联性和可沟通性，那一定是数量的价值关联和刻度计量，财富、目的、人格、理想等都能在形式合理性之数量度量的基础上得以权衡和达成谅解。

其次，形式性规则对于实质性德性的僭越也表现为，以量化的方式"度量"价值的功利主义伦理对超验价值的颠覆与少数人正当权利的漠视。价值主体化以后，现代伦理学无论以何种方式意图重建具有普遍性的质性伦理，都以其无可避免的主观任意性而宣告失效，主体理性立法的最终结果似乎只能是以形式合理性为基础之功利主义伦理的大行其道,从而更加表征了这种立法的失败。功利主义伦理的失败并不意味着其完全失去了社会生活的规约力,而是由于它仅存在量化的维度,缺乏质性的支撑,因而具有自身根本无法克服的内在悖论。功利主义是市场原则向伦理世界渗透和侵入的必然产物,由于理性化对神性的祛魅,功利主义伦理理所当然地将自然人性设定为"趋乐避苦",能增进快乐的就是善,否则就是恶,苦乐的功利原则由此成为至上的道德准则。这样,道德本身就失去了其目的性价值,沦为获得快乐的工具性存在,行为的价值便不再是德性的良善动机,而是行为的苦乐效果,也就是说,最大程度地、最高效率地获取快乐是唯一值得追求的目的,其他一切都是手段。显然,这种伦理构建是以量化标准和效率原则作为其内在基础的,最终指向"最大多数人的最大幸福"的终极目标。由于功利主义将快乐视为可以量化的存在,而在市场社会凡是可以量化的就必定可以通过货币去获取,因此,无论功利主义伦理以何种精巧的方式加以解释,始终无法取消包括人的自由、人格和尊严在内的一切超验价值,都可以用金钱去衡量与购买的结论,从而在事实上造成了对超验价值的颠覆。与此同时,以量化的方式来度量"正义"同样会造成严重的社会后果,即对少数人的正当权利乃至生命的漠视。因为以效用最大化的方式来考量有关政策正当与否,必然会得出只要以大多数人的幸福为依据,任何事情都将是好事。如果大多数人认为牺牲某些人的生命可以增进他们的福利,也将是合理的,这势必引发大多数人对少数人的奴役,而且是建立在"正当合法性"基础之上的奴役。

再次,形式性规则对于实质性德性的僭越还表现为,公共生活奠基于形式合理性的"价值中立",将道德信念归之于私人领域的自我选择,进而为公共生活中的道德冷漠与放弃道德责任的行为打开方便之门,这成为现代伦理设计的根本硬伤。现代社会由于诸多领域的相互分离,使私人领域与公共生活之间出现了相应的边界,公共生活的有序性来自以形式合理性为基础的公共权力、官僚体系,以及各种制度规则的规约,通过人们之间利益的调节来维系公共生活秩序的有条不紊。如此一来,为维护制度规则"价值无涉"的公正性与高效性,便将生命的目的与人生的意义等终极价值,作为私人性的价值情感排除在公共生活之外,将它们交付于私人领域中个体的自我抉择。与此同时,价值主体化本身也意味着其正当性基础来自个体的理性良知,选择何种价值信念与生命目的,成为完全由个人自我负责的事情,不存在任何权威对于个体道德与人生意义垄断与解读的合法性,亦不存在任何力量干涉个体价值抉择与决断的合法性,个体自身就是道德选择与价值信念唯一的合法性权威。不可否认,公共生活与私人领域边界的划分,的确有利于个人自由的保障和维护,然而公共权力与官僚体系,秉承"价值中立"与"价值无涉"的效率原则,缺乏内在的道德评价机制与道德责任共负原则,反而在公共生活中呈现出道德价值的真空状态。一旦以形式合理性为基础的官僚系统出现共同的非道德之恶,势必同时失去应有的规约和控制,从而通过理性化、价值中立的操作程序,共同从事"高效率"的恶行,而且从属于形式合理化系统的非道德个体还会以"价值无涉"为由,实现自我的道德催眠与自身的恶行纵容。正如舍勒所言:"在近代个人主义及其紧密地依附于它的专制国家、民族主义和自由竞争经济的发展过程中,排开基督教精神的近代伦理以及与此伦理相应的哲学伦理学,在感觉、欲求以至理论上,都已丢失了责任共负这一崇高原则,而且是在其理性根子上逐渐丢失了这一原则;我认为,这是近代伦理道德的一个根本缺陷。"① 正是由于这个根本缺陷,西方社会之现代性大屠杀等一系列公共性非道德事件才会如此"合乎逻辑"地发生和上演。

三、确定的寻求:西方社会扬弃价值虚无主义的探索

在现代西方社会,既然价值虚无主义的发生是社会转型导致绝对价值向相对价值、客观价值向主观价值发生位移,致使"意义"缺乏确定性的支撑,成为一种任意性的东西而遭到形式合理性的窒息,那么扬弃的路径便在于如何在价值多元化已不可逆转的时代中寻求一定

---

① [德] 舍勒:《舍勒选集》(下),刘小枫选编,上海三联书店1999年版,第827—828页。

的价值确定性,从而在绝对与相对、客观与主观之间保持应有的张力,在这个已经祛魅的世界中为生命的意义寻求一席之地。自由主义、社群主义、马克思主义都对此进行了相应的探索。自由主义以认同神性祛魅和价值多元的立场,将责任伦理和社会正义的构建作为意义的现实载体,却未能解决个人无家可归的根本问题;社群主义则立足于社群共同体的构建,将美德传统与多元化的宗教视为超验神性在经验世界的支点,却未能解决价值诸神的冲突;马克思主义则确立了辩证的生命原则,以内在化的主体神性在对象性活动中形成"绝对"与"相对"的张力,并在历史的向度中寻求价值的确定性,从而为祛除价值虚无主义提供了一个新的维度。

自由主义将个人自由、价值分化、理性化祛魅视为现时代不可回避的价值处境和文化命运。既然已无神性所创造之价值秩序可以遵从,既然已无先知所赋予之人生意义可以践行,价值的选择与意义的坚守便只能来自个体自身,责任伦理与社会正义的构建就成为扬弃价值虚无主义理所当然的现实载体。自由与责任内在地联系在一起,所谓责任伦理就是个人义无反顾地为其自由行动承担后果,它肯定了生活意义的此岸性,即人生的价值就是个人自由创造、自我选择、自我担当的产物。在一个没有神明和先知的时代,个体若不乞灵于虚假神性的降临,又不愿毫无意义的随波逐流,便只能勇敢地抉择和担负自身的价值命运,自我设定人生的意义和信仰,虽在功利之中,却超越功利之外,以"天职"的使命感去应对自己的工作和事业,尽职尽责、勤勉敬业,从而提升自我的精神境界和内在的自由人格。这就意味着,人们不应将工作仅视为一种谋生的手段,更要使之成为人生价值和生命意义的现实载体,进而不计利害地为之献身,以事业的成功和执着感受生命的充盈,同时勇敢地承担自我抉择的后果和理应履行的责任。"然后他遵照责任伦理采取行动,在做到一定的时候,他说:'这就是我的立场,我只能如此。'这才是真正符合人性的、令人感动的表现。"[①] 自由主义一方面将

---

① [德] 马克斯·韦伯:《学术与政治》,冯克利译,生活·读书·新知三联书店1998年版,第116页。

个人自由视为多元化社会存在的前提；另一方面又着力构建规范个人自由之正义的社会制度，自由抉择、担负责任的个体只有在正义的社会环境中才是可能的，它范导着公平良善的社会秩序，是个体之善孕育的基本条件。社会正义的制度构建并不以完备的哲学、宗教、道德学说为基础，而是以多元化的深刻分歧为前提，以公共理性支撑的"重叠共识"为基础，构建个体之间公平合作的基本制度框架，力图让每一个具有独立人格的自由主体，都有权利平等地追寻自我设定的生命目的与人生意义。这样，自由主义就论证了一种在现代西方社会承载人生价值与生命意义的载体：责任伦理与正义制度，然而它却以承认原子化个人存在的合理性为前提，无法解决个人无家可归的根本问题，同时其关注的只是伦理的制度化安排，而非人本身，"规则无人"的问题并未得到解决。

社群主义对于自由主义的方案提出了质疑，因为"无负荷的自我"根本不可能存在，人生价值和生命意义的基础也并非个体的良知，而是社群的共善与美德。于是，社群主义立足于社群共同体的构建，将美德之传统与多元之宗教视为超验神性在经验世界的支点。现代西方社会的理性化、原子化、角色化使社会生活支离破碎，美德成为一种被遮蔽的存在，丧失了内在的实践性及其所支撑的人格同一性，取而代之的是社会角色的功能性和制度构建的规约性。如何复归美德的内在性，治疗无家可归的时代病症？社群主义寻求到了承载生活和美德之完整性和人格同一性的社群共同体，从而在一定程度上为扬弃价值虚无主义建立了新的价值背景坐标。个体在社群共同体的共善中获得了和他人之间的精神联系，在整体性共同目的之价值坐标中成为"叙事的自我"，拥有了人生意义追寻的历史统一性，无论个体的道德信念和道德行为发生怎样的变化，其内在的精神人格在共善的感召之下，始终存在于自我的同一性之中。与此同时，社群主义并不仅仅将孑然一身的个体，放置于当下社群的共善之中，来承载价值的确定性，它更试图将这种确定性安顿于历史性的"传统"深处。麦金太尔这样写道："我发现自己是一个历史的一部分，并且一般而言，无论我是否喜欢它，无论我是否承认它，我都是一个传统的承载者之一。"① 这也意味着，践行美德就是要继承相关的传统。由此，社群主义将承载价值确定性的载体，赋予了社群共同体与历史深处的传统，追寻实质性的美德与扬弃价值虚无主义的路径便在于回归传统，重建社群共同体。只是当传统已经支离破碎，这种回归与重建何以可能？值得重视的是，多元化宗教社群的构建为超越价值虚无主义提供了另一种可能，它试图将多元化的神性资源引入此岸，为经验世界寻求超验的支点，从而为多元化的价值渴求群体提供可选择的超验空间，以宗教的神性力量赋予个体实质性的价值内涵。这里的问题在于，多元化社群共同体之间并不存在着较为确定的可沟通性，因此，诸神之争的价值冲突依然在所难免。

马克思主义则确立了辩证的生命原则，以内在化的主体神性在对象性活动中形成"绝对"与"相对"的张力，并在历史的向度中寻求着价值的确定性，从而为祛除价值虚无主义提供了一个新的维度。在马克思看来，价值并不是一种主观任意性的东西，它遵从着辩证的生命原则，因而必然存在着自身的确定性，只是这种确定性并非僵死之绝对的神性，而是自由自觉的对象性活动中生命灵动之生成的神性。这就意味着，在客体的主体化与主体的客体化的相互交织之间，主体的合目的性必然受到客体合规律性的制约，从而避免了价值的主观任意性，主体必须在客体规律性允许的范围内，来寻求生命所需要的确定性、稳定性与秩序性，为自身的生存获取稳固的阿基米德支点。借助于这一支点，人们便可在变幻莫测的世界中获得生存的价值根基与精神家园，既受其规约亦可从中获取心灵的归宿和生命的意义。同时，辩证的生命原则也意味着一种突破僵死确定性的非确定性，它是生命自由创造的冲动力与未完成性的必然后果，从而不断否定现在、超越当下、迈向未来，使人类的价值构建在确定性与非确定性之间形成永不停歇地创造性超越和提升。马克思理论向度中的价值确定性既非僵死之绝对价值，亦非无确定性的相对价值，而是在绝对与相对、主体与客体、确定性与非确定性之间，寻求建立在实践活动之上的生成性

---

① ［美］麦金太尔：《追寻美德——伦理理论研究》，宋继杰译，译林出版社2003年版，第281页。

张力,在客观的历史语境中去呈现和生成价值的确定性。历史本身就是实践活动的延伸和展开,实践活动之于客观规律性的遵从,使价值原则不可能脱离历史的客观条件而自存,它只能存在于客观的历史条件之中,故而价值原则不可能是主观任意的,而是人们按照自身的物质生产力与相应的社会关系所构建的。这样,价值虚无主义的审视、批判和扬弃就不能仅局限于生命价值本身,而应当深刻昭示形成特定价值状况的物质土壤与社会关系,从而以新型的生活方式和社会共同体的构建来根除这一严重的时代顽疾。这种新型的生活方式与社会共同体,就植根于资本主义社会内部的否定性因素,它将以确定的必然性承载人类的自由个性与生命价值。

总而言之,价值虚无主义已然成为现代西方社会严重的精神危机,它以物质性价值的短视堂而皇之地亵渎着人类弥足珍贵的超验价值;以技术理性单维度的殖民与霸权窒息着人类更为深远的精神力量;以资本逻辑永无休止的繁殖和扩张压抑着人们的自由个性与实质性的生命内涵。无数卓越的思想家对此进行了殚精竭虑的思索,自由主义、社群主义、马克思主义都对这一问题给予了精密的诊脉与路径的昭示。尽管如此,西方社会依然未能真正解决这一重大的时代问题,价值虚无主义仍然在深刻地拷问着西方人脆弱的灵魂,同时也在激励着西方人反思的智慧,使其能够在自身的生存困境中破茧而出,真正回归以生命为终极目的的价值理性。

第三节　中国社会之价值虚无主义的内涵及其表征

既然价值虚无主义是传统社会向现代文明迈进过程中,由于先赋性社会整合向契约性社会整合、绝对性价值构建向相对性价值构建转变所必然发生的普遍问题,是轴心时代确立的最高价值的陨落与超越世界的坍塌引发的意义世界的萎缩与价值秩序的颠覆;那么奔赴现代文明的中国社会,便不可避免地会遭遇价值虚无主义的问题,只是其核心内涵不同于西方社会之传统神性立法权的剥夺与主体立法的失效,而是传统神圣价值失落以后，主体理性尚未发育成熟的混乱。具体而言，中国传统社会以最高价值为根本准则的绝对性价值构建所确立的传统规范秩序已然失范，却未能产生拥有自主性人格的多元化社会主体，以自我立法的相对性价值构建建立有效的现代规范秩序，以致心灵世界与公共生活的价值秩序乱象丛生，终极价值连同规范价值同时"祛魅"，唯功利价值独尊，具体表现为敬畏的丧失、犬儒主义的生存抉择、价值秩序的颠覆、人性结构的畸变、社会信任的坍塌。中国社会价值虚无主义的这种特定内涵与独特表现，不仅植根于传统社会垄断的一体化价值构建方式的失效，更源于中国社会独特的文化结构与现代化路径，进而产生了传统、现代、后现代因素相互交织，传统、后现代"挤压"现代的复杂格局。因此，中国社会价值虚无主义的扬弃路径，便只能是以"主体"的理性构建获致现代性，以"实体"的精神构建超越现代性，从而实现规范价值的底线共识、程序正义的共同信念、终极价值的多元共契。

一、天道的崩塌：中国社会价值虚无主义的特定内涵

"天道"是中华民族在"轴心时代"所确立的最高价值，尽管中国文化之"内在超越"的表现形态，使之并不存在西方文化"外在超越"的神性实体，自我心性与神圣天道、日常人伦与超越世界之间，具有不即不离、体用不二的内在贯通性，但却不能将中国人的精神价值源头，看作与世俗世界完全等同的东西，它依然是中华民族构建的、伦理文化的"超越世界"。在总体性的传统社会中，"天道"不仅为政治权力提供了"受命于天"的权威性基础；亦为社会规范呈现了"天网恢恢，疏而不漏"的正义性归宿；还为道德行为承载了"人在做，天在看"的自律性信心；更为人生意义担负了"天生德于予"的神圣性信念。如此，"天道"为传统社会的政治秩序、社会秩序、心灵秩序，提供了超越的最高价值与神圣的终极关怀，虽然中国社会存在与西方迥异的文化传统，但在现代化进程中由于最高价值的废黜所引发的精神价值问题却是相同的。所不同的是，中国社会价值虚无主义的发生，

不在于社会的理性化所导致的精神生活与神圣实体的分离,而在于中国社会独特的文化结构与现代化路径,使之与实质性伦理传统之间发生了决然的断裂,天道的陨落与理性化的未完成,导致了中国社会价值秩序的错乱,也就是说,它的特定内涵在于神圣价值的失落与主体理性尚未发育成熟的混乱。

中国社会"内在超越"之一元论道德主义的文化结构,在并无组织建制的同时,又与政治权力高度统合,上自宇宙苍穹,下至家国天下,笼罩着传统中国全部的社会政治生活,王权、绅权、族权紧密结合的一体化权力结构,又使之决不可能如同西方教会那样,在现代化的进程中收缩于私人生活领域,故而只能伴随总体性社会整合的失效,引发伦理传统的知性断裂,导致传统最高价值"天道"的崩塌。因此,中国社会价值虚无主义问题的独特性正在于此,它源于伦理传统的知性断裂,而非理性化的神性祛魅,从而导致传统最高价值之"天道"的陨落,不仅是"从天到人"之敬畏伦理的失落,亦是"从人到天"之耻感伦理的失效,还是"终极目的"之信念伦理约束力的削弱。"从天到人"的敬畏伦理,是人们在面对神圣天道之时既敬且畏的道德情感,亦是至上天道整饬人间价值秩序的信念基础与伦理形态。中国文化的"轴心突破"祛除了巫文化的蒙昧,却延续了其中的礼仪文化和道德精神,从而产生了以一元论道德主义为文化基调的最高价值——"天道",它支撑着宗法传统之先赋性的社会整合,成为政治权威、社会规范和生命意义的终极价值来源。从宏观的视角上看,至上而神圣的"天道",以王权-官僚体系、士大夫-士绅阶层、血缘家族之总体性社会结构为基础,以王权、绅权、族权之一体化权力结构为载体,实现了一元论道德主义自上而下、从天到人的贯注和教化。这种领域合一、政教一体的总体性社会,使"天道"成为一种权力主导的政治意识形态,其功能囊括人寰、包罗宇内,既释义宇宙苍穹,又规范社会伦理,还塑造终极神性,从而全面担负着政治权威性、社会规范性和人生意义的价值资源,实现了血缘、伦理、政治三位一体的实体构建,承担了类似于西方法律、伦理、宗教三大功能的内在统合。从微观的视角上看,"天道"不仅仅是一种玄妙抽象的形上哲思,亦存在于日常生活的形下经验之中，进而不仅以形上的哲思支撑民众的道德信念，更以形下的技术贯穿于全部的世俗生活之中。王权只要垄断了天学和历法，就能使"天道"的形下技术，沦为知识权力的微观渗透，与宏观权力一道主导着"天道"的贯注和落实，使民众在等级秩序中安伦尽分、各安天命。"从人到天"的耻感伦理，则是以现实自我与理想人格之间的差距，唤醒人们内心的"耻感"，从而通达"天道"的道德情感与伦理形态。它既是以"人禽之辨"告诫人们勿要堕入禽兽之境的底线伦理；又是以"君子人格"激励人们不断自我否定以企及天道的至善伦理。作为一种心理机制，耻感伦理开启于人伦关系的社会网络，个体若不具有相应的德性，不履行相应的义务，就会在共同体的唾弃中产生耻感的否定性心理。作为一种伦理传统，耻感伦理则肇始于"轴心时代"巫文化的祛魅与道德精神的觉醒，个体以"仁心"的苏醒和"善端"的扩充，便可在君子小人之辨的否定性情感中，修养成人、通达至善，成就君子人格。其实，无论是"从天到人"的敬畏伦理，还是"从人到天"的耻感伦理，都植根于以礼教为依据，以公产为基础，以士绅为主导的乡村社会。小国家大民间的乡村自治与四民之首的士大夫-士绅阶层，是儒家伦理运作的社会基础，他们在乡村社会垂范儒家道德传统和士人耕读生活方式，形成了耕读应试、离乡做官、落叶归根的文化循环，成为承载儒家伦理的中坚力量。然而，这种先赋性社会整合，形成了一种封闭的内循环系统，难以从内部产生现代化的动力，故而无力抵挡西方文明的蛮横冲击。更何况，现代化的推进对于乡村血缘共同体也具有荡涤的功能，"天道"的崩塌与儒家伦理的知性断裂无法避免。于是，西学东渐解构了"天道"的知识根基；列强入侵消解了"天道"的政治权威；科举废除亦瓦解了"天道"的阶层基础。士大夫-士绅阶层的历史谢幕、小国家大民间之乡村自治的破坏、儒家文化自我贬损的逆向性认同，致使中国社会在数十年间就与实质性儒家传统发生了决然的断裂，国人心灵价值序列中的忠孝仁爱、礼义廉耻褪去了神圣的光环，社会深层的精神基础与凝聚社会的文化力量，陷入了失范的涣散与解体。

以大同理想为其内涵的信念伦理在此时横空出世，便具有当然的合法性。先赋性社会整合的失效，致使中国社会遭受了前所未有的总体性危机，敬畏伦理与耻感伦理丧失了规约社会、统合民间的现实力量，动荡不安的中国社会迫切地需要富有感召力、深具整合性的新型伦理，来完成社会政治秩序的重建与工业现代化的推进。"终极目的"之信念伦理的出现，使得中国社会精神生活的终极意义，不再从"空间性"的"天道"中获取，而与"时间性"的"目的"奔赴紧密相连。尽管在信念伦理的深层结构中，仍具有儒家传统一脉相承的道德理想主义特质，但它却以科学主义的至善社会允诺，赋予人类历史以壮丽的宏大叙事，宣示了世界大同所具有的崇高的理想情怀，从而使一切与之相关联的政治权威、社会规范、生命意义，都拥有了至善的价值源泉，成为中华民族新的最高价值和精神家园。"终极目的"之信念伦理的社会基础，在于新一体化社会结构取代了王权-官僚体系、士大夫-士绅阶层、血缘家族的旧一体化社会结构，以行政性社会整合替代了先赋性社会整合，从而在基层单位的组织中介和政治动员之下，将终极目的的思想信念倾注到民众的日常生活之中。终极目的之信念伦理，以民族主义与平民主义作为政治权威的合法性基础；以平等主义与集体主义作为社会规范的正当性依据，塑造了全民共享的价值图式与意义根基。其实，无论是先赋性社会整合，还是行政性社会整合，都属于总体性的社会整合，前者的失序来自西方文明的强势冲击，后者则遭受着经济社会发展的不断挑战。因此，传统社会调节群体秩序的原则明显不再适应分化的社会结构，诸领域的分离使之存在各自的价值标准，不再是政治的附庸；私人领域的独立与主体的觉醒使人生意义的超验抉择归属于个体自身，不再为政治所规定；社会阶层的分化使之存在各自的阶层意识，不再为政治所同一；资本逻辑对社会共同体的分解，也使总体性价值构建丧失了社会基础。政治意识形态无法单维度地提供为社会各领域、各阶层都认同的价值资源，致使全民共享的意义体系失去了原有的规约力。同时，自治性公共生活领域与自主性社会主体的缺位，又使契约性社会整合与相对性价值构建未能真正有效的建立，从而进一步引发了中国社会意义世界的萎缩与价值秩序的混乱。

二、规范的陷落：中国社会价值虚无主义的独特表现

依照现代性的理性化逻辑，总体性社会整合的失效与传统美德的式微，必定要以契约性社会整合与形式普遍性的制度规约来取代，只是这一切必须以成熟主体的理性立法为基础才是可能的。然而，中国社会失去传统神圣价值保护的羸弱主体，却并不具备自我立法的理性能力，也就是说，既没有立规则制度之法的外在权能，又缺失立规范价值之法的内在品质。中国社会便不仅苦于理性化的推进对实质性价值的遮蔽，也苦于理性化的未完成对形式普遍性的亵渎；不仅苦于前现代的价值观念与文化心理并未真正退场，亦苦于现代的制度体系与价值共识尚未得到落实。新旧价值体系与制度系统的承接之间，出现了鲜明的真空地带，现代性病症的提前预支与前现代的弊端残留，产生了强烈的"共振效应"，从而引发了中国社会终极价值连同规范价值一起同时"祛魅"的底线陷落与精神错乱，表征了中国社会价值虚无主义问题的独特性和严重性，具体表现为敬畏的失落、犬儒主义的生存抉择、价值秩序的混乱、人性的异化和社会信任的危机。

中国社会价值虚无主义表现形态的独特性，不仅植根于传统一元论道德主义的文化结构，在无组织建制的同时，又与政治权力高度统合，不可能收缩于私人生活领域，只能伴随总体性社会整合的失效，引发伦理传统的知性断裂，致使中国社会推进世俗化进程的同时，传统信仰也出现了衰落；它亦源于中国特定的现代化路径抉择，产生了传统、现代、后现代因素相互交织，传统、后现代"挤压"现代的复杂格局。西方的现代化路径在于，社会分化产生阶层利益诉求，进而形成政党，缔造民族国家，这是一条从社会到国家的构建路径；中国的现代化路径则在于，政党缔造民族国家，而后走向社会分化，这是一种从国家到社会的构建路径。这就意味着，中国政党的形成并非社会分化后阶层利益诉求的结果，而是在灾难性困局中脱颖而出之民族国家的整合性缔造者，从而整体而非分化地承袭了总体性的社会结构，并在这种结构内部组织自身的政治力量，转换社会的精神构成，整体

性地推进民族国家的现代化进程。中国社会在从"反现代性的现代化寻求"到"追寻现代性的现代化推进"的巨大转变,以至部分融入全球化进程的同时,也出现了时代的"断裂","其不同的部分几乎是处于完全不同时代的发展水平,他们之间也无法形成一个整体的社会"①。由此,中国社会形成了传统、现代、后现代因素相互交织,传统、后现代"挤压"现代的复杂格局。社会结构与制度伦理的双重现代性匮乏,不仅使社会自身缺乏独立自治与价值生产的能力,亦使社会主体缺少公共理性与公共精神的立法品质,还易于遭到权力与资本的共同宰制,从而不断僭越庄严的形式普遍性,亵渎神圣的实质公正性。一旦国家单维度的价值供给失效,便会引发更为彻底的价值虚无主义,亦即作为底线的规范价值的威严与信念都被严重削弱,这对社会风尚的影响与伦理环境的破坏必将是毁灭性的。在这种情况之下引入后现代元素,它的培育和生长必定发生极大的变异,成为一种可怕的破坏性力量,甚至毋宁说只是以消极的方式呈现出欲望的狂欢和价值的陷落,不仅不利于社会主体的培育,更在与前现代的共谋中侵蚀着理性规则的威严,实现着欲望与权力的合谋和共生,以权力的异化推动着末世的狂欢,共同"挤压"着中国社会现代性生长的空间。故而,中国社会失去了传统神圣价值支撑与保护的羸弱主体,并不具备自我立法的理性能力,既无立制度之法的外在权能,又无立规范之法的内在品质,从而在两个层面表征了自身的"幼稚",一方面并无确立和坚守契约规则之理性能力与自觉,表现出为所欲为的任性;另一方面又有以低于契约成本或否定他人权利从而获取"特权"的强烈愿望,呈现为唯利是图的贪婪。因此,中国社会价值虚无主义表现形态的独特性就在于,它不仅是最高价值的丧失致使一致性信仰"祛魅",也不仅是形式合理性之于实质合理性的僭越导致超验价值的窒息,它毋宁说是形式合理性的未完成,使得异化权力凌驾于形式合理性之上,侵蚀着它的普遍性和内在的规范价值,从而引发了中国社会价值秩序的一系列错乱和迷失。

---

① 孙立平:《断裂:20世纪90年代以来的中国社会》,社会科学文献出版社2003年版,第11页。

其一，敬畏的失落。敬畏不仅是一种意识，更是一种伦理，它意味着人们遭遇关涉生命终极价值的神圣对象之时，对自我言行的自觉警示与规约，因而是人类社会内在秩序的信念基础。当神圣消失以后，中国社会的敬畏也随即失落。一些人不再敬畏自然，这个孕育人类生命的"摇篮"，已然成为他们攫取财富的"仓库"；一些人不再敬畏生命，这个承载人类共同情感、共同人性的"终极价值"，已然成为他们为了利益，就可轻易舍弃的"肉体存在"；一些人不再敬畏制度、道德及其内在价值，这些赋予了人类以秩序和神性的"绝对命令"，已然成为权力恣意僭越的"外在陈设"。敬畏的失落意味着信仰的失落、道德底线的陷落和自律机制的颠覆，从而导致生存方式的畸形、心灵世界的荒芜与人性的扭曲。

其二，犬儒主义的生存抉择。随着敬畏的失落，中国社会陷入了一种"去精神化"的犬儒主义生存方式，一些人生活在单维度的世俗"洞穴"里，琐碎、庸常、狭隘。心灵源泉干涸的人们却藐视更为深远的精神力量，他们拒绝、嘲弄、解构一切崇高价值，以当下的愉悦瓦解批判的信念，以苟活的姿态消解坚守的勇气。赚钱与花钱成为生活的唯一主题，只是争分夺秒的劳作与勤勉，未能给内心世界带来充实与慰藉，能感受到的是无止境的紧张与恶无限的焦虑，心灵为物质和琐碎所填满，毫无闲暇的空间和必要去思考深远与永恒的东西。"洞穴"里的人们，胸怀日渐狭小，眼光日益短视，将琐碎庸常的迷失当作生命的本真；将左右逢源的圆滑当成人生的智慧；将曲意逢迎的虚伪视为自我的能力；将狡黠势利的钻营看作自身的本领；将颓废无聊的消遣视作精神的刺激。

其三，价值秩序的混乱。犬儒主义消解了神圣的崇高价值，资本逻辑又将扭曲的力量直指一切精神价值，造成价值秩序的混乱与精神品质的进一步坠落。资本逻辑本身就具有价值相对化与道德解构的巨大能量，中国社会缺乏宗教传统作为抵抗的力量，解构的程度就更加彻底。德行、人格、尊严、才华等内在于生命的超验价值，本应居于"自在有效"价值序列的最高位置，却迅速走向了反面，富有德性的长者与毫无心肝的纵欲者、才华横溢的学者与不学无术的逐利者，在交换价值面前视为等价之物。由于法权主体的匮乏与权力结构的僭越，一些人总是妄图以低于等价的成本或以否定他人利益的手段来践踏等价交换原则，善良、真诚等正价值与邪恶、伪善等负价值相互异位。借用马克思的话来说，"它把坚贞变成背叛，把爱变成恨，把恨变成爱，把德行变成恶行，把恶行变成德行，把奴隶变成主人，把主人变成奴隶，把愚蠢变成明智，把明智变成愚蠢"[①]。社会价值秩序出现了翻转和颠覆，表现为"逆淘汰"的混乱局面。

其四，人性的异化。人性结构是一种隐匿的社会文化心理，它受到社会价值秩序的牵引与范导。当价值秩序出现颠覆与混乱，真善美不再引领人心向背，假恶丑也不再为人们所唾弃与鞭挞，唯有"利益"才是人们心中至高无上的价值膜拜，此时，人性结构必然发生畸变和扭曲，人性中善的因素被认为是获取利益的障碍而遭到遗弃，恶的因素却认为是"成功者"的重要品质而迅速膨胀。这样，人性结构中便弥漫着正义的疏离、道德的冷漠、权势的附庸、算计的狡黠以及人格分裂的虚伪。高尚的真诚者被视为"迂阔"而遭到愚弄、嘲讽、猜忌，伪善的背信弃义者却因为获取利益的"能力"而受到艳羡、欣赏、追捧，德行与才华已为一些人所忽略，厚黑与小聪明却成为他们人生的"法宝"。人性结构的畸变意味着人心深处的腐败，这种畸形的文化心理大量充斥着中国社会，常态化地消解着道德文化的社会根基。

其五，社会信任的危机。社会信任的基础在于道德底线的坚守，一旦底线失落，信任危机就开始了，并将蔓延到政治、经济与社会等各个层面。政治层面的信任危机表明民众对政府信任度的下降，民众之于政府的信任取决于民生问题的解决状况与公正社会秩序的有效提供，然而公共资源的私人垄断、权力寻租的暗箱操作使民众对政府产生了"期待疲劳"。经济层面的信任危机发生在市场利益主体之间，由于非法牟利的成本过低，以欺诈消费者、偷税漏税等非法渠道获得的利润远胜于合法渠道，非法经营、劣质产品大量充斥着市场。社会层面的信任危机发生在一般社会主体之间，金钱对道德底线的常态性颠

---

① [德] 马克思：《1844年经济学哲学手稿》，人民出版社2000年版，第145页。

覆致使社会主体对彼此之间的内在人格产生了持续性的猜忌与怀疑，从行业到地域，从生人到熟人，从亲戚到家人，信任危机渗透到社会生活的各个层面。

三、双重的跨跃：中国社会价值虚无主义的扬弃路径

中国社会正在从"领域合一"走向"领域分离"，任何价值都不再是先验给定的，无论是横向的领域构成，还是纵向的层次构成，都在实现着"终极"的分化。前者表明各个领域都存在着自身的基本价值，如经济领域的"效率"、政治领域的"公平"、文化领域的"自由"，后者表明终极价值直接的政治功能不再必要，必然获得自身的多重性生长，它所处的地位完全取决于人们心灵需要的满足程度。这就意味着，传统社会一体化的价值构建方式已然失效，价值虚无主义的扬弃路径便注定不可能是重新修复陈旧的价值供给，以恢复神圣价值昔日的权威。只有在国家治理现代化与社会主义现代性的构建中，形成规范价值的底线共识、"程序正义的共同信念"、终极价值的多元共契，才能真正促使中国社会走出价值虚无主义的泥沼。我们在前文已经从现实基础和精神基础，也就是"世界的哲学化"与"哲学的世界化"的双向逻辑中，颇为详细地阐明了克服价值虚无主义的具体方式。然而，由于中国社会尚未获得完整之现代性的现实状况，致使社会主义现代性构建呈现出两种路径的"相互重叠"，一方面以"主体"的理性构建获致"现代性"，另一方面以"实体"的精神构建超越"现代性"，从而使中国社会的价值虚无主义呈现出较为清晰的、内在的扬弃路径。

首先，"主体"的理性构建与"实体"的精神构建并非截然割裂的两个阶段，毋宁说是相互补充、相互促进之同一过程的两个方面："主体"的理性构建，是以契约意志和制度安排为核心之形式普遍性的塑造，培育主体的理性能力，这必然会导致无精神的伦理与理性的异化；"实体"的精神构建，是以伦理实体的建立承载人们心灵的归宿与人生的意义，这只有内在于一定的制度架构之中才是可能的和现实的。从这个意义上讲，"主体"的理性构建是扬弃价值虚无主义的基础性环

节,它以制度普遍性的建立和法权主体的培育,重塑规范价值的权威与认同,进而达成规范价值的底线共识与程序正义的共同信念;"实体"的精神构建是扬弃价值虚无主义的超越性环节,它建立承载多元化终极价值的伦理实体,即社会共同体,使之成为家庭伦理实体、国家伦理实体构建的中间环节,以此安顿人们生命的目的与生存的希望。同时,历史发展的深刻悖论也表明以"主体"和"实体"的双重构建作为价值虚无主义扬弃路径的内在必然性。传统社会以伦理实体的构建,形成了个体与实体之间内在的普遍性、精神性关联,个体可以在实体中获得心灵安顿,然而终极价值的一元性却产生了对个体的强制与主体的压抑;现代社会祛除了神圣巫魅的同时也破除了内蕴其中的精神,以伦理实体的解体解放了原子化的个人,生成了法权主体,但主体却由于缺乏精神的安顿而无家可归。中国社会尚未获得完整的现代性,扬弃价值虚无主义就只能以现代性之形式普遍性的构建为基础,作为对传统之前现代的否定;同时以"回归"伦理实体的精神构建,形成终极价值的多元共契,作为对传统之前现代的否定之否定。

这种相互重叠的扬弃路径亦来自中国式现代化道路本身,被动而急促开启的后发性现代化历程是其最为重要的历史事实。它决不同于西方社会源发性现代化之自发性和串联式的历史表征,以致拥有充分的时间进行前现代、现代、后现代的发展和转换,而是中国共产党在救亡图存之时代命题的感召下,带领人民群众以社会主义的道路抉择,缔造了独立自主的民族国家,开启了全球化融入的改革开放,进行着社会主义现代性的构建。因此,中国式现代化道路呈现为构建性与并联式的本质特征,它不仅使中国社会表现为"时空压缩"的重叠状态,形成了前现代、现代、后现代三种因素彼此交织,前现代与后现代"压制"现代性的复杂格局,而且现代性普遍因子的追寻与现代性时代病症的显现之间,亦产生了深刻的矛盾和内在的冲突。这既构成了价值虚无主义形成的重要原因,也使其内蕴之扬弃路径必然是对"现代性"的获致和超越的双重跨越。事实上,如果我们以总体性的视野去审视中国式现代化道路就不难发现,这个使中华民族从"站起来"到

"富起来",也必将"强起来"① 的中国特色社会主义,"正是在各个发展阶段的主要矛盾的转换和解决中推进着自身,其内在的价值理念也在特定生产方式和社会结构的承载之下不断实现着自身"②。"计划经济时代"所要解决的社会主要矛盾在于,如何在资源匮乏、外部封锁的条件下,推动社会主义工业化体系的建设,以此支撑国家的强大和民族的独立。这样,国家意志和行政指令便成为一种有效的手段,它能将有限的资源"有计划、按比例"地投入到国家工业化建设所需要的领域当中,集中力量办大事,不仅完成了从"一盘散沙"到"全国一盘棋"的社会整合,也初步建立了国家工业化体系。中国人民从此"站起来"的基本事实,表征着社会主义价值理念得到一定程度的现实化。随着工业化体系的初步建成,计划经济体制封闭和僵化的弊端日益显露,成为后来社会生产力发展的桎梏。"改革开放"所遭遇的社会主要矛盾已经转换为如何在人民贫困的状况下推进经济的快速发展。社会主义市场经济体制的引入成为解决这一主要矛盾的重要举措。四十年的改革开放造就了举世瞩目的中国奇迹,中国成为世界第二大经济体,中国人民从此"富起来"的基本事实,表征着社会主义价值理念得到空前的现实化。然而,一体化社会结构内部实施自上而下的市场化经济变革,势必造成权钱交易、贫富分化、精神失落、生态恶化等社会问题。"新时代"所面临的社会主要矛盾便出现了新的转换。"中国特色社会主义进入新时代,我国社会主要矛盾已经转化为人民日益增长的美好生活需要和不平衡不充分的发展之间的矛盾"。为此,"我们要在继续推动发展的基础上,着力解决好发展不平衡不充分问题,大力提升发展质量和效益,更好满足人民在经济、政治、文化、社会、生态等方面日益增长的需要,更好推动人的全面发展、社会全面进步"③。2020 年中国已经消灭绝对贫困,全面建成小康社会,根据党中央的战略部署,"从二〇二〇年到二〇三五年基本实现社会主义现

---

① 习近平:《在纪念马克思诞辰 200 周年大会上的讲话》,《人民日报》2018 年 5 月 5 日。
② 刘宇:《论马克思共产主义的总体性辩证法及当代意义》,《南开学报》2020 年第 1 期。
③ 习近平:《决胜全面建成小康社会,夺取新时代中国特色社会主义伟大胜利——在中国共产党第十九次全国代表大会上的报告》,《人民日报》2017 年 10 月 28 日。

代化；从二〇三五年到本世纪中叶把我国建成富强民主文明和谐美丽的社会主义现代化强国"①。社会主义价值理念必将在"强起来"的伟大飞跃中，获得更为广泛而深刻的现实化。中国社会只有在社会主义现代性构建与社会主义价值理念不断现实化的过程中，才能克服侵蚀国家和民族之精神文化基石的价值虚无主义。

其次，作为中国社会扬弃价值虚无主义的基础性环节，"主体"的理性构建在于形式普遍性与法权主体的双重培育。尽管制度与人是一个相互促进、相互制约的统一体，然而在某个"原点"促使二者之间的良性循环，必须以制度的构建为基础。形式普遍性又称为程序正义，它以理性的程序清除人为的干扰，捍卫制度的权威，法权主体只有以形式普遍性的建立为前提才能真正形成。形式普遍性为其生长划清了两个边界，即以权力与市场的边界规约了权力对市场的僭越，为法权主体创造了自我主宰、自主经营的市场环境；以主体与主体之间的边界规约了主体对义务的逃避，为主体间权利与义务的平衡和统一创造了良好的制度环境。其实，形式普遍性并非绝对的价值中立，它不仅将实质性规范价值内蕴其中，以正负价值行为的制度裁判和现实的利益引导规范着社会的价值秩序，显示了价值同一性和示范性的规约力量；而且还将制度的实质合理性内蕴其中，即经济领域充分体现"效率"，政治领域广泛体现"公平"，文化领域深刻体现"自由"。因此，形式普遍性是承载实质合理性与社会规范性的现实载体，一旦遭到破坏，沦为外在于权力的特殊性，内蕴其中的规范价值与实质合理性的感召力便荡然无存，欲重塑规范价值的权威，必先捍卫形式普遍性的尊严。制度的形式普遍性对于社会价值秩序重建的基础性意义可以分为两个层面，其一是在基本的法律制度层面，捍卫作为社会道德根基的底线伦理，有效地维护社会正常的价值秩序。诚如博登海默所言："那些被视为是社会交往的基本而必要的道德正当原则，在所有的社会中都被赋予了具有强大力量的强制性质。这些道德原则的约束力的增

---

① 习近平：《高举中国特色社会主义伟大旗帜，为全面建设社会主义现代化国家而团结奋斗——在中国共产党第二十次全国代表大会上的报告》，新华社 2022 年 10 月 25 日。

强，当然是通过将它们转化为法律规则而实现的。"① 法律制度所体现的正是社会最低限度的道德，即底线伦理，它既是现代社会的普遍性伦理，亦是道德理想之基础性伦理，其实质是人们对于社会正常运行所必备之道德基础的"底线共识"，而这种共识只有以法律之惩恶扬善的示范性才能真正落实。同时，底线伦理作为社会规范的基准线，作为普遍性道德行之有效的共识基础，其规约对象是双重的，它不仅规范了社会成员必须担负的义务，表现为一些基本的道德律令，还规约了内在于社会制度的公共权力，保障公民基本权利的义务。这就意味着，制度的形式普遍性对于价值秩序重建之基础性意义的第二个层面在于，它必须在社会政治架构中有效地防止公共权力的异化，以获得人们之于程序正义的共同信念，这也是多元化社会寻求有序性的内在逻辑。因为"多元化的社会依赖于这样的一致。为了解决日常的利益冲突，人们需要规则一致；为了确定规则本身，需要秩序一致（这涉及原则和政治制度）；而为了秩序一致，就需要一定程度的价值一致。这就是说，形式程序实际上是一种绝对必要的共同信念的表达"②。由此，承载着实质合理性与规范价值之制度的形式普遍性，在其高效廉洁、公平公正的运行中，将发挥强大的示范效应，它使人们不仅认同形式普遍性的程序本身，更认同内蕴其中具有现代文明特征的规范价值，从而形成真正意义上的理性主体。

再次，"主体"的理性构建只是扬弃价值虚无主义的基础性环节，若以此作为社会发展的终极目标，亦将产生理性的异化与心灵的窒息。"实体"的精神构建成为克服原子化个人主义、彰显社会主义精神、破解价值虚无主义的超越性环节，它使理性主体在情感的纽带、精神的家园中，获得心灵的滋养、人生的寄托。诚如黑格尔所言："伦理行为的内容必须是实体性的，换句话说，必须是整个的和普遍的；因而伦理行为所关涉的只能是整个的个体，或者说，只能是其本身是普遍物

---

① [美] E. 博登海默：《法理学-法律哲学与法律方法》，邓正来译，中国政法大学出版社1999年版，第374页。
② 陈泽环：《底线伦理·共同信念·终极关怀——论当代社会的道德结构》，《学术月刊》2005年第3期。

的那种个体。"① 这就意味着，普遍性的精神才是伦理实体的内在本质，理性主体只有分有这种普遍性才能扬弃自身的原子化特质。由于中国社会大量充斥着无所依傍的、原子化的人们，这就使得伦理实体的精神构建既是必要的，也是必须的。从"实体"之精神构建的基础上看，全体人民共同富裕是伦理实体精神构建的社会基石。它是社会主义的价值理念在新时代更为广泛而深刻的现实化，"扩大中等收入群体比重，增加低收入群体收入，合理调节高收入，取缔非法收入，形成中间大、两头小的橄榄型分配结构"②，不仅使最广大的劳动人民共享经济社会发展的成果，亦能在劳动价值的彰显与中产阶级的培育中，有效地防止社会共同体的撕裂与极端思潮的蔓延，这就为国家与社会之最大公约数的核心价值和共享价值，即社会主义核心价值体系的落实奠定了坚实的社会基础。因为利益多元、价值多元的现代社会，只有社会利益的最大公约数才能承载精神价值的最大公约数，从而形成价值共识，信念共享价值。从"实体"之精神构建的层次上看，家庭伦理实体的构建成为首当其冲的基础，这不仅在于中国社会以血缘家族为根基的文化传统源远流长，也在于市场经济时代家庭共同体同样存在着被消解的危机，儒家文化的抽象继承便有利于消除理性契约的任意性及其对于婚姻家庭之精神基础的瓦解，进而重构家庭共同体的"爱"的精神普遍性，使之成为被遮蔽的伦理精神复苏的起点。社会伦理实体的构建则是扬弃家庭共同体之特殊性，克服现代性之理性病症的重要载体，它不仅是人民意志表达、价值商谈、自主行动的公共领域，亦能为心灵需要滋养和慰藉的人们提供多元化的精神安顿、情感抚慰和文化需求，国家只需要从法律制度的层面上对其进行有效的管理和规约。国家伦理实体的构建进一步超越了社会共同体的特殊性，它将在多元分化的现代社会中，以国家意识形态之核心价值的范导、伦理体系之规范性的构建、文化传统之现代性的传承，实现核心价值的共同信念、规范价值的社会共识、多元价值的精神共契，最终普遍

---

① [德] 黑格尔：《精神现象学》下卷，贺麟、王玖兴译，商务印书馆 1979 年版，第 9 页。
② 习近平：《扎实推动共同富裕》，《求是》2021 年第 20 期。

性、总体性地完成伦理精神的复归。从"实体"之精神构建的内容上看，尽管各个伦理实体都存在着自身的价值原则，但从国家与社会之现代性架构的维度上讲，国家意识形态的核心价值、现实性的伦理规范体系、理想性的终极价值，成为其中更为重要的伦理精神。国家意识形态是一个国家的文化权威，它不仅为国家政策提供合理性论证，为现实状况做出可信性解释，更生产国家和社会共享的核心价值和道德观念，从而实现国家和社会的思想整合与价值认同。问题的关键在于社会主义核心价值体系之构建机制的创新与精神价值的落实，以及在权威精神资源输出的支撑下，孕育国家意识形态与社会意识形态的互动，实现主流意识形态对于多元化社会思潮的引领。现实性的伦理规范体系是一个社会的内在向度与价值框架，它以公正性的制度伦理为基础，范导着人们"德行明智"的社会行为和价值信念；以角色性的责任伦理为担负，激励着人们忠实地履行自身义务和社会责任；以普遍性的公民伦理为深化，彰显着人们的自主精神、守法精神和爱国精神。理想性的终极价值则是社会主体通过自主的实践理性，构建与选择的多元化的终极精神资源，它以社会共同体为载体，抽象地延续和再生了中华民族传统的文化血脉和文化生命，不仅使理性主体能够从中安身立命，获得心灵的宁静和灵魂的安顿，亦能为规范价值寻求惩恶扬善、正义信念的终极依据。由此，"实体"的精神构建就在"主体"的理性构建的同时，实现了规范价值的底线共识、程序正义的共同信念、终极价值的多元共契，从而完成了中国社会对价值虚无主义的精神超越。

综上所述，价值虚无主义是内在于现代化进程的时代病症，是先赋性社会整合向契约性社会整合、绝对性价值构建向相对性价值构建转变过程中必然发生的精神价值问题，是轴心时代确立的最高价值的陨落和超越向度的坍塌所引发的意义世界的萎缩与价值秩序的颠覆。迈向现代文明的中国社会，不可避免地遭遇了价值虚无主义的问题，只是由于独特的文化传统与现代化路径，致使其内涵与西方社会有所不同。如果说西方社会由于宗教文化传统实现了世俗化转型，其价值虚无主义的核心内涵，在于传统神性立法权的剥夺与主体立法的失效，

"上帝死了"成为这一时代命题最为经典的表达;那么中国社会因为伦理文化传统与政治权力高度统合,无法收缩于私人生活领域,只能伴随一体化社会整合失序而知性断裂,其价值虚无主义的核心内涵,便在于传统神圣价值的失落与主体理性尚未发育成熟的混乱,"天道崩塌"成为这一精神问题最为切身的界说。具体说来,中国传统社会以最高价值为唯一准则的绝对性价值构建所确立的传统规范秩序失范以后,却未能产生具有自主性人格的多元化社会主体。脱离传统神圣价值的羸弱主体,根本不具备自我立法的理性能力,既无立制度规则之法的外在权能,又无立规范价值之法的内在品质,无法以自我立法的相对性价值构建,建立有效的现代规范秩序。因此,中国社会不仅苦于理性化的推进对实质性价值的遮蔽,也苦于理性化的未完成对形式普遍性的亵渎;不仅苦于前现代的价值观念与文化心理并未真正退场,亦苦于现代的制度体系与价值共识尚未真正落实。新旧价值体系与制度系统的承接之间,出现了明显的真空地带,现代性病症的提前预支与前现代的弊端残留,产生了强烈的共振效应,以致心灵世界与公共生活的价值秩序乱象丛生。中国社会的价值虚无主义不仅是最高价值的失落致使一致性信仰"祛魅";也不仅是形式合理性之于实质合理性的僭越导致超验价值的窒息;它毋宁说是形式合理性的未完成,使异化权力凌驾于形式合理性之上,侵蚀着它的普遍性和内在的规范性。传统最高价值的式微,使"人在做,天在看"与"神圣目的"的传统信念,丧失了规约心灵秩序与社会秩序的能力,表征了中国社会价值虚无主义的独特性,以及亟待缓解的严重性和紧迫性。

第二章

中国伦理传统的知性断裂及其社会危害

但凡伟大而悠久的民族文化，总是以超越的最高价值，作为其内在的意义根基与总体预设，这个轴心时代确立的文化基调，体现了本民族之于所处世界的根本态度与精神气质，它深层地范导着人们的事实判定和价值信念，内在地规定着民族文化的表现形态与发展走向。"天道"正是中华民族在轴心时代确立的最高价值，它形成了中国文化"自然存在即合理"①之常识合理性的思维方式与"内在超越"的道德主义价值取向，内在地支撑着中华民族"天人合一"的深层文化结构，不仅政治合法性"受命于天"，社会正义性亦是"天网恢恢，疏而不漏"，"天道"成为构建人间良善价值秩序的终极信念。中国社会的价值虚无主义便植根于传统最高价值之"天道"陨落后，所导致的心灵意义世界的萎缩与价值秩序的颠覆，具体而言，不仅是"从天到人"之敬畏伦理的失落引发为所欲为的恶性膨胀，亦是"从人到天"之耻感伦理的消解造成鲜廉寡耻的底线陷落，同时还是"终极目的"之信念伦理的式微导致犬儒主义的生存抉择。因此，中国社会的价值虚无主义决非仅仅来源于现代性追寻之世俗化经济主义的泛滥，毋宁说伦理传统的知性断裂所带来的价值空场，即传统价值构建的失效与现代价值构建的未完成，已为之提供了社会肌体精神羸弱的前提，我们将力图在本章对其中的逻辑进路进行清晰的呈现。"天道"的失落从根本上讲来自其载体，即一体化社会整合与绝对性价值构建的穷途末路，因而存在着内在的必然性，也就是说中国社会之价值虚无主义的出现不可避免。然而，它所导致的精神沦落的社会危害与社会失序的巨大风险，使之成为决不可听之任之的重大问题。

第一节 敬畏伦理的失落：为所欲为之恶性膨胀

敬畏伦理是人们遭遇神圣性对象之时，以既敬且畏的价值情感自

---

① 金观涛、刘青峰：《中国现代思想的起源——超稳定结构与中国政治文化的演变》，法律出版社 2011 年版，第 94 页。

觉约束自身言行的伦理形态。我们在中国"天人合一"的文化语境中，以敬畏伦理指称"从天到人"的道德规约，亦即以天道的敬畏来实现人间价值秩序的整饬。中国文化"内在超越"的表现形态，使"从天到人"的敬畏伦理与"从人到天"的耻感伦理，如同硬币之两面，以"普遍"到"特殊"和"特殊"到"普遍"两条路径，共同支撑着中国文化的伦理特质，我们在这里采取分而析之的方式只是出于论述的需要。"天道"自巫文化的"轴心突破"以来，便在一体化社会结构的形成和变迁与大一统王权和家族共同体的黏合和博弈中实现着意识形态的整合功能，亦在回应异质文化的冲击和融合中呈现着自身形态的演变。于是，"天道"在王权-官僚体系、士大夫-士绅阶层、家族共同体之一体化社会结构的承载之中，在王权、绅权、族权，抑或政治权力、社会权力、文化权力之一体化权力结构的贯注之下，亦在具体的日常生活知识润物细无声的渗透和支撑之下，最终形成了封闭的内循环系统。因此，社会机体难以从自身内部生发出现代化的动力，亦无法应对西方列强的蛮横，致使传统之"天道"与敬畏伦理必然失落，从而引发人们为所欲为的恶性膨胀，造成社会严重的价值失序。而"反现代性"与"追寻现代性"的现代化进程对"天道"的社会基础，亦即血缘家族与宗族之联系纽带的继续荡涤和消解，也使失落的"天道"与敬畏伦理无以复归。

一、天道的脉络：传统最高价值的产生及其演变

卡尔·雅斯贝斯惊异地发现，公元前 800 年到公元前 200 年，中国、印度以及地中海沿岸等地区纷纷实现了文化上的"轴心突破"，"这个时代的新特点是，世界上所有三个地区的人类全都开始意识到整体的存在、自身和自身的限度。人类体验到世界的恐怖和自身的软弱。他探询根本性的问题。面对空无，他力求解放和拯救。通过在意识上认识自己的限度，他为自己树立了最高目标。他在自我的深奥和超然存在的光辉中感受绝对"[①]。轴

[①] [德] 卡尔·雅斯贝斯：《历史的起源与目标》，魏楚雄、俞新天译，华夏出版社 1989 年版，第 8—9 页。

心时代的"精神跃动"赋予了民族文化以超越的最高价值,使之由于扬弃了个体生命与社会组织的有限性而获得了独立与永恒的生命。而中国文化的"轴心突破",则是对巫术礼仪的理性化祛魅,"它是由'巫'而'史'而'德''礼'","如果说周公'制礼作乐',完成了外在巫术礼仪理性化的最终过程,孔子释'礼'归'仁',则完成了内在巫术情感理性化的最终过程"①,从而在祛除巫文化蒙昧的同时,保留了其内在的神圣性。"德"不再是巫君交通神明的神秘力量,而是圣王与士君子的德性操守;"礼"不再是沟通神鬼的巫术仪礼,而是天地人间的秩序规范;"天"不再是神秘的神鬼世界,而是支撑精神信念的神圣力量。正是在这个意义上,余英时才将孔子尊为"为中国轴心突破揭开序幕的第一位哲人",他"将'天命'与'礼'两大观念都同时收进个人'心'中"②,不仅形成了"天"之于一切精神价值的终极源泉,也形成了中国文化常识合理性的深层思维结构与道德主义"内在超越"的价值取向。

首先,轴心突破以前的"天"乃是主宰人间一切事务的"神鬼世界",巫君为首的巫师集团是唯一凭借巫术仪式"绝地天通"的特权群体;轴心突破以后的"天"成为以"道"为本体的神圣而超越的"精神领域",是为"天道",个人无须巫师的中介,仅凭"心"的觉醒便可通达于"天",从而实现"天人合一"。

所谓"天人合一",简单地讲就是"天"与"人"之间不即不离、一源同构的文化结构,它不仅表明了中华民族对"天人之际"之同一性的精神信念和文化象征,亦呈现了人在"天下共同体"中的"伦理坐标"。董仲舒有云:"以类合之,天人一也"(《春秋繁露·阴阳之义》);又云:"天人之际,合而为一"(《春秋繁露·深察名号》)。其实,中国独特的"天人合一"的文化结构,就来自"崇祖""敬天"的同一性,亦来自巫文化之理性化演变所产生的神圣精神的遗留。中华民族源远流长的农耕文明与宗法文化,形成了祖先崇拜、生殖崇拜、

---

① 李泽厚:《由巫到礼 释礼归仁》,生活·读书·新知三联书店 2015 年版,第 28、31 页。
② 余英时:《论天人之际——中国古代思想起源试探》,中华书局 2014 年版,第 53—54 页。

自然崇拜的相互杂糅。血缘家族乃生命之源与安生之本，这种"生生之大德"投射至自然宇宙之中，便形成了父权化、始祖化的至上神"天"。也就是说，古代的"天"是作为"父"和"祖"来侍奉与崇拜的，王充有云："王者父事天，母事地，推人事父母之事，故亦有祭天地之祀。"（《论衡·祭意》）"崇祖"与"敬天"，正是在"生生"的功能和意义上获得了同一性，"崇祖即敬天，敬天也就是崇祖，两者其实是一而二、二而一的关系"①。家族的生存必以子嗣绵延、传宗接代为前提，无论是追思的祖先崇拜，还是延续的生殖崇拜，都是以"生"为纽带，从而连绵不绝、生生不息。子孙后代便以祖先为核心，构成了一个历史性的家族整体，进而以墓葬、宗庙、祠堂、祭祀等方式追忆亡灵，将祖先视为与家族共在、不可分割的一部分，不仅在日常生活的重大事件中告慰祖先，更在灵魂深处产生了光宗耀祖的家族使命与精神力量。祖先已然成为古人价值判断的终极来源，先人将血脉延续给后人的同时，更使子孙感受到生命意义的过往和拓展，"中国人把生物复制式的延续和文化传承式的延续合而为一，只有民族的血脉和文化的血脉的一致，才能作为'认同'的基础"②。

早在殷商之时，人们已相信先祖先公之神灵定然得以升"天"，便"燔柴于泰坛，祭天也"（《礼记·祭法》），"天"成为祖先神灵的栖息之所，而作为至上神之"殷人的'帝'很可能是先祖的统称或是先祖观念的一个抽象"③，从而形成了至上神与祖先神的一致性。随后的周文化，乃至支撑整个中国文化系统的至上神——"天"，实际上就是由祖先神演变而来的，逐渐成为包括人类在内的一切世间万物之"祖"。所谓"天地之大德曰生"（《易传·系辞下》）；"万物本乎天，人本乎祖，此所以配上帝也"（《礼记·郊特牲》）。"在天生万物的宇宙观下，天地、万物和人通过天地的生生而连为一体，构成以天为父祖的宇宙大家族，天、人以及整个宇宙处于一个神圣的不可分割的共同体中"④，

---

① 王祥龄：《中国古代崇祖敬天思想》，台湾学生书局1992年版，第191页。
② 葛兆光：《中国思想史》第一卷，复旦大学出版社2014年版，第24页。
③ 张光直：《中国青铜时代》，生活·读书·新知三联书店1999年版，第372页。
④ 石磊：《先秦汉代儒教天论研究》，中华书局2015年版，第13页。

此之谓"一个世界"之"内在超越"的"天人合一"。与此同时，巫文化之理性化演变产生的神圣精神的遗留，亦是"天人合一"文化结构的重要基因。祭祀祖先神的巫术礼仪具有至上的神圣性，垄断与"天"交通的巫君享有无上的权威性，在巫文化之理性化的过程中，巫师集团由"巫"而"圣"，其通天接神之"法"，逐渐演变为圣王"参天化育"、君子"敬德修业"之"德"；巫术礼仪由"巫"而"礼"，从"巫"到"仁"，其原始祭祀之"礼"日益演变为天地人间、秩序规范之"礼"，巫术礼仪之"敬"渐次发展为日常生活、伦理秩序之"仁"。"神就在这个世界也包括在人间的'礼'中，人间的礼仪就是神明的旨意，人与神同在一个世界，所以'礼教'成了中国的'宗教'。"① 它上通天地之神性，下接人世之秩序，在人间却超人间，于揖让进退、待人接物之间，呈现"天道"之神圣，从而使中国"天人合一"的文化结构，拥有了即凡入圣的内在神圣性。

此外，我们在前文以"常识合理性"指称中国文化深层的思维结构，这种独特的理性主义亦是由"天人合一"的文化结构与巫术传统的理性化演变所造就和表征的。从概念上讲，"常识合理性"就是以日常生活中司空见惯、熟视无睹的经验和现象作为不证自明的终极依据，"把它们看作如同科学体系中的公理那样自明的出发点"，不再追问其背后根源的思维方式。金观涛将其归结为"自然存在即合理的原则"，运用于人的情感就是"自然情感的合理性"；运用于知识论就是"常识合理"，可分为"自然现象常识"合理与"社会常识"合理②。由于道德来自自然的伦常关系与情感关系，便不仅极易从常识合理性中推出，甚至自身就是一种常识合理性。正如李泽厚所言："西方由'巫'脱魅而走向科学（认知，由巫术中的技艺发展而来）与宗教（情感，由巫术中的情感转化而来）的分途。中国则由'巫'而'史'，而直接过渡到'礼'（人文）、'仁'（人性）的理性化塑建。"③ 因此，与祖先崇拜

---

① 李泽厚：《由巫到礼 释礼归仁》，第99页。
② 金观涛、刘青峰：《中国现代思想的起源——超稳定结构与中国政治文化的演变》，第95、94页。
③ 李泽厚：《由巫到礼 释礼归仁》，第13页。

和政治建制相融合的巫术传统之理性化，未能走向神人分离的道路，而是以神人延续，即神鬼世界为现实世界之延续的态度，形成了"天人合一"的文化结构。无论宗教还是科学，都未能获得自身独立的形态，从而未能形成宗教的反思性与科学的怀疑性，只能以"事实"与"价值"同构的常识合理性，来表征"神""人"之同一与"天""人"之合一。常识合理性成为自然秩序之合理性、伦理道德之合理性、终极价值之合理性三个层面的统一体，不仅是"实然"观念大厦的基石，亦是批判社会行为、制度规范与意识形态之"应然"的终极合理性根据。同时，因为常识合理性不再探究更为超验的存在根源，内在超越的人世精神便成为理所当然的文化基调，故而产生了两种极为重要的文化后果，其一，本体与现象的常识贯通性；其二，事实与价值的常识沟通性。前者意味着本体的终极关怀并不脱离现实的人伦日用，而是以常识合理性为根基，使二者之间不即不离、相互贯通，人们的超越与境界、获益与受用只在其实践与领悟的程度。后者则不仅意味着任何价值系统只有从"常识"推出才具有说服力和稳定性，更意味着事实与价值之间的含混性和同构性。由于常识合理性包含知识性常识与情感性常识，事实与价值同时内在于常识合理性之中，不仅遵从宇宙法则的自然性知识就等同于获取自然性正价值，如星占之术，而且自然常识的恪守也支撑着人们对道德主义价值的信念，如历算之学。"天道"的形成正是隐藏在巫文化背后的两种常识合理性，即自然主义宇宙秩序与人文主义道德价值的显现和融合，从而形成了中国文化"内在超越"的最高价值。

由此，"天人合一"的文化结构从"绝地天通"之时就已形成，只是为重重的巫文化所笼罩。巫文化"祛魅"的理性化进程就是"自然存在即合理"之常识合理性显现的过程，就是一元论之道德主义凸显的过程，就是最高价值之"天道"形成的过程。由于神圣秩序成为天经地义之合理性基础与神秘法则的认知趋于常识合理性，只是同一过程的两个方面，神秘法则的认知亦通过仪式的象征转化为神圣价值的膜拜，这使"天道"呈现出两个层面的内涵，即不证自明的宇宙秩序性与天然合理的终极规范性，故而"天道"的形成就是两者之间的内在融合。然而，中国文化的理性化进程并非一蹴而就，而是随着社会组织从原始氏族到国家形成过程中逐渐演变和推进的，存在着鲜明的量变积累，只是在孔子所在的那个宗法解体、礼崩乐坏的时代才获得了轴心突破之质变的历史机缘。巫文化亦在此理性化的过程中，实现了由"巫"而"史"，而"德"，而"礼"，而"仁"的渐进性演变。正是在这个意义上，陈来才将三代以来的文化演变归结为夏以前"遵命"的"巫觋文化"，即"原始宗教"；殷商"尊神"的"祭祀文化"，即"自然宗教"；周人"尊礼"的"礼乐文化"，即"伦理宗教"；春秋时代轴心突破的"德礼文化"，即"圣哲宗教"①。整个演变过程就是逐渐淡化神格的信仰，日益增强人间价值的关注，趋向于常识合理性与道德主义的过程。

轴心突破以前的"天人合一"，即"旧天人合一"，它"基本上是巫师集团创建的；通过特别设计的祭祀系统，它的实践也长期掌握在他们的手中"，"地上人王通过巫师的事神法术向'天'上的'帝'取得王朝统治的'天命'"，"一般人为了避凶趋吉，往往也仰赖巫为他们乞援于鬼神"②。此时的"天"为先王先公位列左右的神鬼世界——"帝廷"，地上的巫君通过巫师集团的祭祀"绝地天通"，共同垄断着与"天"的交通，掌控着祭祀的"礼乐"，享受着精神世界的"霸权"。祭祀源于巫文化的宗教信仰，礼乐又源于祭祀，因而与巫文化互为表里，《说文解字》"示"部有云："禮，履也，所以事神致福也；从示，从豊。""豊"部又云："豊，行礼之器也；从豆，象形。"中国文化的理性化进程，直接表现为"礼乐"与"巫文化"之间日益分道扬镳、彼此剥离的过程。《论语·为政》有云："殷因于夏礼，所损益，可知也；周因于殷礼，所损益，可知也；其或继周者，虽百世，可知也。"而这种"损益"实际上就是"礼乐"之巫文化的祛魅与人文性的增长。由于"礼乐"沟通于"天人之际"，其巫文化的消褪或者说理性化的推进，在"天"的维度呈现为人文主义伦理性与自然主义常识合理性的

---

① 陈来：《古代宗教与伦理——儒家思想的根源》，生活·读书·新知三联书店2009年版，第18、169页。
② 余英时：《论天人之际——中国古代思想起源试探》，第56页。

增长，在"人"的维度表现为社会道德规范的确立与个人道德精神的觉醒。这种理性化的推进同时也意味着地上巫君"绝地天通"禁令的逐渐打破，巫师集团"精神世界"霸权的不断瓦解，贵族阶层"礼乐文化"垄断的日益破除。

从这个意义上讲，周公的"制礼作乐"可谓中国文化历史上一场影响深远的"宗教革命"，他将沟通神明、祭祀祖先的巫术礼仪进行了全面的体制化和理性化，使礼乐从宗教政治领域拓展到社会伦理领域。周人的"天"不再是流淌着殷人之血，与德性无涉的"帝"，它已经成为伦理化的至上存在与社会价值的终极来源，从而以"民"与"德"的关注，"命令"统治者构建良善的礼治秩序，"以德配天"。周人的"天命"因而呈现出"敬德""保民"的伦理特质，通天接神的巫君成为带领王朝，承接天命的圣王，其由"巫"而"德"、从"巫"到"礼"的转变，已使"绝地天通"的禁令在一定程度上开始松动。《周书·蔡仲之命》有云："皇天无亲，惟德是辅"；《周书·泰誓》又云："民之所欲，天必从之"；《周书·康诰》亦云："惟命不于常"。"天命"将天下托付给一个新王朝，并非仅靠祭祀鬼神便可确保天命不失，"天"将随时关注"民"之动向，若能建立令"民"满意的礼治秩序，则"王其德之用，祈天永命"（《周书·召诰》），若不能则"惟不敬厥德，乃早坠厥命"（《周书·召诰》）。由此，周人的"天命"已经内蕴着人文主义的道德秩序，加之殷周以来由"巫"而"史"的理性化转变，卜筮、星占、历算使巫术活动融进数字演算与历史经验的客观性因素，巫君之"则天"已不仅是通达神鬼，亦与天象、历法之人事相连，因而蕴含着自然主义的常识合理性，二者的结合便使之向着"天道"的形成缓缓迈进了。同时，周人之礼亦非殷人的"神鬼之礼"，它已远远超出了巫术礼仪的范围。由于周人所建之宗法贵族政体的国家形态并非是对氏族的否定，而是这一社会组织的自然扩大和延伸，宗法等级秩序使宗族组织与政治权力、宗主身份与政治身份、治家与治国之间形成了高度的"同构"，从而使周礼扩展为规定长幼尊卑、男女之别、官爵品级、身份地位的人际礼仪和社会规范。尽管如此，祭祀的巫文化依然是周人膜拜"神鬼"的主要方式，如《周礼·春官·司巫》有云:"司巫掌群巫之政令,若国大旱,则帅巫而舞雩;国有大灾,则帅巫而造巫恒。祭祀,则共匰主及道布及蒩馆。凡祭事,守瘗。凡丧事,掌巫降之礼。"如此,周人之"天"并未脱离神鬼世界的藩篱,仍为上天神祇、先祖灵魂居住之所,如《诗经·大雅·文王》所云:"文王陟降,在帝左右","天"所发之"命"必须经过巫师集团的中介才能传递给人间的王朝,而周礼更为贵族阶层所垄断。

轴心突破以后的"天人合一",即"新天人合一",它"是思想家在轴心突破过程中发展出来的,它的特征可以归纳为一句话:'道'与'心'的合一。这个新合一既完全与鬼神无涉,其中自不可能为巫的活动留下任何空间"①。此时的"天"已非"神鬼世界",而是以"道"为本体的超越的"精神领域"。个人仅凭借"心"的觉醒便可通达于"天",从而终结了地上巫君"绝地天通"的禁令,瓦解了巫师集团"精神世界"的霸权,破除了贵族阶层对"礼乐文化"的垄断。由此,"天"不再是巫君领受与承担的上天旨意和神秘天命,它成为支撑凡人亦能担当族群生存,成就君子人格之神圣使命感、历史责任感的终极价值。孔子之所以被尊为揭开轴心突破序幕的首位哲人,就在于他释"礼"归"仁",以"未能事人,焉能事鬼"(《论语·先进》)的态度,关闭了巫术礼仪的神秘之门,却将其间的神圣情感与心理状态理性化、人文化,使之存在于日常生活的人际礼仪之中,赋予其以神圣的意义。同时,他又借用巫文化"天"的概念,以"道"为主轴将其改造为支撑礼教秩序、弘扬君子人格的终极依据。所谓"天生德于予,桓魋其如予何"(《论语·述而》);"文王既没,文不在兹乎"(《论语·子罕》);"天下之无道也久矣,天将以夫子为木铎"(《论语·八佾》)。孔子以"仁"释"礼",欲整饬无道之天下,然其思想却于"春秋乱象"之中孕育而出,因为"礼崩乐坏"同时也意味着"文化垄断"的破除,如"礼""天命""德""学"等均是如此。宗法政治的瓦解与私田的扩张引发了大宗族的解体与小农经济的凸显,前者释放了贵族对"礼"的垄断,后者导致了乡村共同体"互助友爱"之伦理的扩展,为

---

① 余英时:《论天人之际——中国古代思想起源试探》,第56页。

孔子"仁礼一体"的思想创造了现实的社会基础。"孔子是把仁和礼相配合,这当然是孔子的深刻所在,但也可以说反映了社会共同体关系的变化。"①随着周天子的式微与政治权柄的下移,原来仅与王朝相涉之"天命"逐渐降"命"于诸侯与卿大夫,而王朝之"德"也在同时发生位移,诸侯与卿大夫相信"德"才是权力的真正来源,其执政之"天命"乃"修德"之结果,与此相对应的是神鬼信仰的没落,巫师操纵的祭祀传统日益遭到质疑,人们相信自身的道德理性比鬼神更值得信赖,《左传·僖公五年》有云:"鬼神非人实亲,惟德是依。……神所凭依,将在德矣。"由于"天子失官,学在四夷",贵族阶层失去了对文化与知识,尤其是"礼"和"学"的独占,导致了"士"阶层的崛起,逐渐实现了知识与权力的分离,为轴心突破之文化觉醒奠定了良好的社会基础。与此同时,"西周后期和春秋时代渐为发达的星象学,为'天道'向自然主义的发展提供了具体的途径和动力"②。人们所关注之星辰的时空秩序逐渐被理解为天上人间共通的、恒定的宇宙法则,如"天圆地方""星拱北辰""天道左旋""地道右行"等成为人们理解世界"天经地义"的思维起点,加之"气""阴阳""五行"等观念的出现,隐藏于巫文化之中的常识合理性日益显现,人文主义与自然主义的结合已使"天道"逐渐孕育成熟。

春秋时代的"礼崩乐坏"成为孕育孔子"轴心突破"的社会土壤,贵族之于礼仪垄断的破除、乡村共同体之互助伦理的拓展、巫文化的理性化推进,使其完成了贵族独占之"礼"的世俗化和普遍化、内蕴于巫之"仁"的理性化和人文化的相互结合。诚如傅佩荣所言:"礼的开展,显然以其宗教性为底基;正由于忽略、遗忘了这种宗教性,才造成'礼坏乐崩'的现象。礼的宗教性一旦丧失,余下的具体仪节只能被统治者用来畏其臣民,使不逾法,而祭祀的真正价值也只是用来巩固人民而已。如此,礼成为一种工具或手段,丧失了原始涵义,只剩下外在形式而已。这正是'礼坏乐崩'的困境,也正是孔子所深以

---

① 陈来:《古代宗教与伦理——儒家思想的根源》,第345页。
② 陈来:《古代思想文化的世界》,生活·读书·新知三联书店2009年版,第84页。

为忧的。"① 于是，孔子以"仁"为"礼"之本，"人而不仁，如礼何？人而不仁，如乐何"（《论语·八佾》），实现了"巫"之神圣性与"礼"之人文性相结合的"仁礼一体"；又以"己立立人""己达达人"（《论语·雍也》）的方式修炼"心"中之"德"，进而开启了求诸于己、通达于"天"的"内在超越"。他以自然情感之"常识合理性"为终极依据，将祭祀传统归之于"常识"，即"慎终追远，民德归厚矣"（《论语·学而》）；又赋予道德规范以自然情感的合理性，如"子生三年，然后免于父母之怀，夫三年之丧，天下之通丧也"（《论语·阳货》）。由此，孔子便开启了中国文化"轴心突破"的大门，奠定了其常识合理性之思维结构与道德主义之价值取向的文化基调。而后来的先秦诸子承孔子之伟业，又将"轴心突破"大为推进了，他们引入宇宙气化论，将常识合理性提升到本体的维度。这种基于常识和想象的宇宙论将天地万物的本源视为流动的生命力："气"，一切流变皆为"气"之运行，一切生死皆为"气"之聚散，然"气"亦有清浊之分，"天"与"心"皆为清气之所在，"地"与"身"皆为浊气所构成。如孟子一方面认为，"心"有"善端"，"仁义礼智"皆为人之"性"，而"心"与"性"皆源于"天"，故"存其心，养其性，所以事天也"（《孟子·尽心上》）；另一方面又以"心"对"气"的涵养，提出"我善养吾浩然之气"，"心"中至清之气，"以直养而无害，则塞于天地之间"（《孟子·公孙丑上》）。而荀子不仅以自然情感为依据，视"祭者，志意思慕之情也"（《荀子·礼论》）；亦提出了"治气养心之术"（《荀子·修身》）。庄子则视"人之生，气之聚也；聚则为生，散则为死"（《庄子·知北游》），并提出了"心斋"的修身之道，"气也者，虚而待物者也。唯道集虚。虚者，心斋也"（《庄子·人间世》）。就这样，原本巫术中养气通神的神秘法术，被世俗化、理性化地解释为修炼个体人格的伟大力量。宇宙气化论的引入使内在超越的文化取向不断定格与深化，"轴心突破"后的"天"，成为以常识合理性为基础的"道-气世

---

① 傅佩荣：《儒道天论发微》，中华书局 2010 年版，第 82 页。

界",是"气"之"生命之源"与"道"之"价值之源"的合一①。至此,中国文化传统之最高价值——"天道"的成熟形态已然形成,它成为扬弃一切个体生命、社会组织之有限性的永恒、超越、神圣的精神力量,亦成为一切政治合法性、社会正义性,一切精神价值、精神信念的终极源泉和终极依据。

其次,"天道"的演变决不是纯粹观念形态的变迁,作为一种终极关怀的价值系统,它必然要与社会结构之间产生双向的互动,才能形成特定的表现形态与特定的社会结构之间的相互融合、彼此互援。"天道"伴随着一体化社会结构的形成、国家与家族共同体的博弈、异质文化的冲击与融合,不断发生着自身形态上的演变和发展,概言之,从轴心时代生命价值之源的"本体论"到汉代大一统王权之终极合法性的"宇宙论",经由魏晋南北朝"本体论"的"回归",最终在宋明时期将二者"结合"为严丝合缝的"天理",从而与一体化社会结构耦合为封闭的内循环系统。春秋晚期,宗法政治的解体使个体家庭成为社会的基本单位,中央集权已成为可能,直至汉代大一统王权的建立,封建宗法贵族政体才真正实现了向中央集权之官僚政体的转变。此时,一体化社会结构初步形成,世家大族的社会权力、官僚机构的政治权力与儒家文化的知识权力共同拱卫着王权。传统最高价值之"天道"的表现形态,便从轴心时代向个人开放的"本体论"生命价值之源转变为赋予王权至上合法性之"天人感应"的"宇宙论"哲学形态。中央集权的国家是在与家族共同体的"同构"中建立的,也可以说是在二者的"博弈",亦即在宗法政治的"礼崩乐坏"中重构的。汉代大一统王权的建立,确立了中国文化之大传统及其一体化社会结构的形成,只是这种结构并没有真正稳固。国家与家族共同体之间"博弈"的此消彼长,造成了中国汉唐以来社会政治的贵族化及其瓦解的纷乱历程,与此相对应的是中央集权的长期分裂与重建的历史演变。在这期间,出世的佛教以玄学"格义"的方式,占据着人们的心灵,冲击着正统的儒学。"天道"由支撑王权合法性之"有为",转为支持个人自然情

---

① 余英时:《论天人之际——中国古代思想起源试探》,第163—164页。

感之"无为",实现了"宇宙论"向"本体论"的"回归"。直到宋明时期,一体化社会结构才真正稳固和完善,未再出现分裂和割据,便形成了"本体论"和"宇宙论"合一的"天道",即"天理"。它将人们对道德精神的追求纳入以"形而上学"为基础的宇宙秩序的生成之中,成为大一统王权有效的维系力量,"天道"最终与一体化社会结构融合为封闭的内循环系统,走向了文化的衰退。

汉代大一统王权与官僚体系的建立,使之在形式上已经成为一个强大的帝国,但王权合法性之终极依据的阙如与官僚体系只在县一级的局限,都已显示出国家急需一种社会文化力量,既能让子民自愿服从王权的统治,又能实现上层政治组织、中层社会精英、基层宗法家族的内在整合。植根于中国宗法社会的儒学以提倡孝道和纲常礼教的一元论道德主义,正好迎合了这种需求,一跃成为中国传统社会的主流意识形态。与此同时,承载这种文化形态的社会力量也在造就之中,汉代大一统王权"罢黜百家,独尊儒术",立五经博士,设太学,建立了以儒生为主体,以儒家政治理念为依据的选官制度。由此,中国社会出现了这样一个阶层,即由儒生构成的"士大夫阶层",在汉代则表现为"士"与"世家大族"相结合的"士族阶层",他们认同统一的儒家意识形态,进则为国家官员,延伸着皇家政治权力,退则为地方精英,垄断着经济社会权力,从而以一体化的权力结构实现着上中下三层的社会整合,以儒家之道德教化,规范着各个层面的伦理秩序,支撑着"孝忠同一"和"家国同构",也使儒学从此成为中国文化的大传统。此时,"天道"的表现形态似乎只能是"天人感应"的"宇宙论",因为只有从赋予王权至上合法性的宇宙秩序出发,推导出伦理等级秩序与道德规范毋庸置疑的合理性,才能将人们的道德追求与伦理行为,内在于王权与等级秩序的维护之中。然而,先秦儒学虽属一元论道德主义,宇宙论的思想资源却相对匮乏,反而是道家思想中这一元素较为丰富,引"道"入"儒",重塑"天道"的儒家文化形态成为时代的重要命题,董仲舒正是这一命题的担负者。他将儒家的道德内容注入道家自然主义"天道"的结构之中,以"人"对"天"的模仿和同构,亦即"以类合之,天人一也"(《春秋繁露·阴阳之义》),赋予"天"

的神圣性、王权的权威性与等级秩序的合理性。董仲舒之"天"乃"百神之君也"(《春秋繁露·郊义》),它是人之为人的本源,人的身躯来源于"天",耳目鼻口、骨节内脏尽合于"天数";人之仁德仿效于"天","天,仁也。天覆育万物,既化而生之,有养而成之"(《春秋繁露·王道通三》)。它亦是王权至上性的依据,因为"天"之仁德必借助"王"之仁政才可实现,"取天地与人之中以为贯而通之,非王者孰能当是"(《春秋繁露·王道通三》)。它还是等级秩序合理性的参照,"君臣、父子、夫妇之义,皆取诸阴阳之道","是故仁义制度之数,尽取之天"(《春秋繁露·基义》)。同时,董仲舒深惧于专制权力的无限扩张,他在"天人感应"的框架之下,赋予了"天"对"天子"的"临鉴",只是其神学目的论的思想特质与灾异不可控的现实缺憾,使这一良苦的用心变为先天的缺陷,缺乏"形而上学"支撑的"宇宙论"便随着王权的式微而逐渐衰落。

东汉至魏晋,王权之于官僚机构的操控能力大为减弱,使之只有与"世家大族"联合才能维持统治,士族的膨胀与门阀化使"贵族政治"呈现出"复兴"之势。尽管社会基层依旧保持着儒家文化的家庭伦理,然而王权的衰落使"天人感应"的"宇宙论"日渐式微,整个社会呈现出"礼玄双修"之格局——"以门阀为基础的士大夫利用礼制以巩固家族为基础的政治组织,以玄学证明其所享受的特权出于自然。"① 况且,社会的动荡亦使人们关注于自我的心灵与自然的情感。这样,儒家文化便以"礼制"的形态收缩于家族之内,道家玄学则占据了"宇宙论"瓦解后让渡的思想空间。"天道"就由支撑王权合法性之"有为",转为支持个人自然情感之"无为",成为个人生命价值的终极源泉,从而实现了"宇宙论"向"本体论"的"回归"。与此同时,佛教以心性思辨的精巧与形而上学构建的严密,使之从原本依附于玄学,渐渐导向了玄学的佛学化,大有"佛教征服中国"之势,不仅义理佛学影响着中国的上层思想,信仰佛教也以"六道轮回""因果报应"的观念范导着中国的下层民间。儒、释、道便在不断的冲突和

---

① 唐长孺:《魏晋南北朝史论丛》,河北教育出版社 2000 年版,第 324 页。

融合中生长着自身新的文化形态,如佛学的本土化,亦在王权重建的政治意图与血缘家族的社会基础的现实导引之下,越来越清晰地呈现出以儒学为主导的思想融合。由于长期的战乱与庄园经济的崩溃,士族门阀制度彻底走向衰亡,从五代十国到宋明掀起了波澜壮阔的儒学重构运动,欲为重建王权提供至上合法性的"宇宙论",只是其基础不再是神学目的论,只能是"形而上学"。然而,此时的儒学留意于"齐家"之术与"治平"之学,而非玄想与思辨之哲学,反而是佛道思想中拥有丰富的资源,如王弼以"无"为形上之根基,将道德分为形而上学基础与伦理规范两个层面,佛学更以"个别主体"对"普遍主体"的"回归",来实现其出世之解脱,这为儒学的重构提供了双重的思想资源,即形而上学的思辨框架与寻求修身境界的心性论哲学。理学家将日用伦常的"理""道""心""性"等范畴,既恢复其常识合理性与道德主义之内涵,又赋予其参乎宇宙生成之至上本体的地位,以佛学之"修身资源"构建儒家之"圣人境界",以儒家之"道德超越"替代佛学之"出世解脱",从而实现了修身境界与形而上学、宇宙秩序与道德本体的完美结合。如果说周敦颐以"太极图说"的宇宙生成论图式与"圣可学乎"(《通书·圣学第二十》)的修身之道,初步奠定了理学的内在架构;那么张载则以宇宙气化论赋予了天地万物与普遍道德主体,以同一性的气化本源进一步深化了这种理学架构,从而"为天地立心,为生民立道,为去圣继绝学,为万世开太平"[①]。如果说程颢以"仁"为天地之本体,视"天理仁心"为一体;程颐以"理便是天道""性即理"(《河南程氏遗书》卷二十二上)奠定了理学"穷理尽性"的修身模式;那么朱熹则集理学之大成,以"理气二元"之结构,完成了"理一分殊""格物穷理""穷理尽性"的高度整合,使"天理"成为贯穿和笼罩心性道德、伦理纲常、自然物理的终极真理与形而上学基础,实现了宇宙论与本体论的严密耦合。然而,儒学的重构并非单维度地进行,与此相适应的是王权-官僚体系、士大夫-士绅阶层、家族共同体之一体化社会结构的重建,国家的政治权力与士大夫的知识

---

① 〔宋〕张载:《张载集·近思录拾遗》,中华书局1978年版,第376页。

权力携手重塑着伦理道德的同一性，如国家对科举制的规范与民俗的整顿、士绅对宗法家族制的重建与家法族规的编撰。由此，严丝合缝的"天理"与一体化社会结构"融合"为封闭的内循环系统，它将人们的道德生活和伦理行为"真正"纳入王权的维护之中，致使个体之独立人格遭到窒息，文化从此走向了僵化和衰退。

二、天道的贯注：传统价值秩序构建的内在机制

"天道"，尤其是宋明以后的"天理"已经成为宇宙论、社会观、个人道德三者高度整合的文化价值系统，它不仅是王权政治合法性的至上基础，也是社会制度正义性的终极来源，还是个人道德恪守的信念本体。然而，"天道"之终极价值与敬畏伦理并非单维度的文化信念，更非可以脱离物质载体的思想幽灵，作为一种终极关怀的价值系统，它只有与特定的社会结构与社会组织相融合，加之以复杂的价值构建机制，才能真正得以落实和生效，从而产生强大的文化规约与信念力量。从宏观的维度上看，"天道"只有在王权-官僚体系、士大夫-士绅阶层、家族共同体一体化社会结构的承载之中，才能实现其规范各个层面的伦理秩序的价值认同和社会整合之功能。这不单是一种社会土壤或者说社会结构，它更是一种权力结构，也就是说"天道"的落实从根本上依赖于权力的主导，在政治、社会、文化一体化权力体系的贯注之下，将"天道"的信念渗透到社会生活的各个领域。从微观的维度上看，"天道"并不仅仅是一种抽象而玄妙的形而上的思想，它亦存在着日常生活的知识和技术体系作为其形而下的理解和支撑，从目验的天象推论至微妙的玄理，又从微妙的玄理推广于具体的生活，才是中国人处理所有问题的总体框架。王权之于天学、历法、祭天仪礼的垄断和操纵，使"天道"的形而下支撑实质上沦为一种权力的微观化渗透，从而与宏观权力结构一道，共同主导着"天道"之终极价值与敬畏伦理的落实。

首先，从宏观的维度上看，"天道"是在一体化社会结构的承载之中，礼法合一制度体系的规约之下，王权与士绅、政治权力与社会权

力携手,以"先验给定"的方式,实现其神圣价值与敬畏伦理的社会化贯注和渗透的。传统社会"领域合一"的社会架构,使政治理所当然地居于诸领域的"中心地位",文化只是政治的从属和附庸。这种"政教一体"的垄断结构,使"天道"的落实成为一种权力主导、自上而下的政治意识形态的输出和教化。其功能是囊括人寰、包罗宇内的,既要释义宇宙苍穹,强化政治权威;又要规范社会制度,统一家庭伦理;还要塑造终极神性,坚定个人道德,形成了一个统合自然、社会、家族和个人的一体化价值体系,全面担负着政治权威性、社会规范性和人生意义的价值资源。这种"天道"的意识形态化,既是一体化社会结构内在整合的需要和必然,其功能的实现亦有赖于一体化社会结构的承载与推进,因为这种结构赋予了"天道"落实的社会载体、阶层基础和权力系统,从而形成了垄断教化、规约社会、统合民间的组织力量。如前所述,汉代以来,王权开始推行儒家的道德教化,它赋予信奉儒家"天道"的士人以地方领袖的社会权力,不仅是士与宗族的结合产生族权,而且是士与田产的结合取得经济权力,形成了联结王权-官僚体系和宗法家族共同体的社会中层组织力量:士族阶层。尽管"士族"逐渐衰落,士人成为社会中层的组织力量非但未有削弱,反而更为强化,形成了较之士族人数更多的士大夫-士绅阶层,成为王权-官僚体系在县级以下的延伸。他们进可以科举考试入朝为官,分享国家的政治权力;退可以协助官府整顿地方,掌控乡村的社会权力,实行"乡村自治"。由于士大夫-士绅阶层是儒家意识形态"天道"的信奉者,他们的存在完成了政治权力、社会权力、文化权力的统合,实现了政治王权、社会绅权、家长族权的协调,取得了意识形态认同与政治组织力量的同一,成为以儒家文化实现宗法社会与政治国家之间"家国同构"的现实力量,从而为儒家"天道"的落实奠定了强大的社会载体、阶层基础和权力结构。

承载着儒家意识形态的士大夫-士绅阶层,犹如混凝土一般黏合着传统社会的上、中、下三个层次,进而完成了一体化的社会结构和权力结构的内在统合,他们所认同的儒家学说,作为一种官方的意识形态和重要的文化权力,也就在入仕为官的政治权力与赋闲为绅的社会权力的承载和推行中，实现了自上而下的社会化输出、贯注和教化。就政治权力而言，士大夫-士绅阶层在官僚机构中，承担着将儒家文化精神渗透至礼法制度的政治功能。士人集团是儒家意识形态的认同者，他们通过科举考试进入官僚政治系统，将儒家文化的价值观念和行为准则，通过教育和行政传递给民众，更借助于政治权力使儒家经典成为礼法制度的依据，从而劝学兴礼、整饬民俗、规约王法、教化世风。《后汉书·霍谞传》有云："《春秋》之义，原情定过，赦事诛意，故许止虽弑君而不罪，赵盾以纵贼而见书。此仲尼所以垂王法，汉世所宜遵前修也。"① 这就意味着，儒家文化据于人情所定的道德标准成为礼法之依据、刑事之原则，儒家意识形态便不仅以抽象的思想形态存在，更实现了自身的世俗化与制度化，承载于政治权力的律令之中，以律令的推行发挥着自身的效力。赋予王权以政治合法性之至上基础的"天道"，也一以贯之地成为社会制度正义性的终极来源，不仅使礼法体系成为一种天经地义的东西，《礼记·礼运》有云："夫礼，先王以承天之道，以治人之情"，也使"天道"自身在礼法的贯彻中实现其社会化的输出和落实。

就社会权力而言，士大夫-士绅集团在基层组织中担负着强大的领袖功能。宗法家族是传统乡村社会的基础性组织，它们俨然一个个自足的小社会，"家谱制是家族意识形态共同体，而祠堂则是执行族规族法的政治共同体。为家族公有的族田，是收拢宗族和举办家族公共事宜、救济事业的经济共同体"②，从而与儒家意识形态、官僚政治、小农经济的国家结构，构成一种同构关系。在社会稳定之时，宗法家族承担国家赋税差役、控制成员流动，以儒家文化培养家族子弟，将部分族田收入资助子弟入学；在社会动荡之时，宗法家族又成为自我保卫的组织和修复国家的模板。士绅集团由于科举功名的影响力，享受着"一食廪，二免丁粮，三地方官以礼相待"的特权③，在很大程度上领导着宗法社会，他们协助官府征收赋税、维系治安、调解纠纷、管

---

① 《后汉书》卷四十八《霍谞传》，中华书局1997年版，第427页。
② 金观涛、刘青峰：《兴盛与危机——论中国社会超稳定结构》，法律出版社2011年版，第53页。
③ 王德昭：《清代科举制度研究》，中华书局1984年版，第36页。

理家族及地方事务。族长大多为士绅担任,掌控祭祀祖先之权;握有管理族田收入与族中产业之权;制定族谱家礼、乡约族规,拥有对族众的初级裁判权和有限处死权,凡扰乱族法族规、伦理纲常者必遭惩处,王权反叛、父权忤逆、伤风败俗等可不经告官在祠堂内处死。这种社会权力实际上是政治权力的延伸,成为贯彻至上王权、维护礼法制度,落实儒家"天道"之政治权威性与社会规范性的社会载体和权力结构。

就文化权力而言,士大夫-士绅阶层在乡村社会中承担着重大的教化功能。"其绅士居乡者,必当维持风化,其耆老望重者,亦当感劝闾阎,果能家谕户晓,礼让风行,自然百事吉祥,年丰人寿矣。"① 士绅阶层所尊奉的儒家"天道"本身就是一种强大的文化权力,在王权的支撑和推行下,产生了巨大的社会效力。然而,这种文化权力在基层乡村的落实,则依赖于士绅的文化传承和民风教化,士绅的文化权力实际上就是另一种社会权力。从这个意义上讲,士绅阶层就是传统乡村的文化灵魂,他们引领一方之风气。由于身处乡村社会和宗法组织之中,士绅的信仰、知识、思想成为教化和影响民众的直接力量。他们编写的家礼族规、乡规民约、童蒙读物、通俗文本,更是将儒家经典的天道理念与上层士人的思想信念,化为民众生活之习俗与宗族共同体交往之规则,成为一种日用而不知的常识习惯、历史记忆和文化传统,从而渗透到人们的灵魂深处。如朱熹编定《文公家礼》《童蒙须知》;司马光拟定《居家杂仪》;吕大钧撰写、朱熹修订《吕氏乡约》;陆九渊的陆氏家族更是教导族中子弟唱晨歌,以此教诲族人"劳我以生天理定,若还惰懒必饥寒","酒肉贪多折人寿,经营太甚违天命","好将孝弟酬身命,更将勤俭答天心"②。由此,儒家"天道"支撑的君权神授的政治权威、尊卑有别的等级伦理、怜助乡里的社会道德、安守本分的个人品格,便在宗法家族之社会载体、士大夫-士绅之阶层基础、礼法恪守之生活仪式、乡规民约之奖惩机制的承载之下,都化为了天经地义的内在秩序,进而完成了类似于西方法律、伦理、宗教三

---

① 张集馨:《道咸宦海见闻录》,中华书局1981年版,第27页。
② 罗大经:《鹤林玉露·陆氏义门》丙编卷五,中华书局1983年版,第324页。

大功能的统合。

其次，从微观的维度上看，"天道"不仅是一种形而上的思想，也有其形而下的支撑，这就是存在于日常生活之中的知识、技术和经验，从而在具体生活之事实架构中承载幽远玄妙之天道价值，王权对天学、历法、祭天仪礼的垄断和操控，便可实现其知识权力的微观化渗透，与宏观权力一道主导着儒家"天道"的落实。就"天道"自身而言，它内蕴着宇宙秩序的知识系统与天然合理性的价值体系，不仅是贯穿自然、社会与个人的终极依据，亦是人们事实判定与价值信念的形上本体，模仿"天"的构造和运行，遵循"天"的规律和法则，便可获得思想和行为当然的合理性。这种"奉天承运"的传统和逻辑，使"天道"在其发展过程中，不仅成为一切合理性的终极依据、涵盖一切的理论框架，也逐渐成为解释一切的知识系统、切合一切的技术体系。形而上的思想与形而下的操作，也就是"道"与"术"得到了有效的沟通，星辰运转、四时变化、社会秩序、人间道德皆为"天道"的支撑和显现。因此，"天道"既是玄妙抽象的天、地、人发生的本源和图式，亦是可操作度量的指导日常生活的技术和道理；既是赋予社会思想行为以合法性的终极标准，也是衡量具体生活事件是否合理的具体依据。自然与社会、知识与意义都被放置于太一、阴阳、三才、四象、五行、八卦，乃至十二时、二十四节气等宇宙图式和时空格局之中，尽管似是而非，却可解释一切；尽管含混模糊，却又行之有效。如以阴阳相薄解释电闪雷鸣，以阴阳之气比附男女之合；如农耕顺应节气之春耕、夏长、秋收、冬藏，中医更因阴阳之理而合情合理。《左传·昭公元年》有云："天有六气，降生五味，发为五色，征为五声。淫生六疾。六气曰阴、阳、风、雨、晦、明也，分为四时，序为五节，过则为苗，阴淫寒疾，阳淫热疾，风淫末疾，雨淫腹疾，晦淫惑疾，明淫心疾。"而占卜的式盘、定位的司南、宫殿与祭坛、官职与礼仪、医药与养生、日晷与围棋等无不是对"天道"的模拟和效仿。由此，"天道"形成了从终极价值到实用技术、从宇宙秩序到知识经验、从自然法则到政治制度之包罗万象的文化体系，自然与社会、事实与价值、知识与意义，在整体性的宇宙知识背景中，同源同构、同类系联。"人们处理面前实际问题的经验、知识与技术，与解释宇宙与社会根本性意义与价值的思想与信仰之间，肯定是有一种关系的，就像北极作为一种天象，它不仅成为人们解释天文与建立历法的知识……还成为支持人们信仰的一种神话。"① 由于"天道"逐渐实现了"道"与"术"、"宏观性"与"微观性"的合一，垄断与操纵天学的神圣知识，便不难完成意识形态的微观化渗透，更何况天学的神圣知识正是"天道"终极意义生发的起点和基础。

诚如爱利亚德所言："传统的宇宙图像指出，宇宙由天地之间围绕着一个垂直的轴的四方构成，天如半球覆盖，地如四角马车，中心的柱子将天穹支撑起来，宇宙性的数字'五'即四方加上规定了各种各样的色、味、音及象征，中国处在世界的中心，首都即王国的中央，王的宫室即首都的中央。"② 古代中国"天圆地方"的"盖天说"，以视觉中央的"北极"为"天"之枢纽，环列的星辰以此为中心运行不已；而"地"则由中央及其向外推延之四方或八方所构成，呈"回"形结构。于是，"天"为星辰环绕"北极"旋转，形成的一层又一层的同心之"圆"，地则为回字之"方"，其中永恒不动的"极点"被想象为宇宙的本源："太一"或"太极"。这个经过天体观察、天象目测、神话想象、推测演绎的宇宙秩序，天圆地方、星拱北辰、天道左旋、地道右行、中央四方、阴阳变化。由此，以"北极"为中心轴运行的宇宙秩序，成为古人理解世界的终极知识、思考问题的思维前提、各种思想的知识背景，也在各种象征的暗示、联想的类比中，转化为一切价值合理性的终极依据。这样，"自然的天体中心'北极'""神话的众神之主'太一'""哲学的终极概念'道'""万物的原始起点'太极'"便有了"语义上的互通性"，"古代科学""古代宗教""古代数学方技"也有了一个"内在相近的思路"③。"北极""太一""太极""天道"，由于至高无上的神圣性，被视为"天意"的发布者，它不仅

---

① 葛兆光：《中国思想史》导论，复旦大学出版社2014年版，第30页。
② ［美］爱利亚德：《世界信仰与宗教思想的历史》，转引自葛兆光《中国思想史》第一卷，第50页。
③ 葛兆光：《中国思想史》第二卷，复旦大学出版社2014年版，第299页。

第二章 中国伦理传统的知性断裂及其社会危害

成为自然日月升坠、四季流转的终极支撑,也成为社会礼法秩序、人伦道德的终极依据。故而《礼记·礼运》有云:"是故夫礼,必本于太一,分而为天地,转而为阴阳,变而为四时,列而为鬼神。""天圆地方"的宇宙格局和时空框架,一旦成为人们不证自明的终极知识和思维前提,便会在与"天"交通的仪式神化和象征比附中,成为天经地义的起点和无上权威的源泉。"天道"的神圣知识向终极价值的转化,渗透到一切的思维和知识、所有的价值和意义之中,成为知识系统、道德人伦、礼法制度、政治权力之合理性或合法性的根基。与"天"交通的仪式以及以此为基础的整个礼仪体系,就是一整套象征符号系统,人们在仪式活动中沟通"天人之际",既将"天意"传递到人间,亦在与"神圣"的关联中获取各种思想行为的合法性。礼仪及其象征符号的知识基础正是人们感测宇宙、领悟天地的"秩序","天道"与"人道"便在礼仪的象征中发生"契合",而象征符号系统一旦为人们相信和习惯,就能使"象征秩序"取代"事实秩序"本身,从而完成以"天道"确证"人道"、以"人道"比附"天道"的合法性论证,也实现了从"天圆地方"到"天尊地卑"的价值性转化。故而《吕氏春秋·圜道》有云:"天道圜,地道方,圣王法之,所以立上下。"《易传·系辞上》亦云:"天尊地卑,乾坤定矣。卑高以陈,贵贱位矣。"正因为如此,"垄断的、独占的通天手段,在上古是王权的来源,到后世成为王权的象征。因此,如果谁对天学——古代中国最重要的通天手段——的垄断被打破,就意味着他的王权受到挑战并且被削弱了;反之,如果谁试图建立新的王权,则拥有自己的通天手段是他的当务之急"[①]。故而,天学、历法、祭天仪礼历来就是王权的专利,垄断了终极的神圣知识便意味着垄断了终极的神圣价值,也意味着从源头上操纵着知识权力,控制着人们理解世界的思维结构和知识构成,并以此为载体与宏观权力一道,实现儒家之"天道"的微观化渗透。于是,不仅君王以神圣的祭天之礼,显示王权"受命于天"的至上性,所谓"王者所以祭天地何?王者父事天、母事地,故以子道事之也"(刘向

[①] 江晓原:《天学真原》,译林出版社2011年版,第107页。

《五经通义》），是为"天子"；民众亦以庄严的祭祖礼仪，强化祖先神灵于"天上"注视、福佑自身的信念，并在"天学"支撑的各种日常知识与操作技艺中，维系着"天道"的信仰。尽管以天学之神圣知识的垄断来完成儒家意识形态的输出和贯注，具有深入到日常生活与思维结构之中的强大控制力，它亦蕴含着巨大的危险，一旦天学的神圣知识遭到颠覆，便会从源头上消解知识系统、人伦秩序、宗教观念，乃至政治权力的合法性，从而导致"天道"的崩塌。

  传统社会的一体化价值构建方式，在相当长的时间内有效地维系着社会的价值秩序，"天道"之终极价值和敬畏伦理，全面担负着政治权威性、社会规范性和人生意义的供给和输出，成为一种全民共享的价值图式和意义根基。不仅天子贵胄将政治权力的合法性和权威性的来源归之于"天"，以皇帝祭祀"天"之神祇，皇宫仿效"天"之结构，礼法模仿"天"之运行；士人与民众也在宏观权力的贯注与微观权力的渗透之下，生活"事实"与礼仪"价值"的互见之中，构建出一个敬畏天道、信念神圣的良善的伦理秩序，使忠孝仁爱、仁义礼智的思想在"天生德于予"（《论语·述而》）的信念中深入人心，产生了强烈的感召力，让礼义廉耻、善恶因果的观念在"人在做，天在看"的敬畏中渗入灵魂，形成了巨大的自律性。无数的士人在孔夫子开启的"畏天命，畏大人，畏圣人之言"（《论语·季氏》）的天道敬畏传统中，得到了强大的精神滋养，其"天之未丧斯文也，匡人其如予何"（《论语·子罕》）的自信和豪迈，激励着无数的士人自觉地承担起精神世界的领导大任，构建着儒家信仰的王道理想，不仅在"立德、立功、立言"之"三不朽"中，超越有限生命的局限，追寻无限天道的永恒，更在危难时刻表现出"舍我其谁"的气魄和担当。与此同时，一般民众也在"天道"的敬畏和信念中，支撑起一个信心、勇气和希望的"意义世界"。它使人们在落魄与失意之时，会有上天给予的勇气，坚定信心，深信"天生我材必有用"；在引诱和胁迫之时，会有上天赐予的力量，坚守底线，信念"仰不愧于天，俯不怍于人"（《孟子·尽心上》）；在失败和无助之时，会有上天赋予的希望，平衡心理，相信"谋事在人，成事在天"。此外，人们还在祖先开启、子嗣绵延的"天伦"血脉中寻求自身的角色和位置,以此便可超越个体的有限性,在世代安伦尽分、恪守本分、修养德性、奋发有为的践行中,传承和发扬祖先之志,感受生命意义的过往与拓展,进而企及"天道"之永恒。由此,"天道"成为中华民族的"文化黑洞"①,它不仅以最高的总体预设支撑着整个文化体系的完满和圆融,更以最高价值的精神信念赋予一个民族安身立命的精神家园,从而全面担负并承载着人们精神的力量、生活的勇气、生命的意义和未来的希望。

三、天道的陨落:传统最高价值失落的内在必然

"天道"全面担负着传统社会的政治权威性、社会规范性与人生意义的终极合理性和价值源泉,然而承载"天道"的一体化社会结构和价值构建,却在彼此的双向互动中,形成了小农经济、官僚政治、儒家文化相互支撑、彼此耦合的"超稳定结构"②,也就是一种封闭的内循环系统。这使得系统内部的否定性因素总是在"萌芽"状态就遭到剪除,个体的自由人格也无法得到健康的生长和发育,从而无力从社会结构内部滋生出现代化的动力,对抗近代以来西方列强之现代性的"强暴"。这不仅是在"领域合一"的时代,政治以自身的强力防止经济的领主化和资本化,维护着小农经济的主导形态;也不仅是政治以巨大的力量控制异质性文化的生长和繁殖,维系着儒家一元论道德主义的统治地位,文化自身也形成了"儒道互补""应然扩张"的自我防护机制,以吸收"外来文化"的冲击和"实然证伪"的挑战。只是当西方天学以崭新的科学形态,颠覆了"天圆地方"的"神圣知识",传统社会支撑知识系统、伦理秩序与政治权力的合法性根基才遭到动摇;只是当西方列强以坚船利炮叩开了中国的大门,粉碎了"天朝大国"的迷梦,儒家一元论道德主义之应然扩张的自我防护机制才逐渐失效,从而知识体系、政治体系、伦理体系一损俱损,都出现了严重的合法性危机。由

---

① 樊浩:《伦理精神的价值生态》,中国社会科学出版社2001年版,第155页。
② 金观涛、刘青峰:《兴盛与危机——论中国社会超稳定结构》,第14页。

此，传统最高价值之"天道"的陨落成为一种历史的必然，只是传统敬畏伦理的知性断裂，导致了人们为所欲为的恶性膨胀和严重的道德陷落。而现代化的推进对传统血缘家族与宗族共同体，亦具有消解和荡涤的功能，这就意味着"天道"必将继续着自身陨落的命运而无以复归。

　　首先，"天道"的陨落是一种历史的必然，承载"天道"的一体化社会结构和价值构建，在双向的互动中形成了封闭的超稳定系统，内部的否定性因素无从生长，个体的自由人格难以孕育，既导致了文化的僵化和衰退，也无法生发出现代化的动力，从而无力应对西方列强之现代性的蛮横。传统社会的一体化结构在三个层面限制着系统内部否定性因素的生长，其一，以王权的强力防止小农经济形态的变异；其二，以政治的控制力消除各种异端文化的威胁；其三，文化形成自我防护机制应对异质的侵蚀。小农经济形态是中国传统一体化社会结构的经济基础，只有为数众多的自耕农的存在，才能保证国家充足的财政税收，供养皇族和庞大的官僚机构。然而，分散的小农经济形态极易发生变异，一方面土地兼并产生的人身依附关系，使之容易导向领主经济，形成割据的地方势力；另一方面商品经济的失控也会导向资本主义经济，危及一体化社会结构与大一统王权。因此，传统社会总是强化"编户齐民"的户籍制度，限制"人身依附"的国家律法，推行"兴农抑商"的礼法律令，避免小农经济的破坏与领主经济或资本主义经济的形成。户籍制度是王权统治社会、宰制子民的基本制度，从中央到地方，从基层组织到血缘家庭，直至每个劳力，都置于王权-官僚机构的掌控之中，通过定期严格的户籍登记和土地调查，将信息汇集到王权-官僚机构，为其制定政策、稳定税收提供依据。为了掌握相当数量的自耕农，大一统王权必须与豪强地主争夺生产者，以国家律法限制人身依附关系的发展，避免国家控制的农户成为地方豪强的奴婢，保证国家税收拥有稳定的来源。北宋仁宗年间曾颁布诏书称："自今后客户起移，更不取主人凭由，须每年收田日毕，商量去往……如是主人非理拦占，许经县论详。"[①] 王权在防范小农经济领主化的同

---

① 徐松：《宋会要辑稿》第 5 册《食货》，中华书局 1957 年版，第 4813 页。

时，更极力遏制资本主义经济的形成，推行"兴农抑商"的礼法律令，将商品经济限定于简单再生产的往复循环，防止因富裕而生邪，形成对一体化社会结构与大一统王权的潜在威胁。传统社会不仅将商人的社会地位排列在"士农工商"之末，也在政治上加以残酷的压制，战国时代秦国就规定："事末利及怠而贫者，举以为收孥"；① 西汉初年也明文规定："市井之子孙亦不得仕宦为吏"，甚至明令"贾人不得衣丝乘车"②。除此之外，王权-官僚集团还在经济上对商人施以严厉的勒索，不仅"重租税以困辱之"，更随时没收他们的财产，"贾人有市籍者，及其家属，皆无得籍名田，以便农。敢犯令，没入田僮"③。尤为重要的是，大一统王权以"工商食官"的制度，将官僚政治的触角伸入商业和手工业之中。官营工商业垄断了国家最优质的经济资源，集中了全国技艺最精湛的手工业者，以政治的强力践踏经济的规则，以统治的权力压榨手工业者的智慧，掠夺商人的财产。因此，中国传统的商品经济没有自主的生存空间，始终处于大一统王权的控制之下，成为支撑王权-官僚系统运转的"汲泵"，并不构成社会系统内部的否定性因素。商人和手工业者从来没有取得过独立的社会地位和不可剥夺的财产权，故而不可能孕育出个体的自由人格。每当一个王朝崩溃的前夕，便会出现大量破产自耕农涌入城市的情形，造成商品经济"异常繁荣"的假象，"它不是预示着向资本主义的过渡，而是大动乱来临的前兆"，"我们称这种现象为'假资本主义'"④。

王权-官僚集团不仅以政治的强力，维护小农经济形态的主导地位，防止领主经济的产生和资本主义的萌芽；它还以自身的控制力消除各种异端文化的威胁，捍卫儒家一元论道德主义的统治地位，既以儒家经典为主要内容的科举考试将天下之士人陷入"彀中"，更以极为残酷的"文字狱"让天下的士人噤若寒蝉。思想的牢笼使儒家一元论

---

① 《史记》卷六十八《商君列传》，中华书局1997年版，第565页。
② 《史记》卷三十《平准书》，中华书局1997年版，第361页。
③ 同上书，第361、364页。
④ 金观涛、刘青峰：《兴盛与危机——论中国社会超稳定结构》，第194页。

道德主义，成为中国社会至高无上的"天理"，上至宇宙苍穹之释义，下至人伦秩序之规范，直至个人道德之心性，被儒家意识形态"编制"成一张严丝合缝的"巨网"，任何异端文化都难以孕育和生长，士人的独立人格也难以发育和成就，知识界陷入圣人经典的整理与再整理、注释与再注释、阐释与再阐释的繁殖。文化自身也形成了"儒道互补""应然扩张"的自我防护机制，以吸收"外来文化"的冲击和"实然证伪"的挑战，从而使儒家一元论道德主义的思想之网变得更为圆润而坚韧。从表面上看，道家思想作为儒家学说的对立面而存在，它批判仁义的虚伪，主张天道无为、回归自然，由于儒家之道只能依靠圣王实现，儒家的"入世"必须与道家的"出世"相结合，才能让信奉儒家学说的士人"进退有度"，维持文化结构的稳定。道家思想犹如"一道无形的防线和缓冲地带"，成为儒家学说的"补结构"，当儒学与政治环境不相适应之时，反对者"又掉进了非正统意识形态的陷阱"，"它就会不断吸收官方哲学的反对派……为儒学在以后东山再起准备了条件"①。儒家一元论道德主义的思想之网变得更有弹性，形成了一种能够有效回应"外来文化"冲击的自我防护机制，儒学对佛学的吸收与重构便是通过"儒道互补"的结构来完成的，以道家思想的"补结构"阐释佛学，再与儒家意识形态融合，从而形成宋明理学，完成了否定之否定的"回归"。这种文化的自我防护机制还表现在，儒家一元论道德主义以"应然扩张"回应"实然证伪"的挑战。"应然"即是"应该成为什么"；"实然"则是"实际上是什么"，儒家意识形态将合理的社会制度，都归之于"应然"的道德理想，这样便能有效地对抗"实然"，即现实的社会制度的"证伪"。因为"实然"的问题并不能否定"应然"本身，社会制度的弊端和缺憾不仅不会导致对道德理想的质疑，反而被认为是未能有效推行圣人规定的道德原则所致。如此，社会制度的问题在"应然"的光环中遭到掩盖，一切社会危机都不会导致儒家一元论道德主义的"证伪"。应该说，一元论道德主义与常识合理性合一的"本体""天道"，是具有超越现实秩序之社会批判性的，

---

① 金观涛、刘青峰：《兴盛与危机——论中国社会超稳定结构》，第297页。

士人正是以儒家的王道理想"教化天下",以道德主义的信念"铁肩担道义"。然而,文化权力与政治权力的高度结合,常识合理性之思维结构导致的怀疑与反思精神的匮乏,致使道德主义一元论"本身"不允许也不可能遭到批判和质疑。只是在这个意义上,马克斯·韦伯之于儒学的指责,"宗教义务与社会政治现实之间"看不到"任何紧张性",致使"虔敬地顺从世俗权力的固定秩序尤为重要"①,也才是能够成立的。道德主义"一元论"的价值垄断地位,使其他价值和异端文化没有独立存在的空间,不仅极大地削弱了儒家思想的批判性,更在一种封闭的文化系统中丧失了自我更新的能力,导致了文化的衰退。这种衰退直接表现为创造精神的减弱,儒家经典的至上权威与古代圣贤的王道理想,造就了一种恪守祖训、因循守旧的文化心理,似乎一切治国平天下之原则均为先贤圣王所参透,只要熟读经典、自修文德便能化解任何社会危机,消除一切制度弊端。同时,文化的衰退更表现为道德主义对科学精神的挤占和窒息,"伦理一旦成为文化的核心,科学和真理再重要,它们就只能占据作为技能和手段的较次要的地位"②。更何况,士人还将技能视为"雕虫小技",以宋明性理为唯一推崇之学,从而导致了事功能力的严重退化,至晚清之时"左无才相,右无才史,阃无才将,庠序无才士,陇无才民,廛无才工,衢无才商,抑巷无才偷,市无才驵,薮泽无才盗",以致诗人龚自珍痛心高呼,"我劝天公重抖擞,不拘一格降人材"③。

由此,大一统王权以政治的强力,将商品经济纳入王权-官僚体系的控制之下,防止了小农经济形态导向资本主义的萌芽,也扼杀了商人和手工业者自主的生存空间和独立的自由人格,传统社会始终无法产生纯粹的商人阶层与真正的市民社会,从而完成了经济领域否定性因素的铲除。王权-官僚体系的政治权力与士大夫-士绅阶层的社会权力携手,形成了一元论道德主义在文化领域的统治地位,加之文化自身"儒道互补""应然扩张"的自我防护机制,使文化领域成为了封闭的

---

① [德]马克斯·韦伯:《儒教与道教》,洪天富译,江苏人民出版社2005年版,第187、182页。
② 金观涛、刘青峰:《兴盛与危机——论中国社会超稳定结构》,第336页。
③《龚自珍全集》,上海人民出版社1975年版,第6、521页。

思想系统，任何非道德价值与异端文化都难以生长和发育，从而完成了文化领域否定性因素的剪除。这样，一体化结构的传统社会便沦为王权-官僚系统的朽坏和修复、王朝的覆灭和重建的周期性循环，无力从内部产生现代化的动力，亦无法应对近代以来西方列强之现代性的专横。"天朝"的崩溃表征了大一统王权的孱弱无力与儒家王道理想的苍白虚妄，一元论道德主义迅速遭到了证伪。上至宇宙秩序，下至礼法制度，直至道德价值本身，都面临着空前的认同危机，"天道"的崩塌成为一种内在的必然。

其次，"天道"的承载和落实来自知识权力、政治权力和社会权力的主导和渗透，亦即神圣天学的秩序性预设、至上王权的强制性垄断和乡村士绅的日常性教化。"天道"崩塌和陨落的"轨迹"，也呈现为知识根基、政治权威和社会基础的先后坍塌，具体表现为西学东渐对传统天学神圣性的消解、西方列强对至上王权权威性的颠覆、废除科举对士大夫-士绅阶层的瓦解。这直接表征了传统一体化社会结构中知识体系、政治体系、伦理体系一荣俱荣、一损俱损的内在逻辑。高度整合的社会结构，固然能够形成诸领域、诸要素之间的相互支撑、彼此同构，不仅是宏观层面政治权力、社会权力与文化权力之间的统合和协调，亦是微观层面"器"对"道"的拱卫，"用"对"体"的支撑，"事"对"理"的承载，从而实现了天道"天不变，道亦不变"、王权"受命于天"和"大一统"、中国"天朝上邦"的无上权威和绝对信念。然而，高度一体化的社会整合，极易产生因某一领域或某一层面的证伪和坍塌，导致整个社会系统的全面危机和崩溃。

"天道"的崩塌正是从知识系统的"证伪"开始的。"天"之"理"的终极依据在于"天"之"事"，它在王权的确证和垄断之下，具有了政治格局的意味与政治权威的象征。传统天学知识通过宗法制度和礼仪体系的渗透，贯穿于"器"与"道"、"用"与"体"、"事"与"理"，直至日常生活的思维结构和知识结构之中，成为人们不证自明的思维前提和天经地义的价值起点，成为知识体系、政治体系、伦理体系一以贯之的合法性依据。宋人石介有云："夫天处乎上，地处乎下，居天

第二章　中国伦理传统的知性断裂及其社会危害

地之中者曰中国，居天地之偏者曰四夷。四夷外也，中国内也。天地为之乎内外，所以限也。""苟天常乱于上，地理易于下，人道悖于中，国不为中国矣。"① 中国"天朝上邦"的自信在于"中央四方"的宇宙格局与"天尊地卑"的价值比附，既然天地有中央与四方的等差和距离，人间自然也有文明与野蛮的差别和等次，文明的内核正是依据"天道"订立的"礼法"。无论社会的阶层秩序，抑或天下的国际秩序都是由中央向四方扩散，礼仪规范的文明等级逐渐递减，作为"中央"的中国与王权，拥有至高无上的政治权力和知识权力，足以教化万民、训导夷狄、自修文德、四方来朝。一旦传统天学的终极知识不再成立，人们发现心中的神圣秩序原来并非如此，便如釜底抽薪一般动摇了整个社会系统的知识根基，从而引发合法性质疑和认同危机，导致"天崩地裂"。明代以来的西学东渐，逐渐使传统天学遭到西方科学的证伪，"经过了这么多的世纪之后，他们才从他（指利玛窦——作者注）那里第一次知道大地是圆的。从前他们坚信一个古老的格言，即'天圆地方'"。"他们从来不知道，事实上也从未听说过，天空是由坚固实体构成的，星体是固定的，并不是在无目的地游荡，有十层天轨，一层包着一层，由相反的力量推动运行。"② 时人或牵强地将异质的天学释之以旧学的源流；或策略地将天学的知识止于形而下的"器""用"，然而西方科学的有效性在增添自身文化优越感的同时，也在消解"天朝"世界文化之"中心"的权威。更何况"道""器"合一、"体""用"不二的整体性，使"器"和"用"一定会上升到"道"和"体"的层面，威胁"道"的终极地位，影响"体"的完整理路，原先一切"天经地义"的秩序都需要重新加以审视。难怪明人沈㴶抨击道："是故天无二日，亦象天下之奉一君也。惟月配日，则象于后，垣宿经纬，以象百官，九野众星，以象八方民庶。今特为之说曰：日月五星

---

① 石介：《徂徕石先生文集》卷十《中国论》，中华书局1984年版，第116页。
② ［意］利玛窦、［比］金尼阁：《利玛窦中国札记》，何高济等译，中华书局1983年版，第347—348页。

各居一天，是举尧舜以来中国相传纲维统纪之最大者，而欲变乱之。"① 就这样，西方科学证明了传统天学的虚妄，原来"天"并非圆形之"穹盖"，"地"亦非居于四海之"中"；中国并非处于天地之"中央"，只是世界诸国之一，"四夷"亦非中华之附属，其文明同样杰出。"天圆地方"宇宙秩序的"证伪"，不仅使"天朝上邦"的自负与"君临天下"的威严逐渐消解；"天不变，道亦不变"的天道秩序和伦理礼教，亦在"天"已变，"道"必随之而变的逻辑观念中遭到质疑。

西方科学对传统天学的证伪，颠覆了"天道"内在的知识根基，它在学理体系中动摇了人们之于"天道"的认识和信念，而西方列强以坚船利炮叩开中国的大门，则直接显示了西学知识和西方文明的强势，彻底摧毁了"天朝大国"的自负与至上王权的威严。王权"受命于天"和"大一统"的政治权威性及其意识形态认同，遭遇了空前的认同危机，一元论道德主义再也无法以恪守古训、自修文德，来为王权自圆其说、自我防护了。一体化社会结构之上层，即王权-官僚体系理所当然要为这种溃败承担责任，于是乎王权在一体化社会结构内部，开始了自我的调整和变革。只是这种调整和变革，从一开始就陷入了先天的悖论之中，若保持一体化社会结构三个层次的整合，将必然导致现代化变革的失败；若不顾社会整合而全力推进现代化变革，则势必引发一体化社会结构与王权-官僚体系的解体，晚清以来的社会变革与社会变迁，正是围绕着这一悖论展开的。社会的价值秩序，亦渐次从"中央四方""天朝上邦"之宇宙秩序论的崩溃，走向"受命于天""大一统"之王权政治权威性的坍塌，最终引发"天不变，道亦不变"之天道秩序与礼教伦理的瓦解。前者如张之洞"中体西用"为代表的洋务运动，其"道器分离"的变革路径，意图在不触碰礼法秩序的情况下，"师夷长技以制夷"。然而，至上的大一统王权，所能动员的经济资源并不足以支撑国防现代化的全部投资，社会财富大多为一体化结构的中下层所占据。"当时清廷仅掌握整个国民总产值的2%—

---

① 沈㴶：《参远夷疏》，见徐昌治：《圣朝破邪集》卷一，香港宣道出版社1996年版，第60—61页。

第二章　中国伦理传统的知性断裂及其社会危害

4%……中央政府掌握的税收仅够供养皇室和官僚机构，根本没有资金投资兴办现代国防"①，加之整个王权-官僚体系的机体朽坏与官督商办体制的效率低下，使本来就缺乏现代化动员能力的社会结构更加捉襟见肘。若洋务派让政府强行增加赋税，势必引起官吏的乘势盘剥与士绅地主的乘机转嫁，从而导致民众无法承受的苛政，遭到清议派的斥责，因而在一体化结构内部推行洋务运动，即便行使到极致也难免失败。后者则如戊戌变法以及后来的晚清新政。晚清政府采取了一种"二元论儒学"的变革路径，"所谓二元论儒学，是把儒家伦理和社会制度分成两个不相干的领域，其目的是使儒学退到私人生活空间，而在一切公共领域都采取现代价值"②。令人始料不及的是，这种变革引发了一体化社会结构的整合危机与王权权威性的迅速流失。一方面，王权在新兴的公共领域植入现代工业与民主制度，不够强大之时固然遭到顽固势力的扼杀，即便足够强大亦势必引发传统社会整合的危机，以致危及王权。这在晚清新政之时更为明了，由于传统一体化社会整合的"重心"在乡村，现代化构建的"重心"则在城市，王权在权威性大量流失的情况之下，破坏传统"礼治""仁政"之乡村官绅合作模式，兴办新式学堂和废除科举考试，从而进一步加速了一体化社会组织的解体与王权权威性的继续流失。因为"重心"的转移，致使士绅阶层只有进入城市读书、做官、从事工商业，才能维系自身的精英地位，原先的士绅阶层出现了史无前例的城市化浪潮。一体化社会的三层结构被拦腰斩断，出现了严重的脱节与中下层的组织空虚，士绅阶层不再是王权的延伸，宗法家族亦非国家的拓展。乡村社会之基层自治功能逐渐退化的同时，私人资本的工商业投资却日益迅猛，"历史上前所未有的社会上层和中层组织的对抗也就开始了"，"绅士把乡村自治那一套搬到城里，它立即和大一统官僚机构权力发生冲突，官绅合作转化为官绅对抗"③。随着晚清新政的推进，全国各地都成立了谘议

---

① 金观涛、刘青峰：《中国现代思想的起源——超稳定结构与中国政治文化的演变》，第247页。
② 同上书，第212页。
③ 金观涛、刘青峰：《开放中的变迁——再论中国社会超稳定结构》，法律出版社2011年版，第103页。

局,这种宪政分权模式引发了中央之王权与地方之绅权的公然对抗。同时,由于大一统王权及其意识形态的认同危机,地方势力在宪政分权的思想中获得了新的合法性依据,以致重新审视和理解中央和地方的关系,从而严重削弱了一体化上层结构的凝聚力,开始走向大一统王权与官僚机构的分裂与解体。另一方面,一元论道德主义笼罩着个人、家族、社会、国家全部的社会政治生活,连同宇宙秩序的知识系统都是道德主义的体现和延伸。因此,王权、绅权、族权都无法退出政治结构,一元论道德体系亦无法收缩到私人生活领域,继续担负规约社会秩序与心灵秩序的功能。王权意识形态的认同危机与政治结构的现实错乱,必将引发礼教秩序与道德主义全面的认同危机,形成多米诺骨牌式的连环效应。由此,中国社会从宇宙秩序、礼法制度,到道德主义,都出现了空前的认同危机。西方从科学知识结构,到政治制度体系,再到文化价值系统,都成为国人顶礼膜拜的东西,"稍知西学,则尊奉大过,而化为西人"[①]。"今吾国留学生,乃不知其国古代文化之发达,文学之优美,历史之光荣,民俗之敦厚,一入他国,目眩于其物质文明之进步,则惊叹颠倒,以为吾国视此真有天堂地狱之别。于是由惊叹而艳羡,由艳羡而鄙弃故国,而出主入奴之势成矣!于是人之唾余,都成珠玉;人之瓦砾,都成琼瑶。及其归也,遂欲举吾国数千年之礼教、文字、风节、俗尚,一扫而空之,以为不如是不足以言改革也。"[②] 中与西、旧与新的对峙成为进步与保守之价值判断的依据和基础,传统的宇宙秩序、礼法制度、道德主义成为旧知识、旧制度、旧道德,"天道"的陨落和"礼教"的瓦解呈现出急剧加速的态势。

而真正促使"天道"彻底崩塌的力量,来自士大夫-士绅阶层的解体,它使"天道"丧失了承载的社会基础和认同的文化载体,不仅导致整个社会失去了思想文化的"重心",亦引发了礼法秩序与伦理体系的全面崩溃和瓦解。"那是一个整体示范的时代,中间主干之位的空虚

---

① 康有为:《答朱蓉生书》,《康子内外篇(外六种)》,中华书局 1988 年版,第 171 页。
② 胡适:《非留学篇》,《胡适文集》第 9 卷,欧阳哲生编,北京大学出版社 1995 年版,第 643 页。

是全面的。其结果,不论思想还是社会,都呈正统衰落、边缘上升的趋势。"① 如前所述,传统社会"士农工商"之首的"士"与"大夫"合流,即士大夫-士绅阶层,是传统中国身兼"道统"和"治统"的社会重心,亦是承载"天道"的社会基础。科举考试制度与官绅共治模式是联系"士"与"农工商"的桥梁,也是"士"代表"农工商"参政的纽带,还是"士"担负"道统"和"治统"的载体。"士"与"大夫"的合一,使士人无论是庙堂之高,还是江湖之远,都处于社会的主干和领袖的地位,他们是道德行为与社会价值的引领者和裁判者。西方列强的强势冲击,使晚清的改革陷入窘境,不仅"器"与"用"的改良贯通着"道"和"体"的变更,民主制度、工业经济、新式学堂的植入亦在消解着传统一体化的社会整合。科举制度的废除更是西方列强倒逼着清廷改革的重要举措,它意图以国家广为稀缺的西学实业人才的培养,推动现代化的进程。然而,正是科举考试的废除,导致了士大夫-士绅阶层的解体与"士农工商"之"四民社会"的瓦解,进而引发了社会秩序的紊乱。科举制度本是融政治、文化、教育于一体的社会建制,它的废除从根本上改变了社会上升的通道和空间,也斩断了"士"的社会来源,"士"走下"四民"之首席,"四民社会"势必难以为继。更何况,早在科举制度废除以前,弃儒从商已成风气,晚清政府的"维新"使商人地位呈上升之势,"才华秀美之子弟,率皆出门为商,而读书者寥寥无几,甚且有既游庠序,竟弃儒而就商者。亦谓读书之士,多受饥寒,曷若为商之多得银钱,俾家道之丰裕也。当此之时,为商者十八九,读书者十一二"。"四民社会"已维系艰难,"四民失业者多,士为四民之首,现在穷困者十之七、八"。更为严重的是,"士为四民之首,平居乡里,所言所行,使诸编氓皆有所矜式,乃不能一士人,而反为乡人所化,不足以为士矣"②。科举考试废除以后,"四民"之首的"士"更是谋生乏术、窘困不堪,"辛亥前最基本的变化,就包括四民社会的解体和经典的消逝。社会上四民之首的士不复

---

① 罗志田:《道出于二——过渡时代的新旧之争》,北京师范大学出版社 2014 年版,第 3 页。
② 刘大鹏:《退想斋日记》,山西人民出版社 1990 年版,第 17、131、69 页。

再生，思想上规范人伦的经典开始失范；随着'道'的两个主要载体——经典和士人的双双退隐，终演化成一个失去重心的时代"①。科举制度的废除与"四民社会"的解体，导致了"士"与"大夫"的分离、"士"与"绅"的分割，旧式的读书人不能以"大夫"为业，也未必能与"绅"结合，新式的知识分子又亲近城市、疏远乡村，致使官绅共治的社会整合日益失效，乡村社会开始步入脱序、混乱的深渊。

如果说西学东渐消解了传统天学的神圣性，动摇了"天道"的知识根基；如果说西方列强颠覆了至上王权的权威性，瓦解了"天道"的政治权威，那么士大夫-士绅阶层的解体与四民社会的瓦解，则从根本上抽干了"天道"的社会基础。传统最高价值"天道"的陨落已势成必然，敬畏伦理的知性断裂亦难幸免，从而引发整个社会为所欲为的恶性膨胀与日益严重的价值失序。譬如，由于"士"与"大夫"的分离，又无新的官僚培养机制，为官便不复存在资格的制度认定；由于"士"与"绅"的疏离，土豪、地痞、高利贷者乘势把控乡政，乡绅与读书的分离致使道义日减，劣绅滋生；由于一体化结构上层的解体，军阀与地方豪强相结合形成军绅政权，致使本已混乱的乡村社会变得更加暗无天日。"天道"沦落所引发的文化失范，便不仅关涉人心的错乱与信仰的危机——"幽无天鬼之畏，明无礼纪之防，则暴乱恣睢，何所不至"②；也直指现实秩序的解体和脱序——上自官宦之家、知识分子，下至黎民百姓、劳苦大众，都能真切地感受到大厦将倾之时的民生凋敝、世风败坏、道德沦陷、肉欲横流，中国社会大量充斥着"蛇虫鼠蚁""豺狼虎豹""魑魅魍魉"③。官场糜烂、道德崩溃令人发指；社会淆乱、民生多艰让人嗟叹。当权者多为地痞土棍，商客政客皆为无赖之尤，"遂其私欲，不顾见诸事实，将事权言议，悉归奔走干进之徒，或至愚屯之富人，否亦善垄断之市侩，特以自长营

---

① 罗志田：《权势转移——近代中国的思想与社会》，北京师范大学出版社 2014 年版，第 295 页。
② 康有为：《孔教会序二》,《康有为政论集》下册，汤志钧编，中华书局 1981 年版，第 735 页。
③ 吴趼人：《二十年目睹之怪现状》，岳麓书社 1993 年版，第 3 页。

揹，当列其班，况复掩自利之恶名，以福群之令誉，捷径在目，斯不惮竭蹶以求之耳。呜呼，古之临民者，一独夫也；由今之道，且顿变而为千万无赖之尤，民不堪命矣，于兴国究何与焉"①。随着旧秩序的崩溃，晚清民国以国进民退，尝试"新秩序"之构建，但无论晚清之"新政"，抑或民国之"乡村自治"，都只是联合地方劣质"精英"，强化行政网络的乡村政治变革之路，不仅未能对恶化的社会秩序产生实质性的改变，更加速了这种恶化。"所谓地方事业，不操之于官，即操之于绅；等而下之，又操之于棍痞。生杀欺夺，民之所能自存者几希，民之所能自主者几希，民之所能以自致其治者亦几希矣。"②

晚清民国严重之乱象已然表征了"天道"崩塌后的社会失序与"重心"失落后的价值紊乱。诚如丁文江所言："中国今日社会的崩溃，完全由于大家丧失了旧的信仰，而没有新的信仰来替代的原故。祖宗不尊敬了，尊敬甚么？宗族不亲睦了，亲睦甚么？英雄不崇拜了，崇拜甚么？妇女解放了，男女之间，是否仍然要遵守相当的规律？天堂地狱都是假的，人生甚么是真的?"③ 然而，更深层的原因恰恰在于"天道"和"礼教"，并不仅仅关乎人们的精神信仰，它更是民间生活秩序的现实维系，当旧秩序之社会整合遭到瓦解，却未能产生维系新秩序的强大力量之时，整个社会遂呈乱象，为所欲为的恶性膨胀因而无法避免。而现代化的推进，无论是"反现代性"的现代化，抑或"追寻现代性"的现代化进程，都在荡涤和消解着传统血缘家族与宗族的联系纽带，这必将导致孝之规范与祖先祭祀之观念日渐淡薄，从而使"天道"继续着自身的陨落而无以复归。由此，中国现代化进程中的价值虚无主义所表征的种种无所畏惧的恶行，便可视为传统最高价值"天道"或敬畏伦理失落后所必然产生的恶果。

---

① 鲁迅：《文化偏至论》，《鲁迅全集》第1卷，人民文学出版社2005年版，第47页。
② 闻钧天：《中国保甲制度》，商务印书馆1935年版，第365页。
③ 丁文江：《中国政治的出路》，《中国近代思想家文库·丁文江卷》，宋广波编，中国人民大学出版社2015年版，第185页。

第二节　耻感伦理的消解：鲜廉寡耻之底线陷落

　　耻感伦理是在集体主义文化土壤中形成的，因特殊自我与普遍自我、现实言行与理想人格的落差而产生的无颜以对、羞惭无地的道德情感和伦理形态。它既是"成人"的底线伦理，以人兽之别的边界信念警示着人们切勿越出人类的界限，触犯社会的规范；也是"至善"的德性伦理，以否定性的推动力量激励着人们不断超越自身，抵达"天道"，成就君子人格。在中国"天人合一"的文化传统中，如果说敬畏伦理以"天道"之最高价值的"敬畏"实现了"从天到人""从普遍到特殊"的信念贯注和秩序整饬，那么耻感伦理则以"耻感"之内在善端的充实完成了"从人到天""从特殊到普遍"的道德修炼和人格超越。耻感伦理亦是在一体化的社会结构中发生和产生效应，王权-官僚体系以科举制度选拔官员造就了士大夫-士绅阶层，不仅使"士"位居"四民社会"之首，更形成了士人的乡村耕读生活，使之成为乡村社会的文化权威，在小国家大民间的治理体制中范导着人们实践家族共同体、宗族共同体、乡村共同体的各种角色、规范和德性。也就是说，士大夫-士绅阶层在对政治权力的分有中取得了强大的社会文化权力，成为承载耻感伦理的中坚力量和社会基础。而耻感伦理的运作机制则是在"修身""做人""脸面"之现实生活的互动中规约自身、超越自我，不仅以此获得人之为人的底线特征，更在内在善端的扩充中修齐治平、民胞物与，乃至参天地之化育。然而，中国近代以来被动的现代化变革使科举制度成为明日黄花，国进民退的如火如荼亦使国民相忘之治理体制寿终正寝。趋于社会中心地位的"士"迅速走向了社会的"边缘"，乡村耕读生活的终结与士大夫-士绅阶层的解体使"绅"与"士"出现了分离，"绅权"从此失去了文化权威之内核，取而代之的是金钱的引诱与武力的胁迫，耻感伦理越来越丧失了现实运作的社会土壤。尽管这一过程无可避免，却由此引发了中国现代化进程中鲜廉寡耻的底线陷落，以及价值虚无主义所表征的各种无耻行径，这些都可视为传统耻感伦理断裂后的当然后果。

一、善端的扩充：传统耻感伦理的核心内涵

在中国传统社会的文化语境中，耻感之所以成为一种伦理，乃是由于个体内在于以血缘家族为基础的人伦关系网络之中，担负着各种固定的社会角色。"君君，臣臣，父父，子子"（《论语·颜渊》）所对应的德性和义务是"宽""忠""慈""孝"，个体未能具有相应的德性和履行自身的义务之时，便会因伦理共同体的唾弃在内心产生"耻辱"的否定性的心理机制和道德情感。《说文解字》有云："耻，辱也，从心，耳声。"《六书总要》亦云："耻，从心，耳会意，取闻过自愧之意。凡人心惭则耳热面赤是其验也。"然而，耻感伦理作为中华民族源远流长的文化传统，则肇始于中国文化的轴心时代，"天"与"人"实现了双重的理性化，"天"成为生命的精神价值之源，"人"的道德精神亦在逐渐觉醒。由此，外在的"天"与"命"奠基于内在的"心"与"性"，垄断的"礼"与"德"释放为个体的"仁"与"德"，耻感伦理的根基和内涵无须外求，以"仁心"的苏醒和"善端"的扩充便可实现"成人"和"至善"，从而恪守礼法、安伦尽分、修齐治平、参天化育，成就君子人格。从这个意义上讲，耻感伦理既是特殊个体向伦理实体或公共本质回归之"成人"的底线伦理，亦是凡俗自我向理想人格或终极价值超越之"至善"的德性伦理。正如樊浩所言："耻感的道德本性是作为'主观意志的法'的道德自由，因而它的更深刻的本质不是他律而是自律，不是制裁而是激励，是推动人们在道德上自强不息、止于至善的精神力量。"①

首先，耻感伦理作为中华民族影响深远的文化传统，从根本上源于中国文化轴心时代道德主义基调的确立与个体道德精神的觉醒，人们以"仁心"的培养和"善端"的扩充，便可完成从人兽之别的"成人"到通达天道的"至善"的跨越。由于我们在前文已对中国文化的

---

① 樊浩：《道德形而上学体系的精神哲学基础》，中国社会科学出版社2006年版，第294页。

"轴心突破"进行了颇为详尽的论述,这里就不再赘述。自周公"制礼作乐"始创了整套礼治秩序,他告诫统治者"王其德之用,祈天永命"(《周书·召诰》),已在一定程度上奠定了中国文化一元论道德主义的基调。然而,"天命"仍为王朝统治之"天命",非个体信念之"天命";"礼"仍为贵族垄断之"礼",非平民践行之"礼";"德"仍为王朝专修之"德",非民众修身之"德";"学"仍为王官独占之"学",非平民"有教无类"之"学",普遍性的个体道德精神无从觉醒,耻感伦理亦无从产生。如前所述,中国文化的轴心突破发生在礼崩乐坏的春秋时代,王官失守的同时也意味着文化垄断的破除。宗法政治的解体使贵族阶层丧失了对"礼"的垄断,周天子的式微使"德"逐渐个体化和内在化,"士"阶层的崛起成为个人道德精神觉醒的决定性因素。这些历史的机缘构成了个体以自身之"仁心"和"善端",通达"天道"之耻感伦理形成的社会基础、政治基础和阶层基础,促使了"礼""德""学"之于庶人的普遍化降落。就耻感伦理形成的社会基础而言,西周之时,贵族阶层的家庭已表现为"父系宗族"的形态,与庶人阶层一道"两者都已进入了个体家庭阶段(不排除有扩展家庭存在)"①。庶人之间不同的血缘家庭也联合成了"农村公社",《国语·齐语》有云:"伍之人,祭祀同福,死丧同恤,祸灾共之,人与人相畴,家与家相畴,世同居,少同游。"家庭伦理适用于个体家庭内部,个体家庭与农村公社成员之间便只能以"互助友爱的伦理"加以规范,"'礼'是居住在都邑的父系宗族团体的原理,故礼不下庶人。而'仁'更是农村公社里出入的原理"②。随着宗法政治的瓦解与大宗族的解体,贵族阶层丧失了垄断"礼"的社会土壤,个体家庭联合与小农经济形态为"仁礼一体"奠定了坚实的社会基础。就耻感伦理形成的政治基础而言,周天子政治权柄的下移,使原本仅与王朝相涉之"天命"也降落到诸侯、卿大夫的头上,王朝之"德"随之发生转移,诸侯、卿大夫相信其执政之"天命"乃"修德"之结果。"这时'德'的涵义已发生

---

① 谢维扬:《周代家庭形态》,黑龙江人民出版社 2005 年版,第 250 页。
② 陈来:《古代宗教与伦理——儒家思想的根源》,第 345 页。

了很大的变化,西周时期与王朝'天命'相联系的集体和外在的'德',逐渐转为个人化、内在化的'德'。"然而'德'的个人化却限于诸侯、执政、卿大夫等,即少数政治上层的人物,仍与周初集体性格的'德'有传承关系。"① 就耻感伦理形成的阶层基础而言,"士"阶层的崛起和扩大,成为"德"之个人化、内在化的决定性因素。《史记·历书》有云:"幽、厉之后,周室微,陪臣执政,史不记时,君不告朔,故畴人子弟分散,或在诸夏,或在夷狄。"② 本属王官的知识人不断流入诸侯的领地;本属贵族的文化人亦因宗族的没落而衰颓;本属平民阶层的庶人也因受到教育而升迁,士庶之间的上下合流导致了"士"阶层的逐渐壮大。旧的礼治秩序已天崩地裂,从封建秩序挣脱而出的"士"阶层的"心灵也获得了空前的大解放。他们已能够超越个人的工作岗位(职事)和生活条件的限制而以整个文化秩序为关怀的对象了"③。"士"阶层不仅将诗书礼乐的"王官之学"传播到民间,促使了普遍性的个体道德精神的觉醒,"臣下百吏至于庶人莫不修己而后敢安正"(《荀子·君道》),更以"道"自任,"士志于道,而耻恶衣恶食者,未足与议也"(《论语·里仁》)。"道"成为"士"阶层抗礼王侯、重建秩序的精神凭借,从而以"道"释"天",开启了人们对宇宙秩序与社会秩序的理性认知,是为"轴心突破"。孔子就以"仁"释"礼",提出"为仁由己,而由人乎哉"(《论语·颜渊》),为礼乐传统寻求了新的精神基础;孟子也主张"仁义礼智,非外铄我也,我固有之也"(《孟子·告子上》),从而以"性"之内在"善端"的道德自律取代了"命"之外在"神意"的道德他律。由此,个体无须巫觋的指引和中介,以"仁心"和"善端"的扩充便可通达"天道",实现从"成人"向"至善"的跨越,耻感伦理正是贯穿其中的自我扬弃的否定性力量。

其次,耻感伦理作为"成人"的底线伦理,它以人伦关系为存在境遇,以伦理实体为修养目标,是在特殊自我与普遍自我的对照性落差中,因呈现出人兽之别的否定性情感体验而发生的道德自律。春秋

---

① 余英时:《论天人之际——中国古代思想起源试探》,第212、221页。
② 《史记》卷二十六《历书》,中华书局1997年版,第321页。
③ 余英时:《士与中国文化》,上海人民出版社2003年版,第89页。

以降，尽管宗法政治遭到了瓦解，社会层面的宗法关系却依然保存，宗法社会的精神气质和文化基因完整地延续下来，一切社会关系都依照家族化的人伦关系来加以规范和调节。在此文化语境中，个体只有在人伦关系中获取自身的普遍性，回归人之为人的社会本质，从而"父子有亲，君臣有义，夫妇有别，长幼有序，朋友有信"，才能"成人"，实现"人之有道也"，若未能扬弃自身的生物性和特殊性，"饱食、暖衣、逸居而无教，则近于禽兽"（《孟子·滕文公上》）。从这个意义上讲，耻感伦理的精神根源和内在动力，就来自个体与伦理实体和社会本质相疏离所引发的痛苦感受和否定性制裁，从而驱使个体找回本真之人格，成为合乎社会期待之"人"。"仁"与"礼"是揭开轴心突破序幕的哲人孔子为宗法社会之人伦关系确立的普遍原则，也是人之为人的根本品质和基本规范。"仁"为"礼"的精神，"樊迟问仁。子曰：'爱人。'"（《论语·颜渊》）；"夫仁者，己欲立而立人，己欲达而达人"（《论语·雍也》）。"礼"为"仁"的载体，"克己复礼为仁"，"非礼勿视，非礼勿听，非礼勿言，非礼勿动"（《论语·颜渊》）。"仁"并非个人在沉思中修养的德性，而是在"礼"的范导之下，于"己""人"间的互动之中形成的血亲人伦之道德情感，故而"能近取譬，可谓仁之方也已"（《论语·雍也》）。由此，"仁"和"礼"成为儒家文化倡导之"善"，耻感伦理便是以否定性的方式实现对"善"的把握，也就是以"不仁"和"无礼"之"恶"为"耻"，从而形成了以"仁"和"礼"为"绝对命令"的自我制裁机制。"仁"既然是自然人伦之情，矫揉造作便违反了"仁"的本质，故而"巧言、令色、足恭，左丘明耻之，丘亦耻之。匿怨而友其人，左丘明耻之，丘亦耻之"（《论语·公冶长》）。"仁"和"礼"既然存在于人伦互动之中，个体不承担相应责任，不忠、不孝、不仁、不义便是"耻"，从而"恭近于礼，远耻辱也"（《论语·学而》）；若承担相应责任，忠、孝、仁、义便是"行己有耻"（《论语·子路》）。孔子将"知耻""远耻"视为"成人"的底线和"德性"的基础，故而"道之以政，齐之以刑，民免而无耻；道之以德，齐之以礼，有耻且格"（《论语·为政》）。如此，耻感伦理便成为人之为人的保障和人之所是的底线，它以内在的道德情感与基本的伦理规范，避免了人性向兽性的堕落。故而，孟子将羞耻之心视为人与禽兽之间的根本区别，"人之所以异于禽兽者，几希。庶民去之，君子存之"（《孟子·离娄下》）；"无恻隐之心，非人也；无羞恶之心，非人也；无辞让之心，非人也；无是非之心，非人也。恻隐之心，仁之端也；羞恶之心，义之端也；辞让之心，礼之端也；是非之心，智之端也。人之有是四端也，犹其有四体也"（《孟子·公孙丑上》）。朱熹《四书集注》释曰："羞，耻己之不善也；恶，憎人之不善也。"由于羞耻之心乃人心之底线，耻存则心存，耻忘则心亡，孟子将其视为道德合理性与现实性的基础，"人不可以无耻，无耻之耻，无耻矣"（《孟子·尽心上》）；"耻之于人大矣，为机变之巧者，无所用耻焉。不耻不若人，何若人有"（《孟子·尽心上》）。

最后，耻感伦理作为"至善"的德性伦理，它以"家—国—天下"为转换路径，以君子人格为修养目标，是在现实自我与理想人格的内省性差距中，因君子小人之别的否定性情感体认与以"道"自任的情怀而发生的自我超越。耻感伦理作为"至善"的德性伦理，决不与作为"成人"的底线伦理相割裂，恰恰相反，正是标识人兽之别的"仁心"与"善端"不断充实和扩张，"凡有四端于我者，皆知扩而充之矣，若火之始然，泉之始达。苟能充之，足以保四海，苟不充之，不足以事父母"（《孟子·公孙丑上》），从而通达"天道"，成就了内蕴仁义、胸怀天下、参天化育、民胞物与的君子人格。是故孟子言之："万物皆备于我矣。反身而诚，乐莫大焉。强恕而行，求仁莫近焉"（《孟子·尽心上》）；"君子所以异于人者，以其存心也。君子以仁存心，以礼存心"（《孟子·离娄下》）。由此，君子人格拥有了自足的价值根据，不仅将"仁"与"礼"的价值品质内具其中，更将"天道"和"王道"的价值意蕴囊括其内。"仁"既是内含人伦之情的道德情感，亦是"天道"证之的理想人格；"礼"既是内蕴社会期待的伦理规范，亦是"王道"证之的理想秩序，似乎只要注重君子人格的修养，伦常和谐之礼法秩序、先王美政之王道理想、天人合德之天道秩序便可证成于当下。如此，"人"先天异于禽兽之"几希"——"善端"，便成为伴随伦常关系之"家—国—天下"的涟漪状共同体转换，是从

"孝弟也者，其为仁之本与"（《论语·学而》），到"博施于民而能济众"（《论语·雍也》），再到"可以与天地参矣"（《中庸》），不断自我充实与自我超越的基石和原点。孟子有云："尽其心者，知其性也。知其性，则知天矣。存其心，养其性，所以事天也。"（《孟子·尽心上》）从"存心"到"事天"，既是一个以小人人格之"耻感"的否定性体验不断逼近君子人格的过程——"君子喻于义，小人喻于利"（《论语·里仁》），"君子求诸己，小人求诸人"（《论语·卫灵公》），"君子中庸，小人反中庸"（《中庸》）；亦是一个自觉担当"天道"之使命，以一己之生命担负天下之命运，确证君子人格的过程——"天将以夫子为木铎"（《论语·八佾》），"居天下之广居，立天下之正位，行天下之大道"（《孟子·滕文公下》）。凡不本于"仁"、不合于"礼"、不行于"道"，就会在现实自我与理想人格之间产生巨大的内省性落差，形成强烈的耻感，"故君子耻不修，不耻见污；耻不信，不耻不见信；耻不能，不耻不见用；是以不诱于誉，不恐于诽，率道而行，端然正己，不为物倾侧，夫是之谓诚君子"（《荀子·非十二子》）；故"立乎人之本朝，而道不行，耻也"（《孟子·万章下》）。本该"邦有道，则仕；邦无道，则可卷而怀之"（《论语·卫灵公》），故"宪问耻。子曰：'邦有道，谷；邦无道，谷，耻也'"（《论语·宪问》）；"邦有道，贫且贱焉，耻也；邦无道，富且贵焉，耻也"（《论语·泰伯》）。耻感伦理成为一种强大的推动力量，它激励士人自强不息，不断向君子人格的理想境界迈进，从而心体透亮、内具万德、意志广大、坚韧不拔，"君子无终食之间违仁，造次必于是，颠沛必于是"（《论语·里仁》）；"志士仁人，无求生以害仁，有杀身以成仁"（《论语·卫灵公》）；"天下有道，以道殉身；天下无道，以身殉道"（《孟子·尽心上》）。

二、修身与做人：传统耻感伦理的运作机制

耻感伦理就其心理机制和表现形态而言，是因特殊自我与普遍自我、现实自我与理想人格之间的对照性落差，而产生的无颜以对、无地自容的道德情感。然而，作为一种源远流长的文化传统，耻感伦理

却是内在于一体化社会结构之中运作和发生效应的。具言之,小国家大民间的乡村自治格局是其现实运作的社会土壤,科举制度所造就的士大夫-士绅阶层是其发生效应的中坚力量。大一统王权的建立,使先秦以国家直达基层的治理方式已然失效,不能适应新的广大的统治空间。王权-官僚系统以科举考试的选拔制度形成了"四民社会"之首的士大夫-士绅阶层,使之在国家政治权力的分有之中,集经济权力、社会权力和文化权力于一身,成为乡村社会名副其实的统治阶层。他们不仅是乡村社会理所当然的文化权威,在小国家大民间的乡村自治体制中坚挺着儒家文化的统治地位,范导着人们在家族共同体、宗族共同体与乡村共同体之中践行各种社会角色和道德规范;更在乡村社会中垂范着士人的耕读生活,从而形成了一种耕读应试、离乡做官、落叶归根的乡村文化循环,在很大程度上捍卫着乡村社会的儒家文化根基,成为承载耻感伦理的中坚力量和社会基础。与此同时,耻感伦理的现实运作机制,不仅在于士大夫以"修身"通达"天道",坚守君子人格的信念;亦在于人们以"脸面""报恩"的互动获得社会的认可,坚定良善"做人"的信心,从而规约自身、超越自我,既以此获得人之为人的根本特质,也意图在"善端"的充实之中修齐治平,乃至于民胞物与、参天化育。

首先,小国家大民间的乡村自治格局与科举考试造就的士大夫-士绅阶层是耻感伦理现实运作的社会基础。中国传统社会从治理格局上讲,是一个以礼法之道为思想依据,以族田公产为经济基础,以士绅阶层为社会主导的小国家大民间的自治格局,至少在理想的层面上主张国家不积极作为,以形成"国民两忘"的治理模式。《论语·颜渊》有云:"百姓足,君孰与不足?百姓不足,君孰与足",便是这种模式较早的理论表达。"除了诉讼和纳税以外,政府和人民几乎不生关系;这种极放任不和政府生关系的人民,自己却有种种类乎自治团体的联合:乡村有宗祠,有神社,有团练;都会有会馆,有各种善堂(育婴、养老、施诊、施药、积谷、救火之类),有义学,有各种工商业的公所"[①],从

---

① 陈独秀:《实行民治的基础》,《陈独秀文集》第1卷,人民出版社2013年版,第496页。

而产生了"天高皇帝远"的观念。这种治理模式是在秦、汉之大一统王权建立以后才逐渐形成的,因为先秦国家直达基层的治理方式已不能适应广大的统治空间,不得不探索新的治理体制。与此同时,科举制度所造就的士大夫-士绅阶层为小国家大民间的乡村自治体制,提供了坚实的社会基础和中坚力量,进而以绅权和族权作为王权-官僚体系的延伸,统治着传统中国的乡村社会。"士"阶层的崛起始于"礼崩乐坏""王官失守"的春秋战国时代,士庶之间的上下合流导致"士"阶层的日益壮大,从封建秩序中最底层的贵族转变为最高层的庶民,居于"士农工商""四民社会"之首。《春秋谷梁传·成公元年》有云:"上古者有四民:有士民、有商民、有农民、有工民。"然而,从封建等级游离而出的"士"并无定主,只是处于"游士"的状态,尽管孟子有云:"士之仕也,犹农夫之耕也"(《孟子·滕文公下》),实际上"士"既无固定的职位,亦无固定的产业,故而"无恒产而有恒心者,唯士为能"(《孟子·梁惠王上》)。秦、汉大一统王权的建立,不仅将举孝廉的对象改为"士",更使"士"得以博士制度入仕官僚系统,博士弟子须经考试,得甲科者方可为郎,郎、吏由"士"以考试出仕的制度便常态化了,成为科举制度的滥觞。由此,无根的"游士"与宗族和田产紧密结合,在乡村社会落地生根,从而士族化和地主化了,"游士"阶层转变为拥有深厚社会经济基础的"大夫"阶层。汉代到清朝的两千多年间,科举制度成为"士"进入权力结构的重要通道和制度保障,"士"进则为"大夫",退则为"绅",使士大夫-士绅阶层始终占据着政治、经济、文化的中心地位。"科举制在中国社会结构中实起着重要的联系和中介作用,它上及官方之政教,下系士人之耕读,使整个社会处于一种循环的流动之中","是一项集文化、教育、政治、社会等多方面功能的基本建制"[①]。"士"为"四民之首",由于分有了国家的政治权力,便可集政治、经济、文化权力于一身,对于"三民"具有楷模和裁判的重要意义,"三民"只能追随,且是否得当,皆由"士"来评判。因此,"士"具有相当的权威性,受到民众的认可和敬

---

① 罗志田:《权势转移——近代中国的思想与社会》,第54、53页。

畏，若确实道德高尚则可在乡村社会号令一方。这种文化的权威性亦能在士人乡村耕读、入城为官、告老还乡的循环中，不断加以更新和维系，从而实现"儒者在本朝则美政，在下位则美俗"（《荀子·儒效》）。至于士绅阶层在乡村社会的具体作为，我们在前文已有详尽的论述，在此就不再赘述。

其次，士大夫以博学、内省、养气、慎独等"修身"方式养成君子人格，是耻感伦理现实运作的重要机制。这不仅由于士大夫的道德垂范，也在于"道"缺乏坚实的组织形式，只能以"修身"作为其内在之保证。《大学》有云："自天子以至于庶人，壹是皆以修身为本"，"修身"事关"道"之实现，乃人人分内之事，然士大夫以"道"自任，亦有垂范教化之责，便理所当然成为更为重要的修身主体。明代士人陈龙正曾言："上士贞其身，移风易俗；中士自固焉尔矣；下士每遇风俗，则身为之移。"[①] 这确乎是士大夫之志向，得君行道，移风易俗，以天下为己任，或传道君王、或教化民间、或强化宗族、或制订乡约，以自身之表率帝师君王，垂范"三民"。因此，"修身"是士大夫纯化文化权威的当然之举，"修己以敬"，"修己以安人"，"修己以安百姓"（《论语·宪问》），意在以"修身"建立合理的社会政治秩序。这也是因为，"他们虽自任以'道'，但这个'道'却是无形的，除了他们个人的人格之外，'道'是没有其他保证的"，"从发生的历程说，这种内求诸己的路向正是由于中国知识分子的外在凭藉太薄弱才逼出来的"[②]。在"势"的重压之下，士大夫只能以"修身"作为"道"的保证，意欲"修其身而天下平"（《孟子·尽心下》）。在理想人格的对照之下，士大夫之"修身"必定以"耻感"作为否定性动力，尤在其未能怀璧于德、行道于世之时。故荀子言之："君子耻不修，不耻见污；耻不信，不耻不见信；耻不能，不耻不见用"（《荀子·非十二子》）；孟子言之："立乎人之本朝，而道不行，耻也"（《孟子·万章下》）；顾炎武言之："人之不廉，而至于悖礼犯义，其原皆生于无耻

---

① 黄宗羲：《明儒学案》卷六十一，中华书局1985年版，第1503页。
② 余英时：《士与中国文化》，第109—110页。

也。故士大夫之无耻,是谓国耻"(《日知录》卷十三之《廉耻》)。"修身"之方法众多,如"博学",它以笃学躬行的方式完善个体人格,"博学于文,约之以礼"(《论语·阳货》),成为增进道德认知的基础方法。又如"内省",它以"克己复礼""反身而诚"的方式,自我省察、自我解剖,"能见其过而内自讼"(《论语·公冶长》),成为锤炼坚守价值原则、遵循礼仪规范之道德意志的根本方法。"吾日三省吾身,为人谋而不忠乎?与朋友交而不信乎?传不习乎?"(《论语·学而》)"见贤思齐焉,见不贤而内自省也。"(《论语·里仁》)再如"养气"和"慎独",亦是士人锤炼道德意志、养成君子人格的重要方法。"夫志,气之帅也;气,体之充也","我善养吾浩然之气","其为气也,至大至刚,以直养而无害,则塞于天地之间。其为气也,配义与道;无是,馁也。是集义所生者,非义袭而取之也"(《孟子·公孙丑上》)。士人以"集义"来"养气",使得感性的道德行动凝聚为坚定的理性行为,从而坚守"仁义"与"道"的内在信念。"慎独"则是对道德信念"不欺暗室,无愧屋漏"的高度自觉,"君子戒慎乎其所不睹,恐惧乎其所不闻。莫见乎隐,莫显乎微。故君子慎其独也"(《中庸》)。"修身"以博学躬行积累道德认知,以内省慎独凝聚道德意志,"耻"之道德情感始终贯穿其中,成为"内自讼"的否定性力量,从而"如耻之,莫如为仁"(《孟子·公孙丑上》)。从理想的状态上讲,士大夫经过严格的"修身",便可在"仁"与"道"的自我内化中"从心所欲,不逾矩"(《论语·为政》),亦可在"天道"的通达中实现"仁者,以天地万物为一体"(《河南程氏遗书》卷二上)。

最后,传统社会亦以"做人",即"脸面"和"报恩"作为耻感伦理更为贴地而行的运作机制。诚如梁漱溟所言:"所谓伦理者无他义,就是要人认清楚人生相关系之理,而于彼此相关系中,互以对方为重而已","这就是:不把重点固定放在任何一方,而从乎其关系,彼此相交换;其重点实在放在关系上了。伦理本位者,关系本位也"[1]。这种伦理本位的社会结构,将个人置于各种人伦网络和人情磁场之中,

---

[1] 梁漱溟:《中国文化要义》,上海人民出版社2003年版,第105、109页。

第二章　中国伦理传统的知性断裂及其社会危害

以交互性的人情辐射,向外延伸和扩充,从"家"到"自家人",直至"天下一家"。个人只能以自身之"做人"维系各种人情关系,担负各种群体义务,如此方能为各种社会共同体所认可,形成以人情为支撑,延伸而成的和谐秩序,从而父慈子孝、夫和妻柔、兄友弟恭、君宽臣忠。故《礼记·礼运》有云:"故人情者,圣王之田也,修礼以耕之,陈义以种之,讲学以耨之,本仁以聚之,播乐以安之。"因此,传统社会所推重之"仁"实为内在之"人情",它假定人性好恶大致相同,以"立己立人""达己达人""己所不欲勿施于人"的忠恕之道,实现"人—我"关系的融洽与和谐。传统社会所推重之"礼"实为外在之"人情",它以弹性的交互性方式范导着忠恕之道的行为标准和交换关系,《礼记·曲礼上》有云:"太上贵德,其次务施报。礼尚往来,往而不来,非礼也;来而不往,亦非礼也。"由此,以人情为内核的忠恕之道,或者反过来讲,人情即是忠恕之道的通俗表达,这种交换关系和行为标准作为一种社会常识,就存在于人们日常生活的经验和礼俗之中,以"做人"的互动方式呈现出来,具体而言,就是以"脸面"和"报恩"应对各种交互性的人情关系。林语堂曾言:"面情、命运和恩典","此三姊妹永远统治着中国,至今犹然"①。中国文化伦理本位的群体指向,使"脸面"成为人情关系互动的约束性基础,它是耻感伦理现实运作的重要机制。"'面'是'耻'的伦理根源或'耻'的伦理现象形态;'脸'是'耻'的道德根源或'耻'的道德现象形态。"②"做人"即是要顾及自我之"脸面",尊重他人之"脸面",不顾自我之"脸面"是为"无耻",无视他人之"脸面"是为"无礼"。"脸面"虽"两位一体",却存在不尽相同的指称,"脸"为"面"之根本,乃是人们守礼赢得的名誉,它是人之为人最起码的基础和条件,亦即"做人"的底线。"不要脸"是中国社会对人最具毁灭性的咒骂和制裁,它以"丢脸"的"耻感"否定性促使个人必须遵从社会道德规范的规约。"面"则是人们由于安伦尽分所获得的德行和成就,如功名、"权

---

① 林语堂:《吾国与吾民》,华龄出版社1995年版,第197页。
② 樊浩:《道德形而上学体系的精神哲学基础》,第304页。

力"、品德等，进而受到社会的实质性认可所带来的声望，当失去与声望相对应的地位之时，便会因"没面子"而产生深深的"耻感"。"脸面"既是一种外在权威与社会舆论之他律，如礼仪规范、良风善俗，又是一种内在道德与自我要求之自律，如诚意良知、君子人格，它为耻感伦理提供了贴地而行的运作机制。此外，"报恩"亦可视为"脸面"的重要延伸，它更为直接地体现了人情关系的交互性，从中便可直观到"仁"与"礼"的规范性：报父母之恩是为"孝"，报兄弟之恩是为"悌"，报师友之恩是为"义"，报君王之恩是为"忠"，报天地之恩则为"仁"之最高境界。知恩不报被视为不忠不孝、不仁不义，自然无颜以对。这样，"脸面"和"报恩"就成为承载耻感伦理，实现"成人"与"至善"更为切实的社会推动力。

三、底线的陷落：传统耻感伦理丧失的必然路径

如前所述，作为中国文化传统的耻感伦理，产生并运作于传统一体化社会结构之中，以小国家大民间的乡村自治格局作为其形成的社会土壤，从而以乡间礼俗、民意舆论为外在他律的制裁性力量，唤醒人们内心自律之"耻感"；以科举制度所造就的士大夫-士绅阶层作为其存在的文化权威，进而以士绅教化、民众追随的方式净化乡村风俗；以士大夫之"修身"与人们的"做人"作为其运行的现实机制，从而在"道"的信念中反观自身的言行，在"脸面"和"报恩"中实现人情关系的互动和规约。然而，传统一体化社会结构具有一种封闭的超稳定性，不仅难以从自身内部形成异质的否定性因素，产生现代化的内在动力，亦难以形成真正强大的中央政权，以应对西方列强的入侵，因之无法避免中国文化最高价值之"天道"的陨落，从而使耻感伦理丧失终极的价值参照。与此同时，士大夫以"修身"坚定以"道"自任之信念，唤醒未能怀德以行道的"耻感"，只是"道"既然无外在之凭借，相对于"势"便处于较为微弱的地位，仅以士大夫之"修身"作为其内在之保证，一旦"势"过于强大，就只能"以身殉道"。这样，本来是唤醒士大夫内心"耻感"的"道"，便极易造就"无耻"的

伪君子，走向异化之反面。"脸面"与"报恩"原本是在人情关系中形成"来而不往，非礼也"的互动和规约，由于民意舆论、乡村礼俗的外在性，也极易变异为一种形式化、强制性的东西。中国近代以来被动的现代化变革，使科举制度连同其造就的士大夫-士绅阶层，一道退出了历史舞台，"绅权"从此失去了文化权威的内涵，沦为武力与金钱的"强权"，致使耻感伦理丧失了承载的中坚力量；而国进民退的日益推进，则破坏了小国家大民间的乡村自治格局，又使耻感伦理丧失了运作的社会土壤。尽管这一过程具有内在无可避免的必然性，却引发了晚清民国时代中国社会鲜廉寡耻之底线陷落的社会价值状况。

首先，传统耻感伦理失落的必然性从根本上讲，在于一体化社会结构的封闭性与超稳定性，使之无法从内部产生否定性因素的积累，形成现代化的内在动力，因而无法应对西方现代性的蛮横，无法避免中国文化最高价值之"天道"的陨落，使耻感伦理丧失终极的价值参照。前文对此已有详尽的论述，我们在这里不再赘述，只是力图阐释士大夫以"修身"坚定"道"的信念，意在唤醒未能怀德行道之"耻感"，但"道"相对"势"的微弱地位，又使这一过程极易发生蜕变，造就"无耻"的伪君子。儒家伦理将古代先王之"道"，亦即"王道"，视为与天地秩序同构，乃先王在历史之中早已实现的礼治秩序与正义法则，为士君子"修身"之道德基础。实践王道理想是士君子的历史使命，所谓"修身"便是锤炼君子人格，坚定对"王道"的信念，以纠正现实的"势"之于"道"的背离。"士"乃"道"之主体，秉承王道，"天下有道，丘不与易也"（《论语·微子》）；弘扬王道，"从道不从君"（《荀子·臣道》）；捍卫王道，"天下无道，以身殉道"（《孟子·尽心上》）。然而，"道"只是一种意识形态的合法性，一种无形的观念和法则，并没有相应的制度形式和组织基础，"中国的'道'自始没有组织的形式，因此'道'的庄严性只有透过个别知识分子的自重自尊始能显现出来"[①]。《孔丛子·居卫》有云："不自高，人将下吾；不自贵，人将贱吾"，除了君子人格，"道"似乎并没有其他保证，只能

---

① 余英时：《士与中国文化》，第108页。

依靠"士"阶层的担当和坚守。只是"士"既非自由的经济主体,亦非独立的政治主体,还要依赖君主之"势",得君行"道",因而不仅"道"的独立性无法保证,"士"的君子人格亦难坚守。孟子曾言:"以位,则子君也,我臣也,何敢与君友也?以德,则子事我者也,奚可以与我友"(《孟子·万章下》);吕坤亦言:"势者,帝王之权也;理者,圣人之权也。帝王无圣人之理则其权有时而屈"(《呻吟语》卷一之《谈道》)。中国的士人总是希望以"道尊于势"的观念驯服"势"本身,这在春秋战国诸侯争霸之时,各国君主需要以礼乐传统之"道"增强权力的合法性,亦希望以思想领袖的号召力强化自身的权威,或许会出现费惠公所言之:"吾于子思,则师之矣;吾于颜般,则友之矣;王顺、长息,则事我者也"(《孟子·万章下》),但是大一统王权的建立使"道"依附于"势",成为无法改变的现实,"为帝王师"便沦为中国士人天真的幻想。"士"不入仕成为"士大夫",则既无经济之恒产,从而穷困潦倒、衣食无着,"故诟莫大于卑贱,而悲莫甚于穷困。久处卑贱之位,困苦之地,非世而恶利,自托于无为,此非士之情也"[1];亦非政治之主体,无法得君行道、兼济天下,"弘道"只能依托于"忠君","取天地与人之中以为贯而参通之,非王者孰能当是"(《春秋繁露·王道通三》),"是故道非权不立,非势不行,是道尊然后行"(《说苑·指武》)。由此可见,"道"与"士"都具有"势"的依附性,缺乏自身应有的独立性,所谓得君行"道",或者是"务引其君以当道,志于仁而已"(《孟子·告子下》);或者是"天下有道则见,无道则隐"(《论语·泰伯》)。于是,锤炼君子人格之"修身",极易蜕变为矫揉造作、趋炎附势的"虚伪",进而异化为沽名钓誉、进身入仕的手段,"士处卑隐,欲上达必先反诸己。上达有道,名誉不起而不能上达矣"(《淮南子·主术训》)。就这样,本是耻感伦理现实运作之重要机制的"修身",反而造就了许多"无耻"的伪君子。

其次,传统耻感伦理是在熟人社会的互动结构中彰显的,不仅易于形成在"特殊社群"与"私域"中的"耻感",向"非我族类"与

---

[1]《史记》卷八十七《李斯列传》,中华书局 1997 年版,第 643 页。

"公域"中的"无耻"蜕变,也易于产生"做人"的表面化、"脸面"的形式化与"报恩"的等级化,也就是发生走向其反面的变异。传统耻感伦理赖以存在和运作的社会结构,乃是人情化、特殊化的关系结构,其中最亲密、最基础的关系是血缘家庭,凭借着交互性的人情磁场向外辐射和延伸,从家庭到家族,再到攀上人情纳入的"自家人",以至于"四海皆兄弟"。这种以人情关系或私人关系为基础的社会结构,具有浓厚的家族主义与特殊主义色彩,社会道德与伦理规范以此为基础,但凡"自家人"必须予以帮助,越是亲密的"自家人"越有帮助的义务。因此,在熟人社会抑或"特殊社群"中"做人",实际上是依照亲疏有等、内外有别的方式进行的。尽管"以天下为己任"之"士"尚能修齐治平、层层超越,直至兼济天下、民胞物与之境界,但对多数人而言,"仁"变为"自家人"之"仁","礼"变为"自家人"之"礼","德"变为"自家人"之"德","不仁""无礼""无德"本是"做人"之"耻",却在面对"非我族类"的"圈外人"之时变得"不以为耻"。恰如孙隆基所言:"中国人的个体不被一个母胎包含的话,就会变成'无主孤魂',因为每一个单位都是对外封闭的,而中国人在越出了'自己人'的圈子就毋需'做人',因此,非但不会互相照顾,而且还会态度粗暴","因为,中国人既然在人情不到之处就毋需'做人',基本上就缺乏'人类'观念而倾向于把'非我族类'都当作'鬼'。"[1] 由此,特殊化的"人情"使传统社会的"德"沦为"私域"之"德",即"私德","自家扫取门前雪,莫管他人瓦上霜",亦使"公域"之"德",即"公德"无从生长,譬如集团势力的党同伐异和任人唯亲、国家官员舍王法而就人情的角色紧张,共同表征着"特殊社群"的"耻感",向"非我族类"的"无耻"蜕变。与此同时,"特殊社群"内部个体的"做人"和"脸面"也呈现为一种表面化、形式化的特征,因为共同体的人情规则并不是一种普遍的抽象原则,而是大家皆在为或皆不为的"公认"的是非尺度,是一种约定俗成的礼俗原则。这就意味着,熟人社会的耻感伦理,是在"看—被看""说—被说"的

---

[1] 孙隆基:《中国文化的深层结构》,广西师范大学出版社2004年版,第134、170页。

"人—我"互动结构中加以呈现的,尽管也存在着将长幼尊卑之人际和谐内化于心的人格自律,但对多数民众而言,"被人看轻"的社会压力与"人言可畏"的舆论制裁,即礼俗之他律,是"做人"和"脸面"更为重要的现实力量。这使"做人"的个体难以拥有自身的独立人格,不是在多数人的压制中"从众",就是蜕变为脱离内在信念的"乡愿人格"。由于"特殊社群"抑或熟人社会之"耻感",乃是人情化了的"耻感",即他人如何"看"我、如何"说"我,是否为社群和他人所接受,成为衡量思想真伪、行为是非的标准,自在的认知价值反而遭到遮蔽。熟人社会的"脸面"和"做人",便易于蜕变为在他人"面"前去"做"人,按照贵贱等级、尊卑身份、长幼辈分,"做"符合社会常轨,他人认可之人。逢人说人话、见鬼说鬼话的世故伎俩,脱离内心信念、专事曲意逢迎的乡愿人格,就在多数人的"暴政"中形成了,"做人"异化为一种表面化的东西,"脸面"变异为一种形式化的表现。此外,"报恩"也蜕变为"贵"对"贱"、"尊"对"卑"、"君"对"臣"、"官"对"民"之"恩典"的报答,导致民众对"公义"缺乏认知,亦遮蔽了"情感"之真义,从而滋生服从和诏媚的权威主义人格。于是,传统耻感伦理由于存在和运作的现实土壤,乃是以人情关系或私人关系为基础的熟人社会,极易从"耻感"的激励走向"无耻"的反面。

最后,我们在前文昭示了支撑耻感伦理社会基础的内在悖论,使之极易从"耻感"走向"无耻"的反面。耻感伦理失落的内在必然性则在于,科举制度的废除使士大夫-士绅阶层退出了历史舞台,使之丧失了承载的中坚力量;国进民退的日益推进,破坏了小国家大民间的乡村自治格局,使之丧失了运作的社会土壤。如前所述,"士"乃"四民"之首,不仅承载着儒家文化的信念,也成为价值范导和道德裁判的主导力量,乡村社会形成了对于读书人敬仰,乃至敬畏的习俗,士绅不仅是祭礼上的祭司,排解乡民纷争的仲裁者,亦是重大事件的主心骨。士绅阶层文化权威的确立,从根本上并非来自经济实力,而是科举制度以国家权力的牵引力赋予读书人以神圣的光环,通过科考的渠道便可"朝为田舍汉,暮登天子堂",因而强化了乡民之于读书人和

第二章　中国伦理传统的知性断裂及其社会危害

儒家经典的神圣感。士绅阶层就是儒家精英文化与乡村朴素道义相结合的象征，亦是承载传统耻感伦理的中坚力量。他们不仅以道德规范的公开垂范确证自身文化权威的合法性，更以义田制或学田制建立宗族学堂和乡村书塾，进而传播儒家文化，服务民间教育，相当程度上维系着乡村文化生态的平衡与文化传统的延续。科举制度造就了一个集政治选拔、文化传递和人才教育于一体的巨大网络，"网纲"就掌握在国家手中，各个层面的士绅都是其中的"节点"，从而维系着中国社会的政治向心力和文化凝聚力。晚清之时，科举制度早已僵化，未能培养出各类国家亟需之人才，废除亦是大势之所趋。然而，晚清政府在尚未"立新"之时就已"破旧"，"从长远来看，使国家丧失了维系儒家意识形态和儒家价值体系的正统地位的根本手段。这就导致中国历史上传统文化资源与新时代的价值之间的最重大的一次文化断裂"①。它的直接后果就是乡村文化生态的恶化与社会道德整合的丧失。取代科举考试的新式学堂，由于经费、师资等问题短期难以解决，"以是一县之中延至一二年，不能有一完全学堂，以资教育"，"苟不亟求变通，院堂两无，中西并失"②。更为重要的是，新式学堂以城市为依托，乡村读书人纷纷为城市所吸纳，由于"士"与"绅"的分离，又使乡村社会严重缺乏文化传承与再生之机制，不仅读书识字之人锐减，土豪、地痞、高利贷者乘势而起，亦使乡绅日益劣质化，道义约束日减，晚清民国之乡村文化生态日渐沉沦和退化。"各村董事人等，无论绅学农商，莫不藉执村事从中渔利，且往往霸公产为己产，肥己身家。村人多陋劣，敢怒不敢言"；"民国之绅士多系钻营奔竞之绅士，非是劣矜、土棍，即为败商、村蠹。而够绅士之资格者，各县皆寥寥无几"③。与此同时，由于巨额赔款偿还、晚清新政花费与国家权威重塑等迫切的现实需求，使晚清民国的国进民退，亦即国家政权的下移，也在如火如荼地进行着，从而破坏了传统小国家大民间的乡村自治格局，致使耻感伦理丧失了运作的社会土壤。更何况，国家行政机构在未有效改

---

① 萧功秦：《与政治浪漫主义告别》，湖北教育出版社 2001 年版，第 292 页。
② 《清末筹备立宪档案史料》下册，中华书局 1979 年版，第 981—982 页。
③ 刘大鹏：《退想斋日记》，第 181、336 页。

善的情况之下贸然延伸，使本来就已恶化的吏制更加严重，这种延伸又是借助于日益劣质化的乡绅之手，将其吸纳于"自治机构"来推进的。中国社会从此陷入了既无法制之规约，亦无道德之约束的脱序境地，"传统村庄领袖不断地被营利型经纪所代替，村民们称其为'土豪''无赖''恶霸'。这批人无所不在，影响极坏"，"进入民国以后，随着国家政权的内卷化，土豪乘机窃取各种公职，成为乡村政权的主流"[1]。晚清民国的中国社会因而表现出劣质化和暴力化的种种特征，整个社会弥漫着唯"力"是从的暴虐之气与鲜廉寡耻的底线陷落。

20世纪上半叶的中国社会呈现出传统耻感伦理失落后的种种乱象，社会的脱序致使"人民无事可为，于是乎多游民。人民生计断绝，于是乎多饥民。饥民流为盗贼，盗贼编为军人，军人兼为盗贼。游民流为地棍，地棍选为议员，议员兼为地棍"。于是乎，军阀政客当权于世，地痞土棍恣意横行，道德之士多为遁隐，普通百姓无心国事，"民国之事，败于营棍子老卒者半，败于土棍地痞者亦半。土棍地痞，不配言自治自决，犹之营棍子老卒，不配言国权威信"[2]。由于旧秩序的破除和瓦解并不意味着新秩序的自然生长和构建，便只能以鲜廉寡耻的底线陷落，表征传统伦理秩序知性断裂后的社会危机，乃至社会解体。这也意味着，中国现代化进程中的价值虚无主义所表征的各种无耻行径，是传统耻感伦理断裂后所必然发生的行为和恶果。

第三节　信念伦理约束力的削弱：犬儒主义之生存抉择

信念伦理指称世界大同之理想与民族主义精神信念，它确信终极历史中存在着终极的目的和真理理念，从而以时间性的"目的"奔赴，取代业已失落之空间性的"天道"，成为政治权威、社会规范、生命意义之新的合法性来源。20世纪初期以来的中国社会遭遇了全面的总体

---

[1] ［美］杜赞奇：《文化、权力与国家》，王福明译，江苏人民出版社2010年版，第211页。
[2] 杨绛整理：《杨荫杭集》，中华书局2014年版，第742、356页。

性危机，政治的解体与社会的失序，使儒家伦理丧失了统合民间、规约社会的现实力量。中国社会迫切地需要一种强大的国家能力，以富有感召力的新型伦理，完成社会政治秩序的重建，整合有限的物质资源，推进工业化的进程，实现富国强兵的民族主义目标。信念伦理以基层政治组织为中介，经由社会化的落实而形成精神信念与社会伦理。它以道德理想主义与科学主义相结合形成了精神信念的终极关怀；以民族主义与新型正义相结合形成了政治权威的合法性基础；以平等主义与集体主义相结合形成了社会规范的正当性依据，也由此形成了全民共享的伦理整体性的价值系统，使个体的生命意义能够从中获得充盈。然而，这种自上而下的价值贯注，由于缺乏社会的自主构建与个体的良知参与，也由于一体化社会结构本身存在着"秩序"与"动力"的悖论，一旦遭遇多元经济发展引发的社会分化，必将陷入新一体化社会结构的整合困境，从而导致信念伦理逐渐淡化，致使中国社会的一些人群陷入犬儒主义的生存抉择。

一、崇高的目的：传统信念伦理的核心内涵

信念伦理从一开始就不仅仅是一种政党组织与政治行为的伟大纲领，它确信人类历史中存在着终极的目的和必然的真理，以革命的行动便可解决现实的社会危机，建立完满的社会形态，从而不仅赋予政党意识形态以终极的合法性，还赋予社会伦理以神圣的正当性，更赋予社会个体以充盈的生命意义，是一种伦理整体性的观念价值系统。这种整体性的信念伦理具有极强的社会动员力量，它产生于旧一体化社会结构的瓦解所引发的政治解体与社会失序的总体性危机之中。"当时，国家在军阀混战中解体，社会中各个领域的传统制度在崩溃，日常生活中涌现出不少问题不能以传统的思想和常规的方法去解决。在国家生死存亡的时候，有些仁人志士认为只有社会革命才能从根本上克服整个国家、整个社会和各个领域中的危机。他们看到只有先建立一个强有力的政治机构或政党，然后用它的政治力量、组织方法，深入和控制每一个阶层和每一个领域，才能改造或重建社会国家和各领

域中的组织制度，才能解决新问题，克服全面危机。"① 信念伦理之实质就是重建全国一盘棋的社会政治结构，以推进工业化进程，实现国富民强之民族主义目标的革命意识形态与世界观体系。它以巨大的社会感召力，鼓舞了无数的热血青年、志士仁人投身于革命建设的洪流，为崇高的目的和壮丽的事业而无私奉献。

首先，信念伦理以道德理想主义与科学主义相结合，形成了支撑中华民族精神信仰的新的终极价值。信念伦理的至善社会允诺，赋予人类历史以普遍性的宏大叙事，它深层地包含着一种崇高的价值理想：世界大同，它使一切与之关联的政治权威、社会伦理与生命意义，都拥有了充分的道义支持与至善的价值源泉，进而取代传统空间性的"天道"，以时间性的"目的"奔赴，成为整个民族新的神圣性终极价值。信念伦理在深层意义上具有与传统儒家伦理一脉相承的道德理想主义特质，但其表现形态是具有客观必然性的科学主义。它扬弃了迷信、习俗、宗教等前现代知识形态，以近乎自然科学的规律性论证，雄辩地证明历史从总体上就是合目的性与合规律性的统一。人们只要自觉地遵从历史的规律，就能奔赴终极的目的，不断获得进步和发展，从而颠覆一切奴役人、压迫人、蔑视人的社会制度，解决一切不自由、不平等、不正义的社会问题，引导人类通往自由解放的理想社会，走向幸福至善的康庄大道。由此，信念伦理的宏大叙事具有了极大的总体性，不仅表达了一种完满的普遍性的价值理想，成为一切美好价值的终极源泉与元叙事基础；它同样具有鲜明的两极性，进步与落后、正义与邪恶的知性对立，确立了前者必然战胜后者的信念；它更具有确定的目的性，历史必定如此的发展轨迹，使人们确信社会的归宿与人生的皈依，只有顺应这种轨迹和潮流，才能驶向历史完美的终点。在一个贫穷落后、饱受欺凌的国家与尚未分化的同质化性社会中，信念伦理对独立自主之民族国家的缔造、工业化之民族主义蓝图的推进，所起到的巨大感召力是毋庸置疑的，道德理想主义与科学主义的互为表里，使其拥有强大的社会动员力量，从而将科学主义的指引化为道

---

① 邹谠：《二十世纪中国政治》，牛津大学出版社1994年版，第69—70页。

德理想主义的社会信念和集体行动。政治权威唯其与此科学真理和终极目的相通，才拥有终极的合法性；社会伦理唯其与此神圣庄严的价值理想相连，才具有至善的正当性；个体生命唯其为此伟大壮丽的人类事业献身，才拥有意义的充盈性。

其次，信念伦理以民族主义与人民正义论相结合，形成了政治权威之理念体系的合法性基础。信念伦理之所以拥有强大的道义力量与巨大的社会感召力，根源于其民族主义之目标推进与人民群众之生存关怀的内在结合，使之并不外于中国社会内忧外患的现实问题。也就是说，信念伦理不仅将民族主义与人民正义论纳入其中，更使其成为世界大同之崇高目的的核心内涵与重要环节。由此，信念伦理便在终极关怀的光环照耀下，拥有了更为紧迫的现实内容，其理想主义的价值承诺就不仅仅来自未来之至善社会的美好期许，它震撼人心的力量更在于，将现实问题的解决纳入至善社会的构建之中。由于近代以来，西方列强对于中华民族的掠夺和践踏，严重挫伤了这个拥有悠久历史和灿烂文明的民族的肌体和心灵，随后的政治解体、社会失序、军阀混战、人民困苦，都成为民族国家独立富强、中华民族伟大复兴之民族主义诉求的强烈动因。世界大同这一终极目的之于资本主义的批判和超越的理念与话语，成为弱势民族国家以革命的手段反抗西方列强的先导和号角。从这个意义上讲，世界大同只是闪耀着神圣光环的信念外衣，民族主义才是信念伦理的核心内涵，或者说信念伦理在终极价值的意义上，成为民族主义的理想性支撑，独立自主之民族国家的缔造、工业化之民族主义蓝图的推进、中华民族之伟大复兴的实现，是其中更具有实质性的信念目的。因此，中国政党的历史使命就在于，在民族国家的竞争中完成社会政治秩序的整合性构建，实现民族的兴盛和国家的富强，信念伦理所支撑的民族主义成为其政治权威性的合法性基础，民族国家的制度创建、现代化的不断推进都是对民族主义内涵的加强和深化。政治权威性的另一合法性基础在于人民正义论，民众成为代表其根本利益的中国政党的根据。这不仅内在于信念伦理的底层立场，将人民群众视为历史的创造者，亦来自晚清民国以来社会"精英"的腐化与劣质化，已成为压迫民众的毒瘤，是不道德的、阻碍社会发展的反动力量，只有人民群众才是社会进步的原动力，故而"劳工神圣""人民群众是真正的英雄"。因此，人民正义论是民族主义的必然要求，只有动员广大人民群众投身革命和建设，才能真正实现民族主义的各种目标。

再次，信念伦理以平等主义与集体主义相结合，形成了社会规范之价值系统的正当性依据。由于信念伦理的整体性意识形态架构与新一体化社会结构支撑，使之不仅以民族主义与人民正义论相结合形成了政治权威的合法性基础，同样以强大的感召力和执行力，实现了自身的社会化，整合并重塑了以平等主义与集体主义为精神内核与正当性的社会规范或社会伦理。"自近代以来，中国虽然没有资本主义所形成的工业化大生产，以及由此带来的资本集中与两极分化，但却有着旧秩序瓦解而出现的失范性的两极分化，自民国时代军阀混战以来，这种失范性两极分化的严重程度，远比马克思当年批判的资本主义早期工业化时期的欧洲更严重很多。"① 民族国家的动荡不安、积贫积弱使民众生活在水深火热之中，以民族主义为合法性的政治权威，必然要求以民族国家之间的平等主义消灭民族压迫，并以此动员人民群众通过革命，实现国际关系的正当性，乃至世界之大同。与此同时，以人民正义论为合法性基础的政治权威，也必定要求社会成员之间的平等主义，通过政治动员与社会革命，实现民族国家内部的社会整合，并将其社会化为以平等主义为内涵的社会伦理。它塑造了以荡涤一切特权和不平等为社会公平的新道德观，这不仅体现在收入分配领域不断缩小政府官员、知识分子与一般工人的收入差距，以消除经济上的不平等；还在工农作为国家主人的地位提升中实现以政治身份为衡量标准的平等主义。不仅如此，平等主义还以组织化的力量营造着一种新型的普遍性社会关系，即亲密互助的同志关系，进一步在社会伦理中消解着社会地位的特权差异。由于政治权威与社会规范的贯彻是通过国家化和组织化的力量进行的，只有整个民族国家聚合为一个整体，只有个人从属于这个整体，才能以集体的力量对抗西方列强的欺凌，

---

① 萧功秦：《中国的大转型——从发展政治学看中国变革》，第256页。

第二章　中国伦理传统的知性断裂及其社会危害

集中有限的资源，实现民族的独立和国家的富强，从而捍卫整个民族国家与所有社会民众的生存空间。因此，作为政治权威合法性基础的民族主义与人民正义论，其社会伦理化的精神内涵就不单单是平等主义，这种新道德观更为重要的价值皈依，乃是国家利益至上的集体主义，它成为与新一体化社会结构相适应的、组织化的社会规范和价值观念。"大公无私"和"无私奉献"成为那个时代最为宝贵的精神品质和社会风尚，它激励着中国人民投身如火如荼、筚路蓝缕的革命和建设的洪流。

最后，信念伦理形成了全民共享的、伦理整体性的价值系统，使个体面对生死、苦难、罪恶的生存信念与生命意义能够从中得到安顿，获得充盈。信念伦理依然是一体化价值构建方式所生发的整体性价值系统，它以科学主义确证了历史中存在着崇高的革命目的与至善的社会理念，以此形成了取代传统空间性天道之时间性终极价值，全面担负着政治权威性、社会规范性和生命意义的供给和输出，成为一种新的全民共享的价值图式和意义根基。终极关怀和政治权威、社会伦理、人生意义之间，便形成了相互贯通、不可分割、彼此支援、意义互现的理念体系，从而使各种现世伦理都能与崇高的目的相互关联，以凸显自身的崇高性和意义，社会个体就能在这种总体性、复合性的价值系统中获取生命的意义。不仅先进分子将政治权威的合法性，归之于崇高的人类解放之历史目的与总体的人民至上之正义理念，将为人类最壮丽的事业而献身视为一种无上的光荣，将有限的生命投入到无限的为人民服务中去看作自身价值的实现，在艰难困苦、流血牺牲、痛苦绝望之际，依然坚持信念、不改初衷，发挥表率带头作用；一般民众也在组织的教育动员、国家的日常互动中，同一于崇高的目的、光荣的集体之中，成为人类伟大事业的一枚"螺丝钉"、集体广阔海洋中的一颗"小水滴"，将自身与崇高的目的、与集体的事业融合在一起，呈现出强大的力量与充盈的意义。由此，日常生活的社会伦理由于与崇高的目的本源相联系，便在任何生活事件与职业抉择中，都显示出宏大的使命感与强烈的信念力量。经济的生产不仅仅是财富的创生与再分配的物质性活动，与崇高目的的联系，使之成为庄严的精神伦理性活动,从而要求自身艰苦奋斗、无私奉献。职业的抉择不仅仅是个人的生存性行为,与崇高目的的关联,使之成为人类事业与集体目标的组成部分,因而无高低贵贱之分,都是国家的主人和光荣的劳动者,应该处处为国家着想,为伟大的革命事业添砖加瓦。婚姻的构成也不仅仅是两性之间的关系,与崇高目的相连,使之成为因革命事业而结合的亲密的同志关系,并以此作为两人之间志同道合的精神基础。崇高的革命目的在人们心中支撑起一个超越自身有限性的"意义世界",当人们遭受失意和创伤之时,它会带来有力的信心,坚信伟大的事业高于一切;当人们受到引诱和胁迫之时,它会带来巨大的勇气,信守革命的目的不容亵渎;当人们遭遇失败,甚至生命垂危之时,它会带来强烈的希望,相信壮丽的事业必将世代相传。就这样,崇高目的之终极价值赋予了中华民族以新的精神家园,全面承载着人们精神的力量、生活的勇气、生命的意义和未来的希望。

二、组织的动员:传统信念伦理的构建机制

信念伦理提供的全民共享价值图式和意义系统,不仅规约了中国新传统社会的生活样式,调节了社会环境的道德秩序,甚至成为个人行为模式与思想观念的衡量尺度,政党的执政法权已然实现了崇高目的较为彻底的社会化,从而为社会伦理立法,成为主导人们思想的权威性价值规范。然而,社会的同质化结构,致使其价值构建方式依然呈现出一体化的绝对性特征,尽管内容已经实现了对儒家伦理的实质性改造,形式上却存在着一定程度的同构性。由此,传统社会王权-官僚集团、士大夫-士绅阶层、宗法血缘家族之旧一体化社会结构,为国家机构、政党精英、基层单位的新一体化社会结构所取代,从而在基层单位的组织中介、社会掌控和政治动员之下,完成了思想教育与社会伦理的现代转换。

首先,在新一体化的社会结构中,国家通过基层单位,形成了对稀缺资源与社会人员的总体性掌控,从而为信念伦理的社会化提供了重要的组织基础。晚清民国以来,国家与民间统治"精英"发生了严

重的断裂,基层社会丧失了整合的内在基础,社会稀缺资源亦为土豪劣绅、地方军阀等劣质"精英"所分散化独占,基层单位的组织结构,正是在中国社会出现政治解体、社会失序的总体性危机的历史语境中形成的。这种集党政机关、经济组织、基层社会之职能于一身的总体性组织,形成了联结国家与个人的通道和纽带,从而深入社会的每个角落,重建各个领域的秩序,解决各个领域的问题。由于国家荡涤了一切旧传统之自治性的社会组织,如宗族社区、民间宗教、秘密会社等,而将生产资料、生活资料、升学就业、国家福利等社会资源全面掌控,一切家族权威、社会权威自然土崩瓦解,一切血缘关系与地缘关系的重要性迅速下降,个人完全脱离了旧传统的社会整合,围绕着国家的权威重新组织起来,其身份、角色与社会地位都由基层单位的性质所赋予。这样,国家就将近乎所有的社会成员,都纳入其派出的组织体系之中,不仅成为国家集中与配置稀缺资源的基本渠道,亦将整个社会全面组织起来,使社会成员高度统合于单位和国家,以新一体化结构之"行政性社会整合"取代了旧一体化结构之"先赋性社会整合",国家、基层单位、原子化个人便构成了新的总体性社会结构。"这总体性的组织形式,是人们能够借以接近和享受国家垄断的稀缺资源的唯一通道,离开这一通道,人将会丧失获得生存所必须的基本生活条件的机会。单位掌握着个人的基本生活条件,因此大到个人的政治态度、工作积极性,小到子女的生育、夫妻间的关系,甚至业余时间的安排,都在单位(实际上也就是国家)的直接控制之下。"[1] 由此,国家与民众处于一种直接的、面对面的互动关系之中,个人的生老病死、衣食住行,都在与国家的交往中进行,单位干部既是管理者,又是国家官员,与之打交道既是与管理者交往,亦是与国家互动,民众对于国家的认同,就在日常生活的互动中呈现出来。同时,国家的总体性掌控也形成了民众参与性动员的基本条件,形成了个人和国家的高度整合,从而使民众的日常工作与生产,都成为实现国家宏伟蓝图

---

[1] 孙立平:《转型与断裂——改革以来中国社会结构的变迁》,清华大学出版社2004年版,第184页。

与幸福承诺的一部分,加之剥削制度的消灭、就业的保障、国家福利的实施,所产生的正向激励效应,为信念伦理的社会化提供了重要的组织基础。

其次,在新一体化的社会结构中,政党精英的形成、社会身份的划分、财富资源的分配,其衡量标准都是意识形态的忠诚,从而为信念伦理的社会化提供了贴地而行的现实机制。自近代以来,旧一体化社会结构的解体与士大夫阶层的消亡,使中国社会既丧失了总体性社会整合之秩序,亦失去了定型总体性制度框架之力量。新一体化社会结构的确立,使旧一体化社会结构之王权-官僚集团、士大夫-士绅阶层、宗法血缘家族,为国家机构、政党精英、基层单位所取代,以意识形态为主导依然是社会整合的基本模式,从而依靠政党精英作为意识形态的担纲者,实现了三个层面的行政性社会整合。由此,对意识形态的恪守是民众成为政党精英首要的衡量准则,吸纳政党精英的基本机制,都必然以政治忠诚作为最为重要的选拔标准。"官僚机构分成两个不同部分,一部分为组织系统,它是建立在意识形态认同而非专业之上的机构……另一部分为专业机构,办理管理业务,但专业机构和人员在意识形态机构和人员的领导或监督之下。"① 这就在政党精英的纳入过程中,形成了意识形态之于社会结构的黏合效应,产生了社会民众之于政治体制的向心力。同样重要的是,国家掌控着社会财富的生产和分配,生产资料公有制去除了经济的不平等,在这个财富分配并无悬殊差异的社会中,社会层次的区分与财富资源的分配,其衡量标准必然是意识形态化的"身份"判定,从而以政治身份、职业身份、城乡身份、所有制身份的方式表现出来。信念伦理成为一种现实的奖惩机制,加薪晋级、救济福利、军转干、农转非,都在一定程度上以此为标准,社会成员要获取有利的社会政治身份,就必须表现出自身对意识形态的信念和忠诚。尤其是阶级成分的划分,它并不仅仅关涉群体关系的判定,更现实地落实在每个个人头上,关乎每个社会

---

① 金观涛、刘青峰:《开放中的变迁——再论中国社会超稳定结构》,法律出版社 2011 年版,第 309 页。

成员的政治地位、经济利益、道德判定，进而通过建立起严格的人事审查制度，将工资收入与阶级出身、政治忠诚密切地联系在一起。这就为信念伦理的社会化提供了一种现实的运行机制。

再次，在新一体化的社会结构中，超越特殊性群体关系的普遍性同志关系的建立，为信念伦理的社会化提供了和谐的社会风尚和良善的精神生态。由于国家消解了以血缘家族、地缘邻里为基础的合作关系，将社会财富的生产与分配掌控在自己的手里，从而有效地瓦解了个人对特殊性的血缘、地缘权威的效忠关系，而使这种忠诚转向普遍性的国家及其意识形态的权威。当国家以基层单位为新型的组织框架来分配社会稀缺资源的时候，也在构造着一种新型的社会关系，亦即超越特殊性群体关系的普遍性同志关系。因为"在这种组织中，一个人并不是以一个片面的角色成为这个组织的一员，而是以一个完整的个人的方式成为这个组织的一个成员"，它"要求它的成员与组织建立全面性的关系，而且除了一些自然属性的关系之外，其人际关系应当主要限于其组织之内"[①]。这也就意味着，个人面对国家之时，并无任何特殊性群体的中介，从而形成了个人对基层单位、国家及其意识形态的依赖和忠诚。这就超越了特殊性群体关系的特殊情感，产生了个人在国家的普遍性语境中同他者的普遍性联系与情感，加之封建思想残余的荡涤与革命思想教育的运动，便使一种新型的普遍性的同志关系建立起来，从另一方面对信念伦理的社会化提供了推动的社会机制。这种新型的同志关系，基于共同的精神信念与价值理想，进而扬弃了传统血缘、地缘之特殊性的道德伦理与等级性的社会关系，不以指称社会地位的官职相称，而以标识阶级情谊的同志相称，体现了社会人格的平等性。这种新型的同志关系，还基于同为国家主人与公民的普遍性，由于基层单位都是国家的派出组织，故而不再产生封闭的特殊性社会关系，个人无论产生怎样的社会联系，纵向的抑或是横向的，都不再是特殊的、小团体的社会关系。同时，正是基于普遍性的意识形态信念，信念坚定的先进者与信念薄弱的落后者之间，便形成了彼

---

① 孙立平：《转型与断裂——改革以来中国社会结构的变迁》，第251页。

此双方不仅是生活上的帮助，更是思想上的帮扶，从而为信念伦理的社会化提供了和谐的社会风尚和良善的精神生态。

最后，在新一体化的社会结构中，杰出人物的权威力量与自上而下的价值输出和信息传递，为信念伦理的社会化提供了重要的精神支撑与构建的基本方式。新一体化的社会结构仍然是一种垂直隶属性的蜂窝型结构，国家机构以纵向性的延伸，实现了对基层社会的行政性整合，然而基层单位之间相互协作的横向性联系却显得松散而薄弱。这种同质化的社会结构，使魅力型人格与意识形态的思想权威，成为一种必须，亦伴随着国家机构自上而下的延伸，使这种权威的落实成为一种可能。因为同质化的社会结构缺乏横向"有机团结"的自治性力量，只能以纵向"机械团结"的权威性力量来实现社会整合，进而以强大的政治力量与动员能力，实现着各项事业的推进与各种政治意图的达成。与此同时，这种板块化的社会结构，也造就了同质化、相似性的原子化个人，每个社会成员都被放置在大致相同的社会、政治与经济环境之中，接受着相似的行为模式与思想教育，经历着相似的生活方式与职业生涯。这极易形成社会成员在思想和行为上的趋同性，相对容易接受意识形态的社会动员，从而以积极的集体行动，实现国家的政治意图。由此，同质化、一体化的社会架构，不仅以自上而下的权威力量实现社会秩序的整合，它同样以自上而下的方式进行单维度的价值输出、信息传递和社会动员，从而为信念伦理的社会化提供了一种基本的构建方式与传递路径。

三、多元的社会：传统信念伦理约束力的削弱

新一体化社会结构是信念伦理生长的土壤和基础，它以国家机构的社会统合告别了晚清以来一盘散沙的乱象，实现了民族国家的独立自主；又以稀缺资源的掌控有效推进了工业化的进程，实现了民族国家的自立自强；还以道德理想主义与科学主义形成了精神信念的终极关怀；以民族主义与人民正义论形成了政治权威的合法性基础；以平等主义与集体主义形成了社会规范的正当性依据，也由此形成了全民

共享的价值系统，使个体的生命意义能够从中得到安顿，获得充盈。然而，新一体化社会结构本身也具有"秩序"和"动力"的悖论，国家行使一切整合性和发展性的功能，窒息了社会肌体与各个细胞的自主性和创造力，使社会的发展丧失了内在的动力，进而以再度的落伍显示出这种体制的陈旧性和僵化性。一旦遭遇改革开放引发的社会利益分化，人们在国家让渡的社会空间中亦能获取利益，公共生活由全民性转变为个体性或群体性，社会价值由一元化转变为多元化，全民共享之意义系统的社会约束力必然下降。与此同时，信念伦理的落实是通过国家自上而下的价值贯注来实现的，由于缺乏社会的自主构建与个体的良知参与，难以达成社会成员对自身道德行为的责任担负，致使信念伦理的约束力日渐削弱，中国社会的一些人群陷入了犬儒主义的生存抉择。

首先，新一体化社会结构具有"秩序"和"动力"的内在悖论，致使这种社会整合越来越呈现出封闭性和僵化性的特征，进而成为经济进步与社会发展的阻碍，从而使传统信念伦理约束力的削弱不可避免。由于新一体化社会结构仍然是一种在封闭条件下建立起来的、维护社会稳定的整合机制，它将经济发展与文化建设都纳入总体性的组织方式与意识形态许可的范围以内，极易陷入左右为难的尴尬境地。一方面，为了维护以政治领域为中心的社会整合，经济现代化与持续性发展的不受干扰难以真正启动。"用一体化组织来推行经济现代化，有一个前提，这就是经济发展纲领必须被纳入官方意识形态之中。一旦意识形态不能包含进一步的现代化目标，现代化就会被排除出去。"① 事实上，尽管新一体化社会结构适应于国家秩序重构与工业化推进的民族主义目标，但它越来越呈现出来的封闭性和僵化性，难以适应现代社会持续不断的发展进步，不仅无力应对如此丰富广泛、复杂多变的社会需求，亦无法产生合理而周详的生产计划，也严重窒息了各个社会细胞的活力和创造力，从而使经济进步、社会发展丧失了内在的动力，与之相适应的传统伦理结构也将遭到质疑。另一方面，

---

① 金观涛、刘青峰：《开放中的变迁——再论中国社会超稳定结构》，第430页。

当坚定的改革者将经济现代化视为一个"中心"问题来加以推进之时,又必然会造成对总体性社会结构的严重冲击,从而使一体化的社会整合逐渐趋于瓦解,作为这种社会结构内在灵魂的信念伦理,势必发生认同危机而日渐削弱其社会约束力。因为传统信念伦理的总体性特质,将终极价值、政治权威、社会伦理、生命意义,编织成一种全民共享性的价值系统,一旦终极价值由于此岸因素的错判而受挫,进而一荣俱荣、一损俱损,影响政治权威、社会伦理与生命意义的整个伦理构成。尽管改革者以经济的实效,对传统信念伦理进行了富有创造性的现代转换,这个符合时代精神的伟大变革又引发了另一个新的问题,"实效(performance)合法性是一种不稳定的、缺乏终极价值关怀作为精神基础的一种合法性。换言之,当执政者如果不能继续向受统治者提供统治带来的实效时,他的合法性就走向衰退甚至消失"①。由此,新一体化社会结构"秩序"和"动力"的悖论,使传统信念伦理约束力的削弱成为一种难以避免的内在必然。

其次,新一体化社会结构的价值构建,是一种自上而下的绝对性价值贯注,缺少社会的自主构建与个体的良知参与,难以化为社会成员之于自身道德行为的责任担负,从而导致传统信念伦理约束力的削弱。由于一体化结构的社会整合并不存在公共领域与私人领域的划分,它以政治领域的总体性将社会成员与社会组织,囊括于国家的整体战略之内,所谓公共生活便不是以私人领域为基础,从而拥有自身自治的公共性,而是由国家所构建的内在于政治领域的"公共生活"。支撑公共生活的信念伦理便只有自上而下之价值贯注的社会化,而无个体良知之决断、约定和参与的社会化。这种形态的价值构建,致使信念伦理之价值内涵无论如何向善和崇高,都不能获得真正切实的社会化,价值构建的主体始终是单维度的国家,因而不能取得社会成员对道德行为的责任担负,而将一切责任,无论好坏都归之于国家来承担。同时,正是一体化的社会结构,它使信念伦理提供的只是一种总体性的社会义务,对个体道德义务的规定并不奠基于基本个体的保障和界定。

---

① 萧功秦:《中国的大转型——从发展政治学看中国变革》,第173页。

也就是说，国家并没有给私人领域和个人权利留下相应的空间，没有权利的抽象义务便无法真正获得个体自主的责任意识。这种总体性和抽象性，亦在大同理想的宏大叙事中有着鲜明的呈现，"它笼罩在'小写'的生命个体之上，对所有的个体生命来说都具有普适的约束力，生命个体必须放弃其私人的'偶性'并服膺于'大写的理想'"①。个体的生命价值丧失了自在的目的性，这在民众情绪激昂之时，在国家对稀缺资源的全面掌控之下，并不会产生对传统信念伦理的抗拒。然而，理想性价值资源的受挫和亏空、国家对自主空间和流动资源的有限让渡和释放、社会的分化和阶层的分化，都有力地促使了社会主体权利意识的觉醒，人们在政治领域之外也能有效地获取资源和利益，从而引发社会主体对未经过个体良知参与和约定的传统信念伦理的抗拒，导致其约束力逐渐下降。

再次，伴随着一体化社会结构的瓦解，信念伦理的约束力逐渐下降，调节总体性社会秩序的价值规范也不再适应分化的社会结构，传统信念伦理因而无法单维度地提供诸多社会领域与各个社会阶层都认同的价值原则。自改革开放以来，国家释放出一定的"自由流动资源"，亦让渡了有限的"自由活动空间"，"在政策允许的范围内"②，社会就可自主地有所作为。新一体化社会结构出现了领域、地域、产业、阶层等全方位的分化，行政领域也发生了一定程度上的分权，从而在两个方面深刻影响着中国的社会整合与价值构建。一方面，社会的分化使资源的配置与利益的格局，不再是板块式的国家掌控，人们可以从国家有限让渡的"自由活动空间"中获取释放的"自由流动资源"，不再单维度地依赖于政治领域的利益配置。这样，社会价值便由一元化迅速转变为多元化，私人领域的凸显与社会主体的觉醒，使生命意义不再为意识形态所规定；社会阶层的分化与阶层意识的形成，使社会思想不再为意识形态所同一；社会诸领域之价值标准的殊异，使社会领域也不再是政治领域的附庸。社会的分化与利益和价值的多元，

---

① 贺来：《超越理想主义与犬儒主义的"辩证法"——对当代中国人精神生活的分析》，《学术月刊》2014年第1期。
② 孙立平：《转型与断裂——改革以来中国社会结构的变迁》，第152页。

使全民共享之意义系统的社会约束力必然随之下降。另一方面,"分权和分化交织在一起,结果发生了对社会的双重切割作用。中国总体性社会在很短的时间内发生解体,整个社会被切割为无数的片段甚至是原子,也可称之为社会碎片化"①。无论在农村抑或在城市,中国社会都在几乎无任何组织的依托之下,呈现为一种原子化、碎片化的生存状态和生活格局,既无传统社群,如家族、会馆等可以依仗,亦无现代社团可以依傍,只能以原子化个人的方式面对国家与市场。于是,公共生活由全民性的政治动员转变为个体性的市场逐利,先前的集体主义转向个人主义,被抛入市场的个人只能以利益的原则寻求生存的机会,以自身的能力化解生存的压力。

最后,信念伦理约束力的削弱引发了中国社会之公共伦理秩序的危机,直接表现为一种犬儒主义的生存抉择。犬儒主义(cynicism)本出自古希腊以第欧根尼为代表的"犬儒主义学派",他们以"狗一样的人"自称,以自我贬损的姿态,意欲回归自然与德性的生活,后来就被人们用以指称放逐自由与高贵的精神,趋向功利和卑微的生存状态。如今,犬儒主义也在一定程度上纠缠着中国社会,它表征了同质化、一体化之社会结构的解体,所导致的总体性、抽象性之大同理想宏大叙事的失效与一元论理想主义信念伦理约束力的削弱。"在当代中国人精神生活的嬗变中,'理想主义'与'犬儒主义'正构成这种辩证法的两个基本面向。'理想主义'本是'犬儒主义'的对立面,然而,'崇高'的'理想主义'的展开和深化,却成为了'犬儒主义'的推动力量;'理想主义'的极点,同时也是'犬儒主义'滥觞的起点。二者形成一种'自己反对自己'的、充满矛盾和张力的内在冲突结构。"② 犬儒主义既是一种消极的生存策略,亦是一种异化的存在状态,它在"看透"一切的"智慧"面前,将"真理"视为"虚假",把"崇高"看作"谎言",一律加以拒斥、嘲弄和反讽,仅将琐碎庸常、去精神化,乃至欲望化的存在状态认定为唯一合法与真实的生存方式,从而以彻

---

① 孙立平:《转型与断裂——改革以来中国社会结构的变迁》,第52页。
② 贺来:《超越理想主义与犬儒主义的"辩证法"——对当代中国人精神生活的分析》,《学术月刊》2014年第1期。

底的怀疑主义消解了真理,又以价值的虚无主义解构了崇高。于是,精神的自由内涵遭到了放逐,生命的高贵与厚度受到了驱赶,进而以公共生活假面化的人格分裂与琐碎庸常的生存状态,表征了社会精神肌体遭到侵蚀的严重性与社会伦理秩序亟待重建的紧迫性。公共生活假面化的人格分裂,表现为人们内心的想法与外在的言行处于一种"断裂"的状态,明知真实与谎言的边界,明知道德与虚伪的距离,仍在"不得已"的自我催眠中,弥合了两者之间的差距,甚至嘲弄真实、反讽道德,毫无愧疚地"支持"谎言与虚伪背后的"利益"。犬儒主义者并不缺乏明辨是非的能力,亦不缺少批判思考的智慧,他们只是以躲避崇高、不屑理想的姿态实现利益的获取,以世故圆滑、曲意逢迎的方式宣告权力的迷恋。琐碎庸常的生存状态,表现为"抉择了一种个体化、平面化、庸常化的生存状态,有兴奋,有快感,有狂欢,而无境界,精神生活呈现出一种'无根'的状态"①。他们将自身锁定在世俗的洞穴之中,或者自甘平庸、功利卑微;或者放浪形骸、纵欲狂欢。洞穴里的人们,心灵日渐狭隘,目光日益短浅,将琐碎化的生活当作本真,将狡黠势利的钻营看作能力,将左右逢源的虚伪视为本领。整个社会从精神领地的"过度充盈"走向心灵世界的"粗陋荒芜",充斥着世俗的杂草与精神的罂粟花。犬儒主义的生存抉择表征了传统信念伦理的约束力削弱后的精神困境,它是一种严重的精神失血症与灵魂麻木症,从而以贫困和颓废侵蚀着中国社会的精神基础,恶化着中国社会的价值生态。

综上所述,中国社会的价值虚无主义并非横空出世的幽灵,乃是由于新旧一体化社会结构的解体、绝对性价值构建的失效,以及现代之相对性价值构建的未完成,所引发的价值空场,因而来自传统最高价值之"天道"陨落后,心灵意义世界的萎缩与价值秩序的颠覆。如果说旧一体化社会结构,以自身封闭的超稳定性,无法从内部滋生出现代化的动力,以至于无力抵挡西方现代性的专横,从而促使了旧一体化社会结构的解体与传统最高价值之"天道"的陨落;那么新一体

---

① 刘宇等:《论现代社会生存状态的犬儒主义倾向》,《教学与研究》2014年第5期。

化社会结构,则以庞大的官僚系统和强大的意识形态,实现了民族国家的独立自主,推进了反现代性的工业化进程,却由于自身的封闭和僵化,无法支撑现代社会持续性的经济增长与社会发展,进而导致了新一体化社会结构的瓦解与传统信念伦理约束力的削弱。也就是说,中国社会的价值虚无主义,不仅是"从天到人"之敬畏伦理的失落引发为所欲为的恶性膨胀,亦是"从人到天"之耻感伦理的消解造成鲜廉寡耻的底线陷落,同时还是信念伦理的失效导致犬儒主义的生存抉择。由此,传统敬畏伦理、耻感伦理、信念伦理,由于新旧一体化社会结构的解体,而与之发生了知性的断裂,人们在为所欲为的恶性膨胀、鲜廉寡耻的底线陷落、犬儒主义的生存抉择中,感受到社会价值秩序的混乱。此亦表明,同质化的机械团结及其价值构建的失效与异质化的有机团结及其价值构建的空场,才是中国社会之价值虚无主义的深度根源。这也意味着,任何企图回归总体性社会整合与一体化价值构建的药方,既是虚妄的,又是无效的,只有建立社会主义现代性,完成契约性社会整合与相对性价值构建,才是中国社会走出价值虚无主义泥沼的唯一出路。

第三章

中国社会之价值虚无主义的主要表征

中国社会价值虚无主义的产生，源于传统总体性社会整合的失效与现代契约性社会整合的未完成，源于以旧神性为基础之精神信仰的已然坍塌与以新理性为根基之思想信念的尚未形成，因而是中国社会大转型过程中无可避免、必定发生的精神价值问题。然而，信仰的迷失与价值的迷茫，不仅将导致封建迷信的沉渣泛起、准宗教组织的时而出现，也将造成心理结构的内在失衡。更为严重的是，心灵世界的空虚必然引发一些人群功利短视、人性沦陷，这却是一个决不可听之任之的严重问题，它极大地危害着中国社会的价值生态与伦理秩序，严重地吞噬着人们的幸福感。中国的社会转型令人欣喜地开启了一个新的时期，却在伦理传统断裂与契约文化未立的巨大虚空中，使一些人群走向了极端的功利主义，没有底线的物质追求、透支未来的竭泽而渔、沉迷钱权的角逐游戏，他们已经与理想、精神、意义、境界等渐行渐远。熊培云这样写道："这个时代，仿佛一切意义都被掏空，人们只顾眼前，一代身份不明的临时工统治这个时代的一切。没有过去，也没有将来，一代人生产，一代人消费，一代人狂欢，一代人哭泣，一代人创造一切又终结一切。"[①] 我们可以鲜明地体认到经济交往中的诚信缺失、政治生活中的拥权自肥、公共生活中的自私冷漠。贪婪膨胀、反智主义的物欲主义，亵渎和瓦解规范价值的潜规则，妨害和恶化公共生活秩序的信任危机，已经成为中国社会之价值虚无主义最为严重的表征。我们无意对中国社会的精神价值生态进行绝对化、悲观性的责难，只是意图表明中国社会的确出现了不可回避的精神价值问题，如此下去势必使民众在隔阂不安的生存状态中，引发对于民族、国家、社会的认同危机，同时也表明中国社会之价值虚无主义亟待缓解，以及防止其进一步恶化的严重性和紧迫性。

[①] 熊培云：《这个社会会好吗》，群言出版社2013年版，第246页。

第一节　物欲主义的汹涌：社会灵魂的侵蚀和消解

中国的社会转型使之经历了物质需求的政治意识形态化向过度的个人欲望化的剧烈转变，政治权力之于"过度"需求的极端规制一旦解除，任何个人欲望的满足都成为一种极具合法性的"正当需求"。时代的变迁致使禁欲主义转向物欲主义，完成了一个极端向另一个极端的两极跨越。不可否认物欲的追逐之于社会自由空间的开启，不可否认物欲的满足对于个人自主行为的支撑，这里的问题只是在于，作为中国社会之价值虚无主义重要表征的物欲主义，乃是在强势群体与弱势群体高度分化的社会结构中，在前现代、现代、后现代共时性并存的复杂社会语境中，呈现并展开自身的运行逻辑的。这就意味着，权力与资本之间利益相互输送的扭曲性分配结构，致使物欲主义并不仅仅表现为瞬间快感的满足之于深度智性的僭越，更在资源配置缺乏公平合理性的现实问题中，产生了巨大的膨胀和猛烈的变形。正如徐贲所言："消费物品不只是具有实用价值（有用）和商业价值（值钱），而且更具有载负和传递社会共同价值和意义的作用。""物品的符号意义本身就是由来自社会的正当性理由所支撑的。就在我们按照物品的社会意义使用物品的时候，社会秩序变成了一种必然的道德秩序。社会秩序在物品的使用中被巩固和再生。"[①] 这样，在分配结构不尽合理的社会语境中，物欲主义就不再是合理欲望的满足和宣泄，而是一定程度上的物欲贪婪的膨胀和无度、反智主义的喧嚣和蔓延、规范价值的无视和消解。也就是说，中国社会的物欲主义并非井然有序的物欲主义，而是相对无序的物欲主义，是在某些人群眼中没有底线、毫无节制、藐视智识、无视规则，只有物质繁殖、财富获取、钱权角逐、物品消费的短视疾患与贪婪病症，从而导致了社会肌体内在灵魂的消解与精神基础的侵蚀。这也使新时代的共同富裕战略具有了对这一病

[①] 徐贲：《在傻子和英雄之间：群众社会的两张面孔》，花城出版社 2010 年版，第 165 页。

症的根本治疗意义。

一、贪婪的膨胀：中国社会之物欲主义的内在特征

孙立平曾言："20世纪90年代以来社会资源迅速积聚到上层的过程，导致了一个人数不多但掌握大量资源的上层的出现。而在诸如房改、医改等一系列改革措施实施的过程中，中层与下层之间处境的差异不大。这样就导致社会分化主要表现为上层和中下层之间的分化。到现在为止，这种分化已经开始定型化为一种较为稳定的社会结构。"[①] 这种高度分化的社会结构，不仅使不同时代的、缺乏彼此联系的东西相互并存，亦在"总体性精英阶层"的主导下，形成了强势群体与弱势群体之间具有封闭性的边界，从而在形成高度分化社会的同时，丧失了市场、政府、文化在各自不同的领域，发挥效率、公平、超越的功能互补。"在我们的社会中，往往是在一个中心之下，不同结构体的功能取向高度趋同，并由此造成功能的变形与扭曲。市场机制在不断拉开差距，政府在提倡一部分人先富起来，文化则在对大款顶礼膜拜。"[②] 全面掌握经济资本、政治资本与文化资本的总体性精英阶层，正在缔造着一种"一体化分配原则"，"其结果，是各种资源向同一个群体集中，而另外的一些群体则在各种资源的拥有上均处于劣势"[③]。这种高度分化的社会结构、不尽合理的分配方式、不同时代彼此共存的复杂语境，形成了孕育极端功利主义与无序物欲主义的土壤和温床，致使中国社会的一些人群患上了短视恶疾与贪婪病症。

高度分化的社会结构与不尽合理的分配方式，意味着拥有总体性资本的富裕阶层在越来越富有的同时，大多数农村人口与城市平民则与之形成了鲜明的两极化对比，由权利失衡与权力悬殊所导致的两极分化社会，反过来呈现和扩大着这种失衡与悬殊，从而使中国社会的物欲主义表现出极为复杂的形态和特征。具体说来，中国社会领域分

---

① 孙立平：《博弈：断裂社会的利益冲突与和谐》，社会科学文献出版社2006年版，第60页。
② 孙立平：《断裂：20世纪90年代以来的中国社会》，社会科学文献出版社2003年版，第275页。
③ 孙立平：《失衡：断裂社会的运作逻辑》，社会科学文献出版社2004年版，第88页。

第三章 中国社会之价值虚无主义的主要表征

离的未完成,导致权力与资本一道进入并主导着公共生活的社会领域,公共服务的异化与制度性的排斥和歧视,致使"分化"的两极在各自的生存状态中共同推动着物欲主义的无序和膨胀,从而在一定程度上呈现出社会生活的短视和贪婪。一方面,掌握总体性资本的富裕阶层在消费的物欲主义中,炫耀自我"尊贵"的身份和"高人一等"的特权;而在另一方面,没有任何资本的贫困阶层也在生存的物质逻辑中,艰难地维持着自身基本的生活与底层的"尊严"。就前者而言,它在形式上极为类似于"消费主义",只是在以中产阶级与社会保障为基础的消费社会尚未真正建立之时,已在富裕阶层的群体之中以商品的符号价值与象征意义,来实现社会身份的生产与再生产。此即为凡勃伦所言之"炫耀性消费","要获得尊荣并保持尊荣,仅仅保有财富或权力还是不够的。有了财富或权力还必须能提出证明,因为尊荣只是通过这样的证明得来的。财富有了证明以后,不但可以深深打动别人,使人感觉到这位财富所有人的重要地位,使人一直保持这个活跃的印象而不磨灭,而且可以使这位所有人建立起并保持一种自鸣得意的心情"[①]。于是,富裕阶层的纵欲消费成为了中国社会的"新时尚",在香车美人的物欲挥霍中炫耀着自我的"成功";在顶级豪宅的物质享受中显示着自身的"尊崇";在珍馐美味的高档消费中呈现着富有的"幸福"。就后者而言,因为权力与资本之于社会领域的侵入和宰制,公共服务出现了一定程度的异化,医院与学校的市场化、住房向支柱型产业的转型,都表征着贫困阶层的生存艰难。更何况,由于契约性社会整合的未完成与理性文化的未建立,以人格平等为基础的个人权利与生存尊严,并未真正得到维护和保障,权力的悬殊与权利的失衡,致使制度性的排斥和歧视与经常性的羞辱和无尊严难以避免,亦使人际间的恃强凌弱、自私冷漠时有发生。"嫌贫爱富就是一种我们熟悉的新羞辱形式。贫困者被当作次等人,下等人,当作劳动力市场的商品,当作社会中的盲流,当作没有竞争能力的低能弱智者,等等。"[②] 这种

---

① [美] 凡勃伦:《有闲阶级论》,蔡受百译,商务印书馆1964年版,第31页。
② 徐贲:《通往尊严的公共生活》,新星出版社2009年版,第282页。

"势利"的社会状况必然导致对贫困无权者的羞辱和伤害,不仅是物质生活的匮乏和窘迫,更在于心灵情感上的痛苦和灼伤。对于贫困阶层而言,金钱和物质便不但是现实生活的保证,也是人格尊严的载体。由此,富裕阶层炫耀性消费的物欲主义与贫困阶层艰难性生存的物质逻辑,共同支撑着一个"价值共识",即只有对权钱的戮力追逐与物质的无限享受才是成功和幸福的唯一标准。与此同时,高度分化的社会所呈现的不同时代之间彼此共存的复杂语境,亦形成了"前现代"与"后现代"之于自由、平等、民主、法治等现代价值生长发育的"双向挤压"。不仅社会结构与制度伦理的双重现代性匮乏,所导致的资源分配在一定程度上的不合理性,致使体现着"前现代"生存状态的贫困阶层将现代价值的实现视为一种遥不可及的奢望;而且形式上呈现出"后现代"生存状态的富裕阶层,也只是以消极的方式展现自身的特权、欲望的狂欢和价值的陷落,从而以主体理性的羸弱共同阻碍着现代价值的生长和培育。就这样,中国社会的一些人群便在这种复杂的社会语境中感染了极端功利主义与无序物欲主义的短视恶疾和贪婪病症。

贪婪之病症常常隐藏于汹涌的市场浪潮之中,它以利益的追逐与欲望的满足作为其正当性的外衣,故而是一种不易察觉的精神疾病与人格疾患。问题的关键并不在于人们满足合理的欲望,追寻正当的利益,而是高度分化社会的生存状态与不尽合理的分配方式,一定程度上滋生了不择手段的利益追逐与失控无度的物欲主义。"许多人都把无限的物质享受放在人生成功、快乐和幸福的第一位,至于获得这种成功和幸福是否符合道德标准则是不重要的。在一个物欲横流、功利主义的社会里,一般人虽然仇恨贪官,但并不摒弃他们的幸福观,只要能有机会坐上官位,他们自己也随时可以一样的贪腐。"[①] 贪婪之病症并非如有些学者一厢情愿所认为的那样,是推动经济发展和社会进步的心理驱动力,它毋宁说是一种内在精神的沉沦、社会道德的堕落、人性邪恶的释放、人生幸福的祸根。对于个人而言,金钱、财富的过

---

① 徐贲:《听良心的鼓声能走多远》,东方出版社 2014 年版,第 163 页。

度贪欲极易使人陷入摒弃情操的短视和自私，从而以价值错乱的内心、赌徒博弈的焦虑，丧失自主的人格，扭曲自我的人生。对于社会而言，疯狂的权钱角逐与贪婪的物欲享受亦会使社会陷入只顾眼前的急功近利与价值生态的日益恶化，无度逐利、贪婪消费、拥权自肥、攀比势利便是其中最为真切的表征，成为阻碍中国经济发展、福祉提升的破坏性力量。总之，贪婪之病症是人性欲望失去遏制的邪恶，是人们心灵深处的腐败，它侵蚀着中国社会的精神基础，消解着社会肌体的内在灵魂。本来，人们的道德信念与利他行为并不产生于高大上的哲学理论，也不产生于强制刻板的道德说教，它就发生于日常生活的具体情景中从小事显现出来的正义行为与情感动因，因而与社会环境的正义性水平直接相关，并呈现出相辅相成、互相推进的态势和功能。由于中国社会的制度环境与分配方式存在着一定程度的不合理性，它使人们在日常生活的"教育"中感受了情操的"虚假"与贪欲的"真实"，这种贪婪的惯习性错乱也在另一个层面妨害着对制度环境不合理性的清理。贪婪的价值生态引导着一些人以错误的目的和手段进行经济活动、从事政治活动，经商的唯利是图与从政的拥权敛财便不可避免，更何况在社会结构与制度伦理之现代性依然匮乏的今天，权力拥有者和财富拥有者之间相互的利益输送仍然拥有一定的可乘之机。这就使得某些人群的贪婪病症阻碍着制度环境的正义性构建，不仅危害着人们的生存安全，更损害着国人的公民品质。

贪婪之病症对于人们生存安全的危害已是显而易见，焚林而猎的利益追逐、竭泽而渔的资源榨取、生态环境的严重破坏、令人担忧的食品安全，都在表征着一种急功近利的短视与只顾眼前的疯狂。然而，贪婪的物质追求对于人心的腐蚀和人格的异化，却是一个虽不易让人承认，但也必须正视的问题。病理学家将其称之为"人格失调"，"有两种与'贪婪'有关的人格失调，分别叫做反社会人格失调和自恋人格失调"。"反社会人格失调（antisocial personality disorder）的起因是丧失良知，这种失调者行为乖张怪异，把损人利己当作理所当然的事。他们藐视道德、拒绝法律，只要一有机会，就会按他们的反社会原则损人自肥。""自恋人格失调（narcissistic personality disorder）者不但不反社会，而且把自己看成是社会的代表、主人和支配者。他们大多是权贵后代、社会精英、政府官员，是社会中的佼佼者和成功者，自以为理应得到社会最好的待遇，享受权利和财富中最好、最大的一份。"① 显然，这两种与贪婪密切相关的人格失调，就产生于不尽合理的资源配置、高度分化的社会结构、两极分化的生存状态之中，并逐渐生长和蔓延。反社会人格失调者往往身处社会底层，或曾经有过长时期的底层经历，遭人歧视、饱受羞辱，不仅物质生活困顿窘迫，心灵情感亦严重灼伤，日常生活具体情景中屡见不鲜的不公平事件，使其内在人格发生扭曲，认为社会就是藏污纳垢、污浊不堪的地方，一有机会或一朝得势，就释放着自身的仇视心态和报复心理，遇到利益自然是多多益善、欲壑难填。自恋人格失调者则主要来自社会的上层，多为总体性资本的掌握者，他们视自己"高人一等""与众不同"，"理所当然"地拥有攫取财富的"特权"，从而表现为公共场合之"仁义道德"与私下暗地之"贪污腐败"的人格分裂。这两种人格失调者都具有极大的社会危害，尤以自恋人格失调者为甚，它可能导致社会的资源、财富和权力掌握在一些"贪婪有理""人格异化"的人手中。更为严重的是，这种人格分裂的伪善和贪婪，将范导着民众把公共政治视为私人牟利的工具，使中国社会陷入犬儒主义的泥沼。由此，极端功利主义的短视恶疾与无序物欲主义的贪婪病症，败坏着整个社会的道德风尚、恶化着整个社会的价值生态，致使一些人群见利忘义、欺骗叛卖、自私冷漠、信任缺失。

二、反智的倾向：中国社会之物欲主义的重要表征

中国社会一些人群的极端功利主义与无序物欲主义，使之必然导向和呈现出鲜明的反智主义倾向，作为其另一种重要的社会表征，亦即无视知识纯粹性、内在性的自在价值；藐视独立思考、勤于探索的智识能力和优秀才能；蔑视承载知识、传递智识的知识分子。这种

---

① 徐贲：《听良心的鼓声能走多远》，第 161—162 页。

第三章 中国社会之价值虚无主义的主要表征

"反智"的物欲主义,不仅表现为世俗文化之于精英文化的颠覆和挤压,对于经典文本的解构与恶搞,使之呈现为丧失深度、仅具感官愉悦性的、反启蒙的鄙俗文化形态;也不仅表现为社会大众之于知识分子的蔑视和嘲弄,对于知识精英的怀疑和调侃,在"砖家""叫兽"的戏谑中,消解着社会的文化权威与精神范导。它更为重要的表征则在于,在一定程度上存在不合理性的制度环境中,并不拥有智识与优秀才能的人,却可以凭借与知识、才干完全无关,甚至决然相反的"才能",诸如曲意逢迎、弄虚作假、谄媚权力等获得成功,从而形成"社会上升的非优秀障碍"与"阶层固化","不管多么优秀,穷人就只能是穷人,无论多么平庸,有背景总能亨通发达"。"一个社会里,越是有可能凭借非优秀才能成为成功人士,优秀才能就越有可能被轻视、冷落,无从施展。"① 不尽合理的制度环境和社会情景,必然导致知识无用、智识无用的观念,将以僭越规则获取权力与利益的小聪明和反智识,作为另一种"适应"社会的"能力",这就形成了智力的异化,亦即"理性的反智主义"的生长和蔓延。承载知识、传递智识的知识分子自身也不能幸免,他们中的一部分人丧失斯文、失去坚守,同样陷入了反智主义的物欲主义。

在中国的文化传统中,"知识"从未取得过独立的"自在价值",只是在利于获取"黄金屋"与"颜如玉"的政治权力的角逐与攫取中,占据着"敲门砖"的位置。这种知识之于利益的从属性与工具性的地位,并未随着社会大转型的变迁而获得根本性的转变,它依然成为人们获取利益与金钱的工具和手段,一旦知识未能有效地承担这一工具性的职能,无法产生"知识改变命运"的效果,便必然导致"知识无用论""读书无用论"的反智主义的蔓延。市场大潮的汹涌与教育事业的产业化,不仅使金钱和物欲被确立为人生成功与幸福的首要标准,更在高学历人才的迅速膨胀与快速贬值中,凸显了"知识"的无用,而知识分子,尤其是人文知识分子,也在收入不高的现实处境以及难以符合普通民众的实际生存诉求中,被视为一群穷酸、笨拙、迂腐、

---

① 徐贲:《怀疑的时代需要怎样的信仰》,东方出版社2013年版,第19页。

卑微的"无能之辈"。然而,"知识"的贬值与"知识分子"的边缘化,尚只是中国社会反智主义的物欲主义较为浅层次的社会表征,它更深层次地表现为,在分配结构不尽合理的制度环境中,以知识为根基的理性能力、以智识为基础的优秀才能,并不构成获得"成功"的必要条件,从而在一定程度上引发了智力的异化、教育领域的腐败、知识分子的鄙俗化、社会精英的极端功利化等一系列反智主义的物欲主义。

智力的异化表明某些人群已将自身的"智力",引向了反智识和小聪明的邪路,在物欲的满足与利益的获取中,充分显示了自身曲意逢迎、谄媚权贵、弄虚作假、僭越规则的"能力"和"智商"。这是一种精致的智力畸形化生长的反智主义,也是一种只问效果不问是非的高度理性的反智主义。在现实的社会生活中,人们的行为方式基于理性考量与成本核算的明智选择,正义性的制度环境可使之导向文明和富有德行,非正义性的制度环境亦可使之导向野蛮和人格卑微。从这个意义上讲,制度环境是一种在利益分配格局中,范导社会行为与价值观念的背景性规范体系,它拥有怎样的效力完全取决于其利益分配的要素结构,以及为何种人提供了相应的获利机会。它以权利—义务的关系配置,直接呈现了利益分配的趋向、受益预期的路径,以及获取利益的手段。若制度环境使人们在日常生活中的认知体验是拥有智识能力、优秀才能、高尚情操的人受益,他们自然将追寻知识与德行作为一种明智的选择。"如果在一个社会结构及其制度体制中,那些弄虚作假者升迁,据真秉实者遭贬,吹须溜拍者受宠,犯颜直谏者被整,奉公守法者寒酸,贪赃枉法者富甲,走正门正道被拒,闯歪门邪道得逞,那么,这个社会结构及其制度体制造就出的更多的是流氓无赖与腐败政客。"① 应该说,智力本身是一个中性的概念,它既可以在德行与智识的范导下趋向正常生长的方向,即在正道的理性探索与思考行动中,呈现自身的才智和创造力;也可以在不公与邪恶的范导下趋向畸形生长的方向,即在邪道的理性顺应与钻营行动中,展示自我获利的"本事"和"能力"。于是,中国社会分配结构的不尽合理,致使

---

① 高兆明:《道德失范研究——基于制度正义视角》,商务印书馆2016年版,第126页。

权力和资本而非智识和才能主导着社会资源的配置,不仅"社会上升的非优秀障碍"时常可见,而且在"成本"与"收益"的对比中,为恶的低风险与有利可图,使"恶"较之于"善"反而成为一种"明智"的选择。这样,人们的"智力"便只能在尔虞我诈的争斗中呈现为一种邪恶的狡黠,在谄媚权贵的势利中表现为一种钻营的圆滑,在非道德的利益角逐中凸显为一种冷酷的算计,在僭越规则的肆无忌惮中蜕变为一种钻制度漏洞的小聪明,智力异化之人在浸淫于追逐物欲主义之黠慧的欣赏中,加剧着中国社会一些人群的反智主义倾向。

教育领域的腐败则在于教育的产业化与行政化,已使之在一定程度上失去了自身的正义原则与传递知识的纯粹性,沦为智识领域的名利场。这就合乎逻辑地导致了两个颇为严重的后果:其一,作为智识体现者的知识分子,其中一部分呈现出放弃知识的信念和坚守,越来越表现为一种鄙俗化的价值趋向,一种知识分子自身反智主义的物欲主义;其二,大学所造就的某些社会精英丧失了知识与文化的内涵,沦为权力与物欲的奴隶,即"精致的利己主义者"与"理性的反智主义者"。随着高校体制的行政化倾向愈演愈烈,无论学校的决策、学科的设置,还是利益的分配、资源的配置,都掌握在高校的行政部门手中。大学的官本位倾向使之逐渐褪去了引领社会之"灯塔"的功能和色彩,更恶化了高校的学术生态与学术环境。"在一些高校,经常有些学术上极其平庸的人,凭借与校领导的特殊关系,便可借助行政系列的荣誉,评上与其实际水平相差悬殊的正教授职称。这使得一些兢兢业业、恪尽职守、业务优秀的一线教师在利益分配上受到不公正的对待。""'官本位'滋生了各类腐败,比如,滥评职称、滥发文凭乃至卖文凭、送文凭,教学科研质量评估中大规模造假,金钱打点、疏通关系之类'学术外功夫'在课题申请、硕士博士授予权等纯学术事务上大显身手。至于与'权钱交易'雷同的'学术交易'更是屡禁不止。"① 教育领域的腐败致使中国的一些大学正在迅速流失知识至上的

---

① 李松:《中国隐性权力调查》,华夏出版社 2011 年版,第 88—89 页。

大学精神，"知识"和"思想"日益丧失追寻智慧、引领社会的功能和作用，反而沦为晦涩烦琐的智力游戏与职称晋升的"敲门砖"。一部分知识分子开始失去学术研究与教书育人的动力和兴趣，他们谄媚权贵、弄虚作假、欺世盗名、唯利是图，从层出不穷的剽窃丑闻，到丧失良知地为权贵代言，不断地陷落着自身的知识操守，陷入"鄙俗"的功利主义与"反智"的物欲主义，成为民众眼中的"砖家""叫兽"，为原本就以经济标准鄙视知识分子群体的反智的物欲主义者增添了更为"确切"的口实。由此，中国社会之文化权威的公信力量、知识精神的引导力量必然遭到严重的削弱和消解。

更为严重的是，教育领域的腐败所导致的学术精神的流失与知识尊严的受损，必然严重影响大学教育、人才培养的质量，以及学生正确人生观的塑造，致使所造就的部分"精英人才"丧失应有的求真意志与智识精神，在智力异化的社会环境中沦为极端的利己主义者与反智的物欲主义者。这种"反智"并不意味着，他们不具有高超的专业技能，不拥有很高的聪明智商，不具备广博的知识含量，而是在以财富和权力为成功唯一标准的价值范导之下，很早就呈现出世故圆滑、年少老成、工于心计、善舞长袖的人格特质，懂得善于运用各种手段和方法达成目的、获取利益。这样的"精英人才"只是将知识作为实现物欲的工具，却放逐了智识的精神、公民的人格、责任的担当、博大的胸怀、悲悯的情怀。对一个民族、国家和社会而言，精英人才的真正使命在于承担社会的重大责任，在于引领政治、经济、文化的全面进步，在于充当社会发展的推动力量，决非一味地攫取权力、获取财富、满足物欲，为实现一己之私利不计其余，致使法律、道德、理想、知识、精神纷纷溃败在权力和财富的脚下。这同时也意味着，在一定程度上存在不合理性的制度环境与教育环境之中，所造就的社会精英只是以财富、权力、社会地位为标准加以衡量和定义的，他们当中的某些人群并不具备引领社会之精神价值与文化品质的能力和意愿，故而也难以成为支撑起整个国家和民族的脊梁。或许，这才是中国社会"反智"的物欲主义真正的危险之所在。

三、规范的消解：中国社会之物欲主义的特权诉求

中国社会一些人群极端的功利主义与无序的物欲主义，也必然导致和呈现出一种僭越制度规范、消解规范价值的特权诉求，我们在前面所论述的智力的异化即是其中一个较为明显的表征。更重要的问题则在于，中国社会强势群体与弱势群体的高度分化，形成了掌握总体性资本的上层精英与没有资本的下层民众之间的隔阂，上层精英常态性的藐视制度规范的炫耀性消费与公共资源的奢侈性占据，以及对待贫困阶层无视道德、颇为外露的轻蔑与羞辱，都在显示着自身"高人一等"的地位和"与众不同"的特权。这无疑也在加深精英与民众之间的裂痕和紧张关系，致使民众在艰难性生存之物质逻辑的牵引与上层精英的范导下，开始寻求另一种以僭越规则、嘲弄道德的"能力"和"本事"，来实现自身物质性生存的"特权"。更何况，由于社会结构与制度伦理的双重现代性匮乏，权力和人情对制度普遍性的僭越亦是司空见惯的，这样必然导致违反制度和道德以获取利益的成本大为降低，而遵从制度和道德以寻求合法权益的成本大为提升。人们实际上是在以一种"非制度化生存"的方式存在着，亦即"人们所赖以生存的制度环境缺少确定性，在遭遇某种需要解决的问题或情况的时候，不是依据明确而稳定的制度安排来解决，而是依靠一次次的具体博弈。而结果，则取决于每一次具体博弈的特定结果"①。由此，现代性的匮乏所导致的权力的悬殊与权利的失衡，使一些人将以无视制度、违背道德的"特权"来实现自身的利益、满足自我的物欲，视为"理所当然"的事情。

在任何一个时代和社会中，人们以一定物质的符号价值和象征意义，实现社会身份的生产和再生产，都是一种颇为常见的事情。然而，在中国高度分化的社会结构中，上层精英"炫耀"自身与下层民众相区别的"尊崇"地位之时，并不仅仅以物质本身的"稀缺"，更以僭越

---

① 孙立平：《失衡：断裂社会的运作逻辑》，第36页。

规范的"稀缺",来呈现自我"与众不同"的"高贵"身份。如"非典"曾经流行的一个重要原因在于,有人将其作为一种"特殊"的滋补品进行炫耀性消费,"在今天的中国,吃法律保护的野生动物而又不会被追究法律责任,更是一种身份和地位的象征,一种比有钱还要高的身份和地位。其实,类似的社会现象我们在其他领域的社会生活中也可以看到——蔑视法律成为炫耀特权的一种手段,马路上故意违章的有'特殊'牌照的车辆不就是一个可以司空见惯的例证吗"①。又如富人阶层对名山大川、国家森林公园等自然景观和公共资源进行了炫耀性的瓜分和侵占。"在前几年,伴随豪宅热,一些地方的自然资源开始被瓜分和蚕食。在庐山莲花洞这个闻名全国的国家森林公园,这个历史上儒、释、道、天主四大教派的聚集地,园内居然兴起大约50幢豪华别墅,其房主大多是政府官员和富商。"②不仅如此,在一种"势利"的社会环境之中,精英阶层在展示自身的"特权"和"优势"的同时,也在对贫困阶层的蛮横和霸道中展开对他们的羞辱和歧视。"当房地产商说,我们是给富人盖房子而不是给穷人盖房子的时候,当北京的出租车公司所有者说换什么样的车型是我们公司的事情,与消费者有什么关系的时候,当有的知识精英说普通老百姓反对我的观点恰好说明我正确的时候,我们既可以体会到精英的霸道与专横,也可以体会到精英与大众的裂痕在加深。"在这种"上层阶级化、下层碎片化的结构"中③,与上层精英的霸道相对应的是下层民众的愤怒,他们将制度视为只是制约既无权势也无关系之人的东西,亦将道德视为一种软弱无力、无法维系社会公平的东西,进而任意地嘲弄、奚落、蔑视。其实,无论是上层精英藐视社会规范,以炫耀性的消费或利益获取显示自身的"尊贵"身份;还是下层民众以利益争夺只问效果、不顾是非的功利至上的标准,将无视规则和道德的高效率利益获取,视为谋求

---

① 孙立平:《转型与断裂——改革以来中国社会结构的变迁》,清华大学出版社2004年版,第214页。
② 孙立平:《守卫底线——转型社会生活的基础秩序》,社会科学文献出版社2007年版,第164页。
③ 孙立平:《博弈:断裂社会的利益冲突与和谐》,第274页。

生存的重要的"能力"和"本事",实际上都是一种只希望规则制约他人,而非约束自己去获取利益的"特权"诉求,从而必然导致规范价值的虚无和陷落。

然而我们必须正视,这种僭越规范、特权诉求的物欲主义,其实就来自不尽合理之制度环境的现实性"激励"和"范导"。如前所述,制度环境是在利益分配格局与资源配置导向中,范导着一定的社会行为与人们的价值观念。事实上,人们对于一种规范价值的认同并非言语性的观念听从,而是在背景性制度环境的引导之下,逐渐内化于心成为一种价值情感。"就其根本言,社会价值系统是非言说性的,而是作为灵魂渗透并存在于日常生活秩序的每一个具体活动过程中。言说的社会价值系统可能具有虚假性,未必是真实的。只有渗透并存在于日常生活秩序中的价值系统,才具有现实效准性,并对民众有潜移默化塑造功能。"①"成本—收益"的理性抉择使人们在日常生活的直接经验中,不断审视着制度规则与道德规范本身,以形成自身的价值判断,并在一次又一次利益流向的具体生活体验中,以现实生活之"实然"与社会规范之"应然"的对照,来选择保持或修订原初的价值判断,进而形成较为稳定的价值情感。也就是说,人们对于制度规则与道德规范认同的价值情感,就直接来自于对自身生存其中的日常生活世界的体验性认知,是内心敬重还是反感抵触,完全取决于生活事件的良善与否和公正资源的丰富或匮乏。如果在特定的制度环境中,人们看到的是有权力者通吃、有财富者任性,表现为恣意妄为的利益索取;看到的是无权者悲哀、无财者不幸,生存的尊严和正当的权益都无法保障;看到的是一种无德无才之人在曲意逢迎、阿谀权贵、寡廉鲜耻、底线陷落中,获取了与自身品性和才干不相符合的利益,那么无论以何种方式言说和教化制度规则与道德规范的应然价值,都无法真正落实在现实的社会生活秩序之中。中国社会的现实问题在于,社会结构与制度伦理的现代性匮乏,致使掌控总体性资本的精英阶层,在

---

① 高兆明:《道德失范研究——基于制度正义视角》,第22—23页。

权力和资本的联姻中赢者通吃、任性妄为；致使权力和人情对制度普遍性的僭越，在日常生活中呈现为常态性的随处可见、司空见惯；致使遵守制度和道德追求合法权益的成本大为提升，违反制度和道德获取利益的成本大为降低。人们在一种缺乏安全感与确定性的环境中，维系着自身的"非制度化生存"，以至于在权力和资本的庇护寻求中，释放着人性中的邪恶；在为善的"高成本—低收益"与为恶的"低成本—高收益"的"现实激励"中，呈现出人性中的贪婪。由此，无论上层的精英，还是下层的民众，都在一定程度上存在不合理性的背景性社会结构与制度环境中，表现出功利至上的价值渴求与僭越规则的特权诉求，从而合乎逻辑地导致了规范价值的虚无和陷落。

这种消解规范、寻求特权的物欲主义，所造成的后果是相当严重的，它势必导致中国社会之潜在契约和基础性秩序的恶化，进而引发社会良心的萎缩和钝化。潜在契约存在着两个层面的形态，一个层面是超越时代的、成文抑或不成文的底线共识，诸如不许偷盗、做人诚信等底线信念；一个层面是在契约性社会整合中形成的、具有普遍意义的共生性与互助性的共同体关系，它支撑着现代社会的利他行为与基础性秩序。"因为人还同时生活在一个比市场更大的社会中。在这个更大的环境中存在着对市场价格体系有添加和补充作用的潜在互助互利契约和自觉执行意向"，"在社会的政治权力和商品交换关系之外，存在着一种与它们对立的非功利的礼物关系，而社会公正必须靠这种礼物关系来维护"①。这种"礼物关系"也就是现代社会的"潜在契约"，它在个体的层面表现为人际之间的协作与互助，我们在帮助他人的同时也相信他人有朝一日将会帮助我们，而在社会的层面则表现为一种公共服务的关系，它内在地表征着一种普遍的信任结构。由于我们在后文将对中国社会之信任结构坍塌的问题进行详尽的阐释，这里就不再赘述了。我们只是力图表明，消解规范、寻求特权的物欲主义，

---

① 徐贲：《在傻子和英雄之间：群众社会的两张面孔》，第206页。

不仅陷落了中国社会自古以来就有的、作为底线价值的"潜在契约"，而支撑现代社会基础性秩序的"礼物关系"又尚未完全建立，从而将一切社会职业的目的都归之于权力和金钱的攫取，致使社会职业自身一定程度地丧失了公共服务的功能。如果律师不去伸张正义，记者不去揭露真相，教师不重教书育人，都以金钱和权力作为职业的全部意义，那么各行各业就会掏空各自职业道德的内在基础，人与人之间相互依靠、彼此互助的内心期待也将毫无悬念的落空，社团良心与个体良心必将随之逐渐地萎缩和钝化。"在当今的中国，社团良心泯灭是社会腐败的一个重要表征，表现在许多行业成员的丧失职业道德和个人道德败坏上，连学校、医院、出版、新闻、文学艺术团体等都难以幸免。这样的社团不但不能成为政治和社会腐败的道德抵抗力量，而且还会与那些腐败沆瀣一气、同流合污、共同作恶。"① 而个体良心由于同气相求的社会性和共享性，使之必定会随着社团良心的溃败，逐渐呈现出麻木和钝化的状态。或许更为严重的是，中国社会之潜在契约与基础性秩序的恶化，势必导致具有现代性特征的制度构建和现实运行，变得困难重重，亦难以奏效。

总而言之，中国的社会转型以市场经济体制的建立开启了寻求功利的物欲主义，有限地释放了社会的自由空间，也支撑着个体的自主行为，这种巨大的历史进步是不可抹杀，也不容抹杀的。然而，当这种功利主义在一定程度上走向了极端，物欲主义亦导向了相对无序的状态，一些人群内心深处的贪婪遭到了空前的膨胀，没有底线，亦毫无节制，既藐视智识，又无视规则，权钱的勠力追求与物质的无限享受，成为他们成功和幸福的唯一标准。生活的理想、利他的精神、生命的意义、人生的境界，纷纷湮没于物质的繁殖、财富的获取、钱权的角逐、物品的消费之中。极端的功利主义与无序的物欲主义，已经成为中国社会价值虚无主义最为鲜明而严重的表征，它凸显着精神价值的消解与规范价值的沦陷。

---

① 徐贲：《听良心的鼓声能走多远》，第22页。

第二节　潜规则的盛行：规范价值的亵渎和瓦解

如果说极端的功利主义与无序的物欲主义乃是中国社会之价值虚无主义鲜明的外在表征，它窒息了高贵的精神价值和厚重的生命意义；那么其更为深层的内在表征则在于"潜规则"的盛行，它于"显规则"的暗箱深处缔造了一种非正式的规则体系，"就是中国社会在正式规定的各种制度之外，在种种明文规定的背后，实际存在着一个不成文的又获得广泛认可的规矩，一种可以称为内部章程的东西。恰恰是这种东西，而不是冠冕堂皇的正式规定，支配着现实生活的运行"①。这样，潜规则就以"另一种秩序"的实然呈现，不仅亵渎着正式的制度规则，亦消解着应然的规范价值，从而内在地支撑着投机与无度之物欲主义的喧嚣和汹涌，严重地加速着短视而功利之价值虚无主义的蔓延与陷落。从直观的层面上讲，潜规则以错综复杂的人情关系网络为载体和工具，实现着权力的传递与无权者的权威生产，进而主导物质财富和社会资源之分配与再分配的基本流向。而在宏观的运行方式与规则表征中，潜规则更多也更常见地体现为各个权力集团与利益群体，以各种"土政策"的制定和实施，来实现其对正式规则的权宜和变通，从而产生了"上有政策，下有对策"的执行扭曲与规则变形。更为严重的是，各种权与权、权与钱之间形成了封闭的、庇护与被庇护的荫庇关系结构，不仅大大加深了潜规则之于资源配置的效力，更导致了中国社会的腐败问题。然而，潜规则并非横空出世的幽灵，它直接来自中国社会在寻求现代性的过程中，由于普遍性的制度与规则未能在传统规范失效的瓦砾中获得自身生长的现实支撑与社会土壤，从而在正式规则的背后继续运行着人们早已惯习的、以人情关系为基础的非正式规则。从这个意义上讲，中国社会的"潜规则"是一种"前现代"的文化残留，它在社会大转型时期的"凸显"也就无可避免了。

---

① 吴思：《隐蔽的秩序——拆解历史弈局》，海南出版社2004年版，第437页。

一、人情与关系：中国社会之潜规则的文化场域

在中国社会的文化场域中，"托熟人""拉关系""走后门"早已成为人们心照不宣的社会经验与办事逻辑，在权力"看守"着社会系统之物质财富的生产与分配、社会资源的调配与调节、升迁机会的决定与赐予的状况之下，以人情关系打开各种各样的"大门"便成为一种不可小觑的办事能力和成功秘诀。或许成功人士早已熟稔精心营造和拓展各种关系网的重要性，越是在不同领域、各种职业、各色权力之间左右逢源、游刃有余，便越能获取更多的人脉资源、处事能量与获利机会。"关系网如同树根和青藤一样，在国家树状结构之内组成自身的联系。……官方管道、国家政策和法律的力量在此被关系组织所中和和抵消。它们因环境和某个人的关系网而变得可变。"[①] 由此，中国社会并未真正形成以普遍性规则为基础的公共性社会，而是一种以人情关系为土壤的网状型社会。人们并不习惯于在契约性社会整合的普遍性规则中完成自身的权利和义务，而是更热衷于以私人交情和熟人关系来处理日常事务，通过非正式或半合法的"路子"来实现特殊性的资源获取与利益分配。不仅人情关系成为人们"混社会"的主要支柱，而且察言观色的读心之术、口齿伶俐的社交辞令、机智精明的交往手腕都成为中国社会笼络关系、取得成功的必备技能。于是，"人情""关系"已然成为中国社会之潜规则发生的文化场域和社会土壤，它无疑来自传统之亲族差序格局与亲缘关系网络的社会构建与交往方式的残留与变异。

从根本上讲，传统中国社会是一种植根于分散的小农经济与狭隘的血缘或地缘共同体，国家凌驾于众多共同体之上，以王权、官权、绅权、族权的相互配合，共同实施整合的总体性社会。这种国家之于共同体的先赋性弱整合的总体性社会，除了儒生自觉将自身的思想和

---

① 杨美惠：《礼物、关系学与国家——中国人际关系与主体性建构》，赵旭东、孙珉译，江苏人民出版社2009年版，第265页。

行为统一于国家及其儒家意识形态的普遍性层面之外，人们更多地生存于封闭狭隘的血缘或地缘共同体之中，受着家族规矩、地方风俗、区域传统等非正式的特殊性规则的自然调节，无须国家正式的普遍性规则的强行介入，共同体之间也无须经常性的经济交往。在国家以儒家意识形态的文化整合与礼法统一之下，大大小小的"共同体"呈现出鲜明的同质性和分散性，它使人们将自身的忠诚和情感局限于持久性、无选择性的生存场域，共同体之外便呈现为毫无普遍性的一盘散沙。这种狭隘性和依附性的生存方式，决定着传统中国社会必然是以亲属关系为模板、以人情关系为基础的"差序格局"，"社会关系是逐渐从一个一个人推出去的，是私人联系的增加，社会范围是一根根私人联系所构成的网络，因之，我们传统社会里所有的社会道德也只在私人联系中发生意义"①。这种差序格局表明，人们不仅看重人情关系，更区分出远近亲疏的各种特殊性，随着人情关系从亲属向社会的拓展，国人随时能伸缩自如地将可亲之人纳入"自家人"的圈子，在"欠"与"还"的互报机制与交换行为的作用之下，根据自身与交往者的特定关系来确定实施人情的程度和方式。正因为如此，传统中国社会一直缺乏一种客观性的"标尺"来度量和评判秩序的公正性，进而呈现为人情的特殊性与秩序的普遍性相互杂糅的情理社会形态。这就意味着，国人不太注重也不喜欢没有感情的理性制度的刻板规约，而是热衷以人情调和原则，在具体的情景之下以"情"与"理"之间持中、平衡的方式处理各种社会关系和社会问题，从而显得入情入理、合情合理。在这里，"情"固然是主观特殊性的"人情"，"理"却非客观普遍性的"理性"，而是将心比心、推己及人之主观普遍性的"情理"，这就是人人心里都有的那杆"秤"，也就是每个人心里都自在的"公道"，此即是一种内心之公平感所支撑的主观体验性的"规则"。这种缺乏客观性的表面的普遍性，必定会在现实的人情亲疏中沦为实质的特殊性，亦即帮亲不帮理。而中国传统的礼法制度作为国家制定的正式规则，它固然确定了人们交往的基本原则，却只是一种情理精神、

---

① 费孝通：《乡土中国》，上海人民出版社 2007 年版，第 29 页。

第三章　中国社会之价值虚无主义的主要表征

礼缘人情的制度化，其亲疏性和等级性的差序原则，根本无法形成一视同仁的普遍性制度规范，反而成为充满"权宜"和"变通"的东西。由此，国家的正式规则只是以抽象空洞的一元论道德主义原则维系表层秩序的统一，而众多共同体的非正式规则却填补着人们日常生活之中的各种空白，进而"构成一个留有余地的、模糊暧昧的、未被明确规定又具有潜在可能性的空间，从而形成了一种'间隙化秩序'"①。正式规则反而奠基于非正式规则的基础之上，表面的统一性与内在的纷杂性，致使名实分离、表里不一、阳奉阴违，成为传统中国之社会运行的状态和特质而被默许。更何况，由于国家的表层统一性与共同体的彼此分散性，以及共同体进入国家体制的相对开放性和权力至上性，"几乎所有中国人都明白一个简单的道理，正式制度层面的制定要能考虑共同体的利益，必须要有自己人在制定制度的内部有话语权，事实上，国家体制中的官员也都在为自己的家乡或组织争取利益；反之，如果没有这样的人存在，共同体的利益将得不到实现"②。这样，我们便不难理解，何以国人总是意图并有办法将植入的普遍性制度安排变为特殊性的东西；何以中国社会各个层面都在致力于培植"自己人"进入规则的拟定层或决策层。

计划经济时代以行政性社会整合取代了先赋性社会整合，荡涤了各种血缘和地缘共同体、"三纲五常"的旧秩序与儒家意识形态，然而"此时的现代性制度完全是以优胜者、在上者、外来者的身份深入城市和农村的，这种异质性的生活规训方式能在多大程度上真正与暂时匍匐于制度之下的自发秩序相融合，依然存在疑问"③。更何况，这种"现代性制度"尚只是一种具有普遍意义的"政策性制度"，它的植入并未改变总体性社会结构本身，以及在政治等级秩序中规则的高弹性与不确定性。不仅各种单位与组织的设置和功能上下同构、高度一致，

---

① 吕小康：《社会转型与规则变迁——潜规则盛行的社会学阐述》，南开大学出版社2012年版，第91页。
② 翟学伟：《中国人的关系原理——时空秩序、生活欲念及其流变》，北京大学出版社2011年版，第91页。
③ 吕小康：《社会转型与规则变迁——潜规则盛行的社会学阐述》，第156页。

却在单位与组织之间的横向结构中缺乏关联与自发整合,从而以封闭性的单位与组织继续着传统熟人社会的人际互动模式;而且意识形态的整合功能遭到了空前的强化,道德理想主义、集体主义的亢奋湮没了法律和制度之普遍性的权威,进而以"人心"的教育塑造和"身份"的等级划分延续着传统总体性社会的秩序构建方式。同样重要的是,计划经济体制之僵化性的背后亦存在着严重的"粗疏性"与"非程序化的弹性空间"。"在当时的条件下,由于科层化行政机构的不发达,'蜂窝状组织结构'的存在,以及缺少为集权式体制所需要的必不可少的信息与统计数据,其体制的本身是相当粗疏的。在这种粗疏化的体制结构中,形成的是一种模糊化的决策方式和社会动员式的运作社会生活的方式。这种模糊化的决策方式体现在,它只提出笼统而含糊的目标,对实现这种目标的手段只提出相当原则性的要求。……在实施的层面上,其程序化和规则化的程度是很低的,执行者具有较大的相机处置空间。"①

随着总体性社会内部的改革开放与市场经济体制的建立,日益分化的社会结构使现代性的契约性社会整合与普遍性制度规范成为一种必须。然而,正在解体中的总体性社会结构所延续的前现代的文化惯性,使国人并不将显在的正式制度视为神圣的、普遍的刚性规则,却更依赖于潜在的非正式的人情关系规则,而将正式制度看作权宜的、可变通的、有空子可钻的东西。也就是说,"潜规则"只有在平等性、普遍性而非等级性、特殊性的秩序诉求中,才会"成为"一个社会问题,进而真正地"凸显"出来。传统的差序格局与人情关系网络,作为一种前现代之残留和变异的文化场域,已经成为中国社会现代性构建的巨大阻碍,它与缺乏监督之权力结构的"合流"和"共振",严重消解着法律制度和规范价值的普遍性力量与神圣性尊严。如前所述,中国文化中的"人情"是一种亲疏性差序格局之中的私交感情,它由亲属关系外推而来,在持久性的时空结构中、无选择性的人际关系间,先天地具有情感性与工具性的双重特征,摆脱这些关系的束缚就意味

---

① 孙立平:《重建社会——转型社会的秩序再造》,社会科学文献出版社 2009 年版,第 86 页。

着孤苦伶仃、无依无靠。人情关系的维系则是通过"欠-报"的往复性机制,如恩情报答、礼尚往来等"做人"方式,形成了一种封闭性或半封闭性的交换往来结构,人们不得不套牢于这种互欠和互报的人际结构,以特殊性的交往方式参与利益的调节与资源的分配。在中国社会的关系语境中,与"人情"相对应的就是"面子",它是指个人或群体在权力、人情、才能、道德等方面的公开形象与认可程度,进而导致是否为他人所看得起的心理和行为。个人一旦拥有"被买账"的面子,就意味着在他人心理排序中占有重要的位置,故而更有可能拓展出广泛而优质的人情关系网。中国社会之总体性结构的变革与分化,正是在这种差序格局与人情关系网络的历史惯性与文化场域中进行的。"中国人原有关系网的打破,导致的是人们会仿照原有的方式来重新搭建新的网络,即由一种亲情网转化成一种个人利益交换网。前者中本混有情感性与工具性,但伴随着市场化,工具性逐渐增强,关系变成了关系学;人情成为了一种投资"①,从而在一定程度上延续着以特殊性的人情交往实现社会资源的配置。天然关系网络之中的家庭、亲属、老乡、同学、好友,在进入不同组织与群体的流动关系网络之时,依然具有游离于社会组织的自在性特质。无论是市场行为,还是公共权力,都植根于这种文化土壤,不仅拉帮结派、团团伙伙的事情无法避免,更为重要的是,人情、面子都具有和权力进行交换或传递的功能。其中的差异只在于,人情与权力之间的交换关系是以"欠"与"报"的人情交往与投资交换,使相关者的意愿被认为即是权威者的意愿,进而封闭性地分享了权威者的权力;面子对权力的传递关系则是,当事者在某一关系网络中假借或引入一种为人所认可的权威,致使本居上位的权威不得不顾及另一重要人物的面子,从而实现了无权者之日常权威的生产,面子也就成为传递权势的桥梁。因此,"无论它们如何运作,其效果都是为了建立与他人的特殊关系(有私交和交情),并将社会生活的意义寄托于此。就这一点而言,我们可以笼统地认为,中国人在情理社会中借助人情和面子的运作,放弃的是规则、理性和制

---

① 翟学伟:《中国人的关系原理——时空秩序、生活欲念及其流变》,第89页。

度，得到的却是不可估量的社会资源、非制度性的社会支持和庇护及以势压人的日常权威"①。

二、土政策的运行：中国社会之潜规则的制度载体

中国社会的潜规则问题之所以严重，并不仅仅来自个人以自身人情关系的特殊性交往，如"托熟人""拉关系""走后门"等，对普遍性的制度和规则进行非系统性的僭越，以至于消解了正式制度及其规范价值的神圣性权威与普遍性力量。它的复杂性更在于，"目前的中国处于转型期的多元混合秩序并存的状况，是显规则与潜规则共同发挥作用的社会；潜规则既具有破坏国家法、消解正式制度的显功能，又具有补充国家法、带来正式制度所需要的变化等隐功能"②。也就是说，中国社会潜规则的盛行从根本上在于，它形成了一种非正式规则之于正式规则，或者更准确地说，特殊性规则对于普遍性规则富有弹性和张力的圆通性改造和系统性僭越，反而在表面上显示出一定的普遍性特征。从这个意义上讲，各地区、单位和组织之"土政策"的运行，事实上已成为潜规则在宏观层面上的制度载体。"如果我们要给'土政策'下个定义的话，那它是指地方或组织根据上级的方针性政策或根据自己的需要，结合本地区和组织的实际状况和利益而制定的一套灵活、可变、可操作的社会资源的再控制与再分配准则，而这套准则对其他地方和组织没有效果。"③ 问题的关键和复杂性也在于，"土政策"既要体现国家政策的"普遍性"，也要表达特定集团利益的"特殊性"；既担负着国家政策的补充和具体化的"正功能"，也具有承担潜规则之制度载体的"负效应"。

就法治状态的程度而言，"土政策"是中国社会之法治程度不足的条件下所导致的必然产物。由于中国社会的前现代性因素大量地存在着，不仅法律制度尚不健全、权力监督缺乏长效机制，而且差序格局

---

① 翟学伟：《人情、面子与权力的再生产》，北京大学出版社2013年版，第216页。
② 吕小康：《社会转型与规则变迁——潜规则盛行的社会学阐释》，第34页。
③ 翟学伟：《人情、面子与权力的再生产》，第221页。

与人情关系网络的广泛存在，也使人们并不习惯于刚性制度的遵从与法制意识的自觉。也就是说，中国社会尚未从总体上达到现代法治的水平，依然在以权力主导着社会秩序的维系与社会资源的配置，这就意味着必须用众多的政策来补充法律，以推动各项工作和事业的进展。然而，因为中国社会的各个地区情况差异巨大，政策制定根本不可能细致具体、普遍一致，只能以原则性和模糊性的方式，赋予各地的执行者根据实际情况进行解释的权力和权衡的空间。这样，地方与单位组织的领导者，便在国家政策因地制宜的解释权与相机处置的执行权的授予中，在一定程度上促使了国家方针政策的贯彻和落实，也获得了自身权力的提升和强化。由此，"土政策"既具有传递国家方针政策之基本精神的普遍性原则，又具有结合地方和单位组织之特定状况的特殊性原则；既担负着国家政策的补充和具体化与处理地方和单位事务的显功能和正效应，又具有维护特定集团的特殊利益与承担潜规则之制度载体的潜功能和负效应。无可否认，"土政策"在中国社会转型时期的存在具有一定的合理性。应该说，从普遍性原则来看，"土政策"的形成以国家方针政策为依据，便在一定程度上具有扬弃任意之个人行为的规定性；从特殊性原则来看，"土政策"的制定又必须根据本地或本单位的实际，赋予政策以切实的具体性和可操作性，以适应工作的推进。"土政策，无论其功能上的显性和潜性等，都将同传统的道德观念和现代的法律意识一起，各自对地方和组织生活与工作秩序起着规范、控制与维系的作用。"[①] 尽管如此，各地区、各单位的领导者根据实际状况的解释权限和执行空间，不断扩张、强化，甚至滥用自身的权力，在"实际"的"特殊性"中大量充斥着特定的利益、自我的好处、特殊的关系等等。这些都有可能成为"土政策"制定中必须"灵活掌握"、加以考虑的"实际情况"，从而以表面公正的普遍性掩藏着实质不公正的特殊性，例如政策制定包含既得利益者的同时捎带一些条件符合的人员以显示所谓的"公正"等。这样，"土政策"就将"特殊性"巧妙地揉进了"普遍性"之中，既有利于向上级交差，

[①] 翟学伟：《人情、面子与权力的再生产》，第231页。

又符合制定者的意愿,还让有关人员无话可说,进而使物质财富或社会资源流向预先所设定的轨道。当相关成员对此表示不满时,政策的曲解者也可将其推给国家政策的普遍性,把怨恨引向国家的层面。如此,"土政策"便越来越偏离国家方针政策的精神和轨道,它在造就一手遮天的"土皇帝"的同时,也在塑造大量感受相对剥夺感、无条件忍受、屈从和巴结权威的依附性人格。"土政策本源于对最高政策的具体化和补充。但由于它在制定和实施的过程中采取了将特殊主义和普遍主义两种成分相混合的策略,使得地方或组织的政策制定者在形成其权力合法化的同时,非但没有受到限定,反而随之无限地扩张。结果,地方或单位的权力越大,国家政府和个人的能力就越小。在这种权力的控制下,土政策在内涵上可以被转化为一种对策,具有上对付上级,下对付下属或百姓的功能"①,从而以"上有政策,下有对策"的方式,顺理成章地成为承载中国社会之潜规则的制度载体。

就社会结构的形态而言,"土政策"也是自主性社会与个人力量的相对薄弱、权力之于社会秩序和资源的主导所导致的必然产物。改革开放以来的社会结构与传统的中国社会是具有一定相似性的,国家、单位组织和个人与国家、家族共同体和个人,都存在着中间结构庞大与个人力量较小的格局,这意味着个人并不具有强大的独立性,而是呈现为一种依附性的生存状态。如果说传统中国社会尚具有鲜明的前现代性,使社会的基本单位表现为家庭或家族而非个人,那么当代的中国社会则并不具备较为完善的现代性,个人依然无自主性社会组织可以依傍,从而独自地面对地方单位和并不完善的市场。对于个人来说,国家控制和调配社会资源的方针、政策并非不重要,然而对自身实际生存状态影响更深的方面,则在于生活其中并较为依赖的地区和单位组织的政策和待遇,相比而言,这些才是更实在、更重要的东西。中国社会改革开放以来的地方和单位组织与计划经济时代的情形并不相同,那个时代的地方和单位组织仅仅作为国家政策的传递和贯彻者而存在,并不拥有较大的解释权。但改革开放的放权让利也并未形成

---

① 翟学伟:《人情、面子与权力的再生产》,第231页。

自主性的社会构建，以促使个人之社会权利和行为能力的广泛增强，而是地方政府与单位组织拥有较大的自主权力，从而在一定程度上还是导致了个人对于地方和单位组织的依赖性生存。也就是说，社会力量的薄弱与社会自主性的匮乏，无法产生"一种来自人民利益的合力对政府权力的规范"，亦无法形成"不同社会利益群体对决策过程的必要参与，特别是这些群体表达其利益要求所需要的制度化通道的构建"①。社会力量与自主性的羸弱必然导致个人力量的弱小及其生存状态的依附性，同时也必然导致权力对社会秩序和资源的主导。由此，如同传统中国社会个人对家族共同体、乡村共同体的依附，以致乡规民约、家法宗规具有较大的约束力，地方与单位组织的"土政策"在相似的社会结构与权力主导的社会秩序中，也成为一种现实的需要。这正是中国社会法治程度不足的结构性根源之所在，于是利益的导向性原则便合乎逻辑地使地方和单位组织在制定"土政策"的过程中不断扩张自身的权力，偏离国家政策的本来意图，在主导秩序的同时也在导致秩序较大程度的失范，成为承载中国社会之潜规则的制度载体。"毫不夸张地说，在当今中国社会，凡是最高决策层有方针政策出台，就会即刻在各个地方或组织中产生相应的五花八门的土政策，计划生育、结婚登记、办理城镇户口、农民工进城打工、住房分配、离退休待遇、教师工资待遇、入党提干、选拔人才、报考研究生、出国进修、就近入学、毕业填报志愿、生老病死、设路卡、摊派等等，就不用说一些上级还没有出台而下面已经定出的土政策了。"② 这就意味着，只要权力对社会资源的控制和配置是全方位的，那么"土政策"就必定是全方位的，潜规则当然也就是全方位的。

三、荫庇的网络：中国社会之潜规则的腐败后果

中国社会之潜规则问题的真正危险，决不仅仅在于人们利用制度

---

① 孙立平：《重建社会——转型社会的秩序再造》，第222页。
② 翟学伟：《人情、面子与权力的再生产》，第228页。

的漏洞和弹性空间，非系统性地僭越规则的普遍性约束，毋宁说这只是潜规则发生和运作的文化土壤与操作手段；甚至也不单纯地在于地方和单位组织之"土政策"的制定和运行，以此成为潜规则存在的制度载体。它更在于拥有权力和资本之稀缺资源的社会成员，利用中国社会转型时期有效制度供给不足的机会，以人情交往、"土政策"制定等各种复杂的方式，进行非法性的资源交换和互利，从而编织成各种权力与权力、权力与资本之间，封闭性的、抵御外在性干预的荫庇关系网络。"所谓的'庇荫制关系'（patronage relationship）指的是一个有一定权力、地位与影响力的人，利用其物质财富、社会声望、政治权力资源，去支持并保护另外一些人，或为其提供机会或安全，成为其恩主或保护人。后者作为受惠者，则通过为前者提供私人效忠作为回报，这样，在庇护人与被庇护人之间，就形成一种私人效忠为基础的纽带关系。"① 由此，中国社会的潜规则问题便从非系统性的制度僭越，"升级"为系统性的制度侵蚀与另一种隐性秩序的"规则构成"，从而不仅导致国家自上而下之权威资源的流失与国家机器之公共性功能的钝化；同时由于自下而上之政治和决策参与的渠道性匮乏，也无法避免日益扩大的两极分化与腐败的弥散性蔓延。这样，规范的失效和疲软之于中国民众产生了强烈的相对剥夺感和巨大的示范性效应，使腐败形成了强大的渗透性与扩散性，进而导致功利投机主义和价值虚无主义的盛行，眼前的利益便是至上的原则，规范价值不再具有被尊重的神圣性和普遍性的规约力。

如同其他后发现代化国家一样，中国社会之市场经济体制的建立也是在总体性社会结构内部进行的，以尚未分化的、全面掌握社会资源的、总体性权力结构推动经济改革，全面处理日益分化的政治、经济与社会事务，这就形成了一种现实的悖论和困境，即总体性权力结构在成为经济改革之推动性力量的同时，也为权力与资本的联姻、既得利益集团之荫庇关系网络的形成，提供了前所未有的机会和条件。"由于市场发育的程度较低，市场吸纳从国家垂直控制下脱逸出来的资

---

① 萧功秦：《中国的大转型——从发展政治学看中国变革》，新星出版社2008年版，第192页。

源的能力远不及享有传统特权的既得利益集团吸纳这些资源能力。这就使得某些个人与政治势力,利用其拥有的传统政治资源,取得从国家控制中脱离出来的利益,并利用这种利益进一步扩大,形成新的势力资源。而且,以放松控制为主要手段的变革速度越快,分利集团的肿胀速度也就越快。"① 也就是说,内在于总体性权力模式的市场经济,易使市场沦为高效率权钱交易的新场所,而权力则成为牟取私利的有效手段。总体性权力结构内部握有权力、地位、财富、声望等稀缺资源的社会成员,就在新旧体制转型的市场培育过程中,通过原有的特殊条件和资源,以各种复杂的非市场化操作手段,进行非法性的资源交换和互利,编织成各种权力与权力、权力与资本之间,投机性和封闭性的荫庇关系网络,以谋求更大的权力和利益。这种荫庇关系网络形成了另一种隐性秩序结构和另一类潜在规则系统,从而以庇护与被庇护的特殊关系与制度结构,构成了腐败的基础和土壤。"这个庇护网络,几乎入网的每一个个体,都有自己的恩主,也都有其下属作为效忠者,而所有这些个体都可以通过关系网彼此找到中介人而获得相互庇护与非法制的互利。"② 这显然不以外在的法律制度为支撑,而是以庇护者与被庇护者之依附性交易所产生的权利和义务关系作为"隐性制度",从而在彼此之间形成"知恩图报""礼尚往来"的荫庇性潜规则。这就意味着,在这个网络之中的官员或商人,他们的升迁或发财的内在依据,并非政绩或才干,而是效忠与服从的程度。尤为严重的是,这种以政治权力为中心、以私人效忠为基础的庇护关系网络,更具有封闭排他性与复制延伸性。由于社会人都具有现实利益范导的理性人特质,当处于庇护关系网络之外的生存状态,是一种到处碰壁、混得不好的现实处境,那么以各种人情关系和手段"挤进"相对封闭的"圈子",就成为一种"明智"的选择。这在权力高度集中于"一把手"的官场之中显得更为明显而典型,不仅下级的升迁需要对上级的实权者曲意逢迎、投其所好,上级的实权者亦需下级的效忠与回报来

---

① 萧功秦:《与政治浪漫主义告别》,湖北教育出版社2001年版,第138页。
② 萧功秦:《中国的大转型——从发展政治学看中国变革》,第189页。

巩固自身的权势和地位。由此,庇护关系网络的形成使进入者如鱼得水、无往不利,未进入者则遭到排挤、无情淘汰,庇护者与被庇护者之间往往一荣俱荣、一损俱损。正因为如此,各种庇护网络都在不断地自我复制和向外延伸,形成了重重叠叠、无所不在的关系蛛网。这种复制与延伸所导致的,绝不仅仅是权力与权力的相互荫庇,在权力与资本,甚至权力与文化之间,同样进行着一种彼此互利、相互交换的网络编织,"个体、私营经济的从业者不得不依附于掌握着资源的官员。大凡成功的个体和私营企业的背后,都存在着与官员的这种较为稳定的'庇护—受庇护'的关系"①,进而在一定程度上形成了全面掌握政治、经济、文化三种重要资源的"总体性资本与总体性精英"②。这样,以政治权力为中心,向外延伸和复制的荫庇关系网络和既得利益集团,便凭借着总体性权力结构内部的各种资源优势,在培育市场机制所形成的各种获利机会中,以非市场的方式不断地发展和繁殖自身,从而以隐性秩序的潜规则,极大地消解着正式规则的制度化和程序化,致使群体性的腐败无可避免。

所谓腐败,从根本上讲,正是在市场经济转型的过程中,出现了有效正式制度供给不足,以至于为非正式制度的潜规则,提供了一种高收益、低成本的非法性获利空间。尽管腐败甚至群体性腐败的问题,在社会转型时期的大量出现不可避免,它却极易导致国家自上而下之权威资源的流失与国家机器之公共性功能的钝化,表现为法律制度的任意破坏、国家政令的执行不力、行政事务的效率低下等等。孙立平曾言:"国家的意志和政策依靠各级官员的行动才能化为现实。然而,由于各种复杂的原因,在过去 20 年中出现了国家机构中各级责任承担制形同虚设,以及金钱操纵决策的趋势。这就使得国家行使威权的能力极大地钝化了。人们可以看到,至少在一部分地区,在那些最需要官员登台的地方,如在教育、扶贫和各项社会公益事业中,往往看不到他们的身影;而在政府官员最不应该出现的地方,如谋求市场利益

---

① 孙立平:《转型与断裂——改革以来中国社会结构的变迁》,第 201 页。
② 同上书,第 99 页。

和各种高消费场合，他们却经常出没于其中。"① 这种国家机器之公共性功能的钝化，极大地损害了国家超越性与公正性之社会代表者的形象，从而引发民众信任度的降低与国家权威性的流失。更何况，掌握着总体性资本的精英阶层，在自下而上之民众政治和决策参与的渠道性匮乏的状况之下，利用稀缺资源的非市场性交换与非法性互利，必然导致与没有这些特殊资源的人群之间，财富差距与两极分化的进一步扩大，致使中国社会分配公平与正义问题越来越紧迫地凸显出来。由于正式制度和社会规范的疲软和失效，民众产生了对于制度规范的质疑和嘲弄，亦即既然遵守规范较之于僭越规范反而要付出更大的成本和代价，失去更多获得利益的机会和空间；既然一些不遵守规则的人不仅没有受到惩罚，反而获得了诸多不正当的利益，那么我们为什么还要遵守这些"无用"和"虚假"的规则。

民众内心这种强烈的相对剥夺感，以及精英阶层非法牟利的示范性效应，致使腐败问题从政治和经济领域渗透并扩散于各个行业内部，甚至日常生活之中。"无论是腐败还是由腐败催生的潜规则，都具有很强的渗透性和扩散性。久而久之，腐败开始成为一种生活方式，成为人人要去适应的生活方式，甚至开始成为社会中一种被人们接受或默认的价值。……更值得警惕的是，在一些地方，清廉和正直开始成为被嘲弄的对象，而腐败却开始被人们接受。"② 这样，不仅规范价值丧失了神圣性与普遍性的规约力量，而且也导致了功利投机主义与价值虚无主义的盛行，眼前的利益便是至上的原则，不再论及以何种方式和手段去牟取和获得。更需要警惕的是，腐败与潜规则问题的蔓延，任其发展下去将可能导致一种非动荡性的"软危机"，其特点是"体制与秩序在形式上会仍然存在，但整个社会却处于实质上的无政府状态，有令不行，有法不依，土皇帝当道，这些因素甚至将有可能成为一种退化了的制度体系的生活方式的组成部分"③。对此，党中央已经明确

---

① 孙立平：《转型与断裂——改革以来中国社会结构的变迁》，第60页。
② 孙立平：《重建社会——转型社会的秩序再造》，第196页。
③ 萧功秦：《中国的大转型——从发展政治学看中国变革》，第126页。

表示:"中国共产党始终代表最广大人民根本利益,与人民休戚与共、生死相依,没有任何自己特殊的利益,从来不代表任何利益集团、任何权势团体、任何特权阶层的利益。任何想把中国共产党同中国人民分割开来、对立起来的企图,都是绝不会得逞的。"①

第三节　社会信任的危机：公共秩序恶化的开始

中国社会之价值虚无主义更为严重的表征和风险,则在于社会信任的危机,它既是腐败蔓延、潜规则盛行、极端功利主义和无序物欲主义所引发的当然后果,又在另一个层面上推动着这些问题的进一步加深和弥散,不仅消解着社会成员相互认同的潜在契约,更侵蚀着社会制度良善运行的基础性秩序,致使公共生活秩序不断遭到破坏和恶化。从社会关系抑或社会秩序的维度上讲,"所谓信任,是在一个社团之中,成员对彼此常态、诚实、合作行为的期待,基础是社团成员共同拥有的规范,以及个体隶属于那个社团的角色"②。这里的"社团"所指称的范围既可小至核心家庭,亦可大至民族国家。也就是说,社会信任是在相应的空间和领地、一定的时间和历史之中,所产生的良善的心理期待与优质的社会资本,它是人类社会彼此合作、相互交换的基础和土壤,一旦丧失轻则付出高昂的社会运行成本,重则导致社会共同体的解体。然而,当代中国社会信任已在一定程度上遭遇了困境与危机,人们不仅在政治层面因腐败蔓延而产生对政府的质疑,也在经济层面因诚信缺失的低成本而付出昂贵的交易代价,更在社会层面因公共生活的自私冷漠而失去安全感。这也意味着,中国社会的大转型使人格信任或特殊信任、系统信任或普遍信任,都失去了自身应有的效力,导致了社会信任的真空；这更意味着,社会信任的基础和土壤来自相应的社会结构,欲建立现代社会普遍信任之机制,必构建

---

① 习近平:《在庆祝中国共产党成立100周年大会上的讲话》,《求是》2021年第14期。
② [美]弗朗西斯·福山:《信任：社会道德与繁荣的创造》,远方出版社1998年版,第35页。

第三章　中国社会之价值虚无主义的主要表征

现代性之社会架构,以国家和社会之间的相互信任,作为其重要的结构性根基。从这个意义上讲,社会信任的危机和恶化已成为中国社会价值虚无主义最为严重的表征和风险,它不仅导致社会运行的高昂成本,亦将引发社会秩序的失范。

一、失序与不安:中国社会之信任危机的主要表征

社会信任不仅是人类合作与交换的社会资本,也是社会制度良性运行的基础性秩序,更是人们之公共生活、相互交往的确定性期待,生活在高度信任的社会环境之中,便可在一种良善的社会秩序里获致"本体性安全"[①]。然而,如同空气和水源受到污染威胁人类生存一样,社会信任一旦丧失,也必将引发公共生活的混乱与失序,以及生存其中的焦虑和不安。在当代中国之社会信任的匮乏状态下,这种失序与不安不仅表征为政治生活中,民众由于权力的任性所导致的拥权自肥,产生对政府的质疑和不信任;也表现为经济生活中,人们由于金钱的任性与违规获利的低成本所引发的诚信缺失,产生对企业和商家的怀疑和不放心;更呈现为社会生活中,人们由于权钱的殖民与功利的无序所表现的杀熟行为、背信弃义,而产生对各类人群的疑心和警惕。也就是说,某些地方政府的失信行为、层出不穷的假冒伪劣、有增无减的亲子鉴定、良善行为的险恶质疑,等等,都在表征着信任危机在政治、经济、社会等各个领域和层面的迅速蔓延。这势必导致社会运行与制度运转付出高昂的成本和代价,也必将消解民众生活的安全感和幸福感,从而陷入内心不安与社会失序之间相互促进的恶性循环。一旦民众对政府失去信任,即便真正出台惠民、利民的措施和政策,其真实性与公信力也定然屡遭质疑;一旦人们对商家丧失信心,即便真心降价让利、价廉物美,依然会被视为假冒伪劣、以次充好;一旦民众对学术失去尊重,即便高大上的优秀著作,同样会被看作是抄袭和拼凑所致。当信任危机升级为质疑制度和道德本身的有效性与神圣

---

① [英]吉登斯:《现代性的后果》,田禾译,译林出版社2000年版,第115页。

正价值之真实性的时候，这种信任环境的盐碱化，必将使"权钱之外，一切皆假"成为人们心照不宣的"信念"，从而严重阻碍着经济、社会各项事业的发展。

就政治领域的信任危机而言，它表现为民众之于政府的质疑与不信任，"在中国的众多信任缺失中，最基本最主要的还是政治信任缺失问题，最大的危险也是政治信任危机"①。这一方面在于，政府是现代社会之制度规则的制定者和维护者，亦是公共平台与社会秩序的缔造者与监督者，公共权力能否提供公平、公正的良善秩序以确立自身之"公信力"的权威，成为维系政治秩序与社会秩序的关键之所在；而另一方面则在于，中国社会至今依然是政治权力治理一切的结构形态，"我们到现在也没有走出'一统就死，一放就乱'的两难困境，还没有找到一套'分而有争，争而不乱'，分散社会风险的合理机制"②。也正因为如此，政府诚信就更成为其他一切社会信任得以成立的前提和基础，它不仅具有强大的规约力量，理应成为社会信任的捍卫者，也拥有巨大的示范效应，理应成为社会风气的引领者。然而，政府诚信，特别是某些地方政府的诚信资源，却在一定程度上出现了流失。"其中群众最不满意的前三项依次是腐败渎职、盲目搞政绩工程、政务财务不透明。"③不仅有些党政干部贪污渎职、腐败堕落、徇私舞弊、铺张浪费招致民怨沸腾；而且由于法治程度较低，政府决策缺乏应有的科学性、透明性和稳定性，致使民众缺乏安全感和信任感；同时有些地方官员急功近利地追求短期政绩，缺乏科学的论证与长远的考量，盲目以形象工程的上马劳民伤财，却对民生疾苦和迫切的问题不够重视，使民众深感失望。"政府信用的影响比个人信用和企业信用的影响更具广泛性、深远性。其一旦流失，就具有很强的扩散性、长久的破坏性和巨大的毁灭性，恢复成本也往往比其他信用要大得多。"④它将不仅

---

① 马俊峰等：《当代中国社会信任问题研究》，北京师范大学出版社2012年版，第52页。
② 同上书，第53页。
③ 阎孟伟、于涛：《现时期我国社会诚信缺失的现状及原因——构建社会诚信体系研究报告（一）》，《理论与现代化》2013年第4期。
④ 白春阳：《现代社会信任问题研究》，中国社会出版社2009年版，第106页。

导致社会信任多米诺骨牌式的倒塌，亦使制度权威性与道德规范性遭到消解，从而造成社会整合的失效与社会秩序的失范。

就经济领域的信任危机而言，它表现为市场利益主体之间的相互质疑和不信任。由于中国社会市场经济的法制基础并不牢固，加之社会诚信体系构建的薄弱和匮乏，致使以失信的非法手段谋求利益，如制假贩假、偷税漏税、坑蒙拐骗、恶性欺诈等，较之于诚信经营与勤俭创造而言，并未遭受严厉的法律制裁和难以负担的经济损失，反而能够以更少的成本获取更多的利润。本来，市场经济就存在着利益主体之间，尤其是卖家与买家的信息不对称，这就无异于给大量不诚信的经济行为打开方便之门，范导他们设置陷阱诱骗消费者。同时，"中国的监管权主要分散地'集中'在政府的一个或几个功能部门。在'利益指挥棒'的驱使下，这些监管部门在'增加管理收入'和'消弭一切不法'之间作何选择是很明显的。更何况，追查到底可能损害其他平行部门的利益，涉及不菲的行政成本甚至政治风险。当监管本身变成一种垄断的利益来源，那么，'监督不给力'和问题'越查越多'的结果也就是可想而知的"①。行政权力的庇护无疑进一步助长了不诚信经济行为的嚣张气焰，从而导致了经济领域的信任危机，如恶性违约、合同诈欺；相互拖欠、恶意逃债；财务失真、账目作假；制假贩假、防不胜防。这不仅极大地破坏了市场秩序，导致企业经营与市场交易成本的大幅提升，更恶化了社会风尚和价值生态。"我国市场中的诚信缺失已成为行业的普遍现象，成为行业的'潜规则'。许多企业都更愿意相信，只有通过各种失信行为才能获得利润，而诚实经营被视为'傻子'遭到排斥。这样的市场环境如得不到治理，将损害行业的整体利益，最终遭殃的还是企业自身。"② 由此，信任危机严重地侵蚀着中国市场经济的"嵌入性"基础，不仅消解着投资者与消费者的信心，使人们在"毒大米""地沟油""三聚氰胺奶粉"的阴影中领受安全感缺失的惶恐，亦使中国经济承受着高昂的运行成本，蒙受着巨大

---

① 郑永年：《中国改革三步走》，东方出版社2012年版，第177页。
② 阎孟伟、于涛：《现时期我国社会诚信缺失的现状及原因——构建社会诚信体系研究报告（一）》，《理论与现代化》2013年第4期。

的经济损失。"中国每年因为逃废债务造成的直接损失约1800亿元，合同欺诈造成的直接经济损失约55亿元，产品质量低劣和制假售假造成的各种损失至少2000亿元，由于三角债和现款交易增加财务费用约2000亿元。另有，近年来合同交易只占经济交易量的30%，合同履约率只有50%左右；合计起来，中国每年因不诚信造成的经济损失高达6000亿元。"①

就社会领域的信任危机而言，它表现为一般社会主体之间的相互质疑和不信任。由于权力和金钱之于道德底线的常态性颠覆，致使社会主体之间对彼此的内在人格发生了持续性的怀疑和猜忌，如老人摔倒后的无人帮扶、对见义勇为者的挟尸要价、频繁出现的亲子鉴定等，都表征着信任危机从行业到地域，从生人到熟人，从亲戚到家人，渗透到社会生活的各个层面。其中对社会秩序与人身安全危害最大的当属"杀熟"行为与"戾气"蔓延。由于传统的信任结构是以"亲缘"为基础加以构建的，时至今日"熟人"依然是国人眼中最值得信任的人群，从而构成了中国社会信任结构的核心内容。"相对于其他的信任结构而言，这种以'熟人'为基础的信任结构也是一种更为基本的信任结构。但在'杀熟'的过程中，恰恰将这种最基本的，甚至是仅有的信任结构，给摧毁掉了。昨天还以为是最可信赖的人，今天就成了坑害自己、让自己上当的骗子。于是，人们就自然得出了一个结论：除了自己，谁也不能信任。"② 如果说"杀熟"行为使得"老乡见老乡，两眼泪汪汪"的情感信赖，蜕变为"老乡老乡，背后一枪"的恐惧和冷漠，进而瓦解了社会信任的仅有形态；那么"戾气"蔓延则表征着社会信任的危机对于人身安全的威胁。它是公平公正的匮乏、社会生活的失序、信任结构的瓦解所诱发的暴力行为，社会主体之间的关系常被理解为"官"与"民"、"富"与"贫"的阵营对峙，整个世界的人际状况亦被理解为充满敌意、暗藏杀机，从而焦虑不安、疑神疑鬼。"社会成员之间，互害型社会成形，'阴谋论'泛滥，世界一分为二，

---

① 翟学伟：《关系与中国社会》，中国社会科学出版社2012年版，第174页。
② 孙立平：《转型与断裂——改革以来中国社会结构的变迁》，第119页。

没有中间地带","当强者继续肆无忌惮的时候,弱者隐蔽的暴力倾向也被激励"①。由此,社会信任的瓦解并不仅仅意味着相互的猜忌,导致生活成本与经济损失的加重,它更可能意味着暴力和伤害,故而决不可等闲视之。

二、人格与系统:中国语境之社会信任的双重匮乏

从更为深入的层面上讲,中国社会的信任危机表现为"人格信任"与"系统信任"的双重匮乏。"人格信任就是对某个具体人物的信任","亲族、领地、同乡会、行会中的信任都属人格信任。系统信任则指对匿名者组成的制度系统的信任。因为交往与流动的扩大,现代社会将很多过去属于人格信任的事务移交给系统信任"②。尽管这两种信任形态一直在历史的长河中共同承担着社会生活之良善秩序的构建,传统社会亦有如科举制一般的系统信任,现代社会也存在着私人领域的人格信任,但无论如何不同的社会形态都具有各自占据主导地位的信任模式。由于传统社会的交往形态在于以血缘和地缘之狭隘地域的直接交往,人际之间是一种封闭的无选择性关系,其信任模式必然以"在场"的直接信任,亦即相信个体道德的"人格信任"为主导,以特殊性而非普遍性的方式处理人际交往,从而导致亲和"熟人"而对"生人"产生排斥和戒惧。而现代社会的交往形态则突破了狭隘的地域界限,人际之间是一种开放的可流动性关系,其信任模式当然以"脱域"的间接信任,亦即相信制度媒介的"系统信任",以普遍性而非特殊性的方式处理社会关系,从而将"熟人"和"生人"都纳入制度的框架中进行信用评估。中国社会的大转型出现了一个极为复杂的悖论,现代化程度的低下使社会生活很大程度上仍然依赖于熟人之间的人格信任,但这种信任模式一方面鲜明地表现出自身的局限性,如内部人以外的诚信缺失;另一方面也不断出现力度和功能的减弱和衰败,"杀

---

① 熊培云:《这个社会会好吗》,第168页。
② 郑也夫:《信任论》,中国广播电视出版社2006年版,第5页。

熟"现象就是最好的例证。然而,以普遍性制度体系为基础的系统信任却未能有效建立,故而未能形成在熟人信任之外延伸出生人信任的良善格局,以致人格信任瓦解的同时系统信任尚在襁褓之中,出现了新旧信任模式交替中的真空和盲点,导致了人格信任与系统信任之双重匮乏的叠加效应,从而引发了中国社会的信任危机。

从总体而言,中国社会的信任危机经历了这样一种脉络,从"中国的农耕文化所建立的信任网络本身是自在的",到"计划经济之后,虽然相当一部分人走出家乡共同体来到城市的单位里工作,但档案制度依然维持了原有的信任关系","在市场经济出现后,国家对于信任的发展没有给予及时的配套性改变,从而导致一方面新型的信用体系缺失,另一方面原有的信任网络与档案制度业已解体,从而发生了目前已经触目惊心,甚至令人发指的恶性事件"[1]。由于中国传统社会之时空结构的封闭持久性与人际交往的无选择性,致使"信任网络"呈现为一种自在的、无法退场的表现形态。亲缘关系与拟亲属网络的先天固定性和无法解除,使人们之间的信息获取具有透明性和全知性的特质,而熟人社会极具杀伤力的社会舆论犹如隐性的警察机制,更使无信誉者无处容身、无法躲避,甚至于丧失熟人关系网络中的一切社会资源。因此,这种信任模式建立在私人性的交往与实质性的人格基础之上,是基于具体的人格熟悉与特殊的私人信任,是在一生抑或数辈人的交道中建立的全知性认知与归属性情感。欺骗和隐瞒在这种深度互动、几乎透明的社会关系之下变得十分困难,并不存在信息不对称的问题,也无须个人提供真实的资料,口碑就是不成文的信用记录,这就使人格信任成为一种自然而然、无须置疑的"放心关系"[2]。由于在中国传统社会,家庭既是社会结构的基石与社会制度的模板,国家与社会就是家庭关系的扩大和翻版;家庭亦是社会利益的单位与彼此接纳的界限,家庭伦理构成了社会伦理的基础。于是,人格信任便成为一种以自己为中心,依照远近亲疏原则由内向外逐渐递减的表现形

---

[1] 翟学伟:《关系与中国社会》,第189页。
[2] 同上书,第186页。

态,从家人和亲属的血缘和亲缘关系,到家人以外诸如干亲、同乡等拟亲缘关系,再到各种后天建立的如师生、同窗等各种归属关系,从而实现了由"家人"到"自家人"之熟人信任结构的繁殖和扩展。尤为重要的是,尽管传统农耕社会中建立的王权国家从表面上构建了诸如科举制的系统信任机制,但其家天下的社会政治格局,根本无法消解特殊信任网络之于官僚政治系统的渗透,也无法获得一种普遍的公共性,反而使之成为政治权力的运行土壤,进而形成各种政治势力,引发朋党之争;就连商人团体、钱庄票号的建立和发展所依托的基础性秩序,依然是以熟人为基础的人格信任体系。而至计划经济时代,城乡二元结构使农村人归属于"人民公社",城市人隶属于"单位",从而延续着封闭生活方式的归属性与全知性,当然也就延续着人格信任与放心关系,所不同的只是档案制度的政治信任评估之于传统口碑信用的取代。然而,传统的人格信任毕竟是一种以人情为纽带、以深度互动为基础的、特殊性的熟人信任模式,无法建立普遍性的信任关系,无论是血缘和地缘团体,抑或职缘团体,都只是将信任关系囿于亲人、朋友、同事等熟人范围以内,具有极大的封闭性和狭隘性,无法延伸至整个社会。这就意味着,人同此心、心同此理的仁爱和道德,由于狭隘的社会关系与信任模式,从未真正获得自身的普遍性,极易形成熟人团体的诚信和道德与生人关系的自私和冷漠的强烈反差,从而使传统的人格信任网络本身,就内在地潜伏着"失信"的危机,并伴随着现代化的推进而日益显现。

中国社会市场经济体制的建立,使之不断消解着传统的各种共同体,也逐渐揭开了熟人纽带温情脉脉的面纱,以冰冷的金钱利益关系取而代之。随着城乡二元结构的解体,熟人社会亦在个人原子化的推进中逐渐瓦解。这样,每一个人至少在应然的维度中,无须再承受传统共同体的那种既无法退出,也无可选择的人际关系,而是可以在职业选择、人才流动、工作调动、地域迁移中感受破除壁垒后的相对自主。无论是农村人自由流动地进城务工,还是城市人的自主转行和单位跳槽,都在显示着社会交往方式的变迁,也必然意味着传统信任结构的日益失效。而档案制度之原有功能的丧失更使"一个体可以在没有线索、没有个人记录、没有归属、没有档案,只要随身带张身份证(也许是假造的,或者借来的、偷来的)情况下就可以游走于中国,或者当一个体或者生产部门在没有信用记录或评价下就可以从事生产劳动、商业经营或交易活动,特别是地下作坊、无证经营"。"在中国人还没有做好准备的时候,信任机制已经被迅速推向了'脱域',只是这里面的更大风险在于处于脱域中的象征标志与专家系统自身的道德也出了问题,人们经常看到的假币与专家不凭良心说话,而是凭金钱说话等已经到了相当严重的程度,进而导致假冒伪劣充斥市场,直至出现了'杀熟'现象。以上这些特征在根本上催生了中国信任危机的到来。"① 于是,传统的人格信任网络伴随着道德和舆论约束力量的式微而日益失效;现代的系统信任体系又未真正建立起来,传统与现代的交替之际出现了两种信任形态的同时匮乏,进而产生了一种强烈的叠加效应。其中,传统的人格信任的失效使之发生了较为复杂的社会表征,一方面利益的驱动使一些人仅仅致力于小团体的收益,而将对外经济交往的坑蒙拐骗和不讲诚信,视为牟取利益的必要手段;另一方面就是熟人关系内部的欺骗,也就是"杀熟"。"由于中国社会的现代化程度较低,与发达社会相比,其社会生活在更大程度上仍然依赖于熟人间的信任,杀熟无疑是对其社会生活的极大破坏。换言之,在信任进化的分析模式中存在着两端:其中一端不仅在熟人中建立了信任,而且靠着系统信任在陌生的环境中建立了信任;另一端则不仅在陌生人中缺乏信任,而且熟人中的信任也日益丧失。杀熟标志着后一极端,标志着社会信任降到了最低点。"② 而这种后果的产生当然植根于系统信任尚未真正的建立,它不仅表现为普遍性的现代信用制度的薄弱和匮乏,更表现为现代的法律规范、制度规范、道德规范的疲软症。诸如公共权力的私有化、法律制度的执行不力、违规行为的处罚无力、执法部门的以罚代管、遵从制度的高昂成本,等等,都在传统之特殊性的道德和舆论失效后,进一步导致了普遍性的制度系统之信任构建

---

① 翟学伟:《关系与中国社会》,第 187—188、173—174 页。
② 郑也夫:《信任论》,第 222 页。

的缺位,从而引发了一些民众对于制度与道德自身有效性的质疑,不仅不再相信制度,甚至还"蹂躏道德","故意将社会中的某些道德规范加以违反、嘲笑和奚落;将违反道德的言语和举动做得故意张扬,以引人注目;对符合道德的现象故意加以嘲弄和羞辱,以表明自己与道德势不两立"①。由此,传统人格信任的失效与现代系统信任的缺位,引发了二者之间相互恶化、彼此叠加的共振效应,从而导致了中国社会的信任危机。

三、国家与社会:中国场域之社会信任的结构缺位

更为重要的是,中国社会之信任问题的根本风险,在于"国家"与"社会"之间的信任匮乏,这种结构性的缺位不仅易于导致国家机构或政府部门的设租与寻租性腐败,及其向经济行业与社会领域的迅速蔓延;而且国家之于社会事务的总揽也必将使一切社会问题都归责于国家,这势必导致民众对于国家认同感和归属感的下降。从应然的维度上讲,现代社会的利益分化使信任结构并不仅仅表现为个人之间的相互信任,更多地以组织之间的彼此信赖呈现出来,这使国家或政府与社会组织之间的信任,成为其中更为基础性的表现形态,若能达成便可在相互合作的伙伴性关系中,最大限度地减少社会摩擦、降低运行成本。与此同时,由于社会信任来自社会成员之间的自主性交换与交往,进而在相互的选择和博弈中产生良善的未来期许和稳定的价值心理,自主的社会领域故而也是信誉或信任发生的重要土壤。然而遗憾的是,不仅中国传统社会家族共同体的内部信任之于国家公共性的断裂,致使其信任结构不可能覆盖于整个社会;也不仅计划经济时代将个人与社会纳入国家行政系统的掌控之中,致使社会组织之间的信任形态无从生长;就连市场经济体制建立以来,也未能真正有效地实现社会信任,从"在场"的人格化向"匿名"的非人格化的转变,"国家化和市场化的齐头并进"成为"国家与社会之间信任危机的根源

---

① 孙立平:《断裂:20世纪90年代以来的中国社会》,第272页。

之一"①。这就意味着,在自主性社会领域中促使普遍性信任的生长,进而建立国家与社会的相互信任,从未真正地达成过,二者之间的结构缺位与信任匮乏,已然成为中国社会之信任问题更为根本、更为基础的表现形态和社会风险。

无论是传统社会之家族信任或亲缘信任,还是计划经济时代的组织信任或政治信任,从一定意义上讲,都未实现国家与社会之间的相互信任,所不同的是,前者来自家族或亲缘的内部信任之于国家公共性的消解;后者则在于国家对于社会的全面掌控导致社会信任的发生缺乏应有的土壤。在传统社会,"中国人的个人忠诚自始至终都是效忠自己的家庭,国家不过是家庭的放大,这就造成了家与国之间的实际断裂,是谓只有家而无国,具体则表现为信任上的个别主义,普遍地对公共性缺乏必要的关怀"②。这一方面当然意味着农耕时代的中央集权国家由于官僚数量、技术手段、组织能力等因素的限制,未能实现普遍、彻底的行政统合,反而要与家族共同体和士大夫-士绅阶层相配合,才能达成王权国家之于社会共同体的统治。这样一来,国家不仅不能完整地建立普遍性的系统信任,其现实运行尽管设立了回避制度,仍然要受到社会之特殊性的人格信任网络的渗透与侵蚀,甚至还无可选择地以此为基础;就连人们离开熟稔的乡村共同体,进入陌生的城市环境之中,依然要以熟人关系为基础的社会团体,如同乡会,来展开自身的社会与经济活动。更为重要的是,王权国家本身就是一种"家天下"的统治格局,"国"并不具有真正的公共性,相反成为社会群雄所逐之"鹿",从一定意义上讲也就是"人人有份的占有",这种"大公平观的开放性特征使个人的远大志向也一再受到激发:其他人能做,自己也可以做;其他人能得到,自己也能得到;其他人能拥有,自己也能拥有,即所谓的'皇帝轮流做,明天到我家'"③。也就是说,在"家天下"的政治格局之下,国家无法提供有效的公共秩序,社会

---

① 郑永年:《中国改革三步走》,第175页。
② 白春阳:《现代社会信任问题研究》,第159页。
③ 翟学伟:《中国人的关系原理——时空秩序、生活欲念及其流变》,第283、277页。

只是国家防范的对象,国家与社会之间不可能达成真正的信任,信任结构只能局限于亲缘共同体的范围之内。至计划经济时代,个人与社会内在于国家行政系统的掌控之中,传统亲缘共同体的内部信任转变为一种组织信任和政治信任,"这种信任的机制是,个体家庭对国家交出大部分剩余产品,换取国家提供满足其基本需要的私人品和必要的公共品,尤其是惠及整个社会的经济发展"。这种"隐性契约"[1],尽管赋予了国家和社会以整体性的政治秩序,然而自主性社会组织的阙如,致使社会信任丧失了自下而上的生成机制和土壤,仅仅在自上而下的行政命令和信用垄断中,完成经济资源的配置与政治信任的划分。这就意味着,不仅社会经济领域缺失了企业之间的横向性联系、自主性交往与契约性合作,信用只是由行政性国家银行掌控的辅助手段;而且政治领域也只是以单维度的档案制度标识个人的政治属性,进而确保"人民阵营"的"纯洁性"。"由于当时是一个以阶级斗争为主题的时代,档案主要是为政治特别是为政治控制服务。在一个人的档案中,记录得最多的,是有关个人的政治信息,如入党入团材料、历次政治运动中的政治表现、各种各样的思想汇报和政治评语,以及是否犯过政治错误、是否存在政治瑕疵的记录等。而且,档案的管理,在当时是高度神秘化和封闭性的。除了相关的组织部门,别人根本没有可能查阅,而且档案对案主本人也是高度保密的。因此,在那样一个时代,档案中被塞入'黑材料'而自己却全然不知的事情,常有发生。"[2] 这种组织信任或政治信任只是在隐性契约中进行的一种单维度的政治掌控,自主性社会组织的缺失使国家与社会之间无法形成双向的对话与交流,当然也就无法形成二者之间真正意义上的相互信任与合作。

改革开放与市场经济体制的建立,使中国社会的交往方式发生了前所未有的变革,从封闭的地域交往到开放的世界交往,从直接的熟人交往到间接的生人交往,从现实的人际交往到虚拟的社会交往,国家之于社会空间的有限让渡,已经使社会在一定程度上拥有了相对的

---

[1] 郑永年:《中国改革三步走》,第174页。
[2] 孙立平:《守卫底线——转型社会生活的基础秩序》,第21—22页。

自主性。这就为信任形态从"在场"的人格信任或单向的政治信任,向"匿名"的系统信任或双向的社会信任转变,赢得了重要的契机。然而,由于中国社会的转型和变革脱胎于总体性的社会结构,国家权力依然是社会事务深度的管理者和介入者。这也就意味着两个颇为严重的现实问题:其一,国家之于经济社会事务的过度干预,势必导致权力之设租与寻租的互动,从而不仅引发国家机构与政府部门的腐败,而且迅速向经济、社会领域蔓延;其二,国家对于经济社会事无巨细的总揽和干预,必将导致一切社会问题都归责于国家自身,从而引发民众对国家信任度、认同感与归属感的下降。事实上,社会信任"人格化"向"非人格化"的转变,"使日常活动嵌入进抽象体系","对抽象体系的信任既是时-空伸延的条件,也是现代制度(而非传统世界)所提供的日常生活中的安全的普遍性条件"①。普遍性的法律规范、制度规范由于其刚性的监督和惩戒功能,使之成为现代社会间接而抽象之媒介信任的基石。由于国家及其实体性存在的各级政府,掌握着强大的公共权力,它们既是制度规范的制定者,亦是制度规范的执行者,其公信力已成为整个社会信任体系的核心和主导。从这个意义上讲,当代中国之社会信任的构建就在于国家与社会之间双向信任机制的培育,既表现为国家对于社会自我管理能力的信任;亦表现为国家提供优质的公共服务,搭建公正的公共平台,使财富、机会和权力得到公平的配置,以获得社会的高度信任。但是,中国场域之"半总体性"的社会结构,使国家权力依然是各种经济社会事务深度的管理者和干预者,不可避免地导致权力设租与寻租的腐败问题,不仅政府部门超越性与公正性的缺乏使其公信力大为削弱;而且腐败向经济行业与社会领域的迅速蔓延亦导致了社会秩序的凌乱。政治领域的拥权自肥、腐败蔓延,经济领域的诚信缺失、坑蒙拐骗,社会领域的自私冷漠、狡黠势利,生态环境的恣意破坏、竭泽而渔,法律规范、制度规范、道德规范的疲软症,使民众对"象征标志"与"专家系统"的有效性表示质疑,不再信任作为国家权力体现者的政府官员,不再信任作

---

① [英]吉登斯:《现代性的后果》,田禾译,第 99 页。

第三章 中国社会之价值虚无主义的主要表征

国家权力规约力量的制度规范，也即是社会对于国家的不信任。同时，"权力对于经济利益和社会组织的垄断，反过来又压缩了社会的生存空间，提高了社会信用的成本，削减了合法经营的利润；而金钱和市场对传统意识形态和基层组织的取代，以及国家信用的私人化和非社会化，又进一步降低了一般社会成员'非常手段'的道德成本"①。这种国家对社会的不信任，亦导致了国家和社会互动的匮乏、社会自治能力的薄弱、公共生活秩序的恶化，更为加深了社会对国家的不信任，也陷入了国家与社会互不信任的恶性循环，从而引发了规范价值的消解和陷落、民众生存状态的焦虑和不安，以及对国家认同感与归属感的下降。这使自主性社会与超越性政府的构建与互动，已成为当务之急，唯其如此，中国社会之信任体系的建设才具有坚实的基础。

综上所述，中国社会的价值虚无主义，已然产生了一定的社会危害。从最为直观的层面上讲，中国社会的价值虚无主义表征为物欲主义的汹涌之于一切超验价值，乃至规范价值的僭越。这种物欲主义并非井然有序的物欲主义，而是在高度分化的社会中以富人阶层的炫耀性消费主义与贫困阶层的物质性生存逻辑，共同衬托出的相对无序的物欲主义。它是在某些人群眼中没有底线、毫无节制、藐视智识、无视规则，只有物质繁殖、财富获取、钱权角逐、物品消费的短视疾患与贪婪病症，从而导致了社会肌体内在灵魂的消解与精神基础的侵蚀。从更为深刻的层面上讲，中国社会的价值虚无主义表征为社会运行中"潜规则"的盛行。它内在地支撑着无序物欲主义与极端功利主义的喧嚣和汹涌，进而导致普遍性规范价值约束力的削弱。潜规则不仅以错综复杂的人情关系网络为载体和工具，实现着权力的传递与无权者的权威生产，从而主导物质财富和社会资源分配与再分配的基本流向；而且显在地表现为各个权力集团与利益群体，以各种"土政策"的制定和实施，实现其对正式规则的权宜和变通。更为严重的是，各种权与权、权与钱之间封闭的、庇护与被庇护之荫庇关系结构的形成，又大大加深了潜规则对资源配置的效力，从而引发腐败问题。从社会秩

---

① 郑永年：《中国改革三步走》，第175页。

序的层面上讲，中国社会的价值虚无主义表征为社会信任的危机。它不仅消解着社会成员相互认同的潜在契约，更侵蚀着社会制度良善运行的基础性秩序，致使公共生活秩序不断遭到破坏。人们不仅在政治层面因个别人的拥权自肥、贪污腐败而产生对政府的质疑；也在经济层面因诚信缺失、坑蒙拐骗的低成本而付出昂贵的交易代价；更在社会层面因公共生活的自私冷漠、狡黠势利而失去安全感。当然，除了上述表征之外，价值虚无主义亦在精神信仰的"需求异化"中表现出严重的社会问题，从而在乡村中出现了各种封建迷信的死灰复燃、各种扭曲宗教的乘虚而入，以至于以愚昧落后的"信仰"填充着人们心灵的"真空"。由此，中国社会的价值虚无主义已然表征了极大的社会危害，它侵蚀着社会精神的基石，恶化着价值生态的状况，妨害着社会正义的构建，消解着中国民众的幸福，从而成为中国现代化进程中最为严重的社会问题之一。

第四章

中国社会价值虚无主义的社会文化根源

中国社会的价值虚无主义并非横空出世的社会急症，它无可避免的必然性和独特性在于，传统之一体化社会整合的失效与现代之契约化社会整合的未完成，所导致的"旧者已逝、新者未立"的社会失序与价值真空，进而表现为以"神性"为基础的精神信仰已然坍塌，以"理性"为根基的思想信念却尚未形成。质言之，也就是以神圣终极价值为唯一准则的绝对性价值构建所确立的传统规范秩序失范以后，却未能产生具有自主性人格的多元社会主体，以自我立法的相对性价值构建建立有效的现代规范秩序，从而引发了社会价值秩序的紊乱。具体说来，中国社会之现代化进程的展开和推进，致使整个社会形态与生存方式，发生了从封闭性到开放性、从同质化到异质性、从单一性到多元化的转变。传统一体化社会整合与绝对性价值构建日益失效，进而导致中华民族在轴心时代所确立之最高价值"天道"的崩塌，以及与之一脉相承的"神圣目的"的式微，"人在做，天在看"的价值信念与"神圣目的"的精神追寻，已无法产生昔日应有的范导性和规约力，以致精神价值系统发生多米诺骨牌式的坍塌和陷落。这无疑是中国社会之价值虚无主义产生的深层根源。与此同时，由于中国社会现代化的推进与转型是在列强专横，以至于中华民族遭遇亡国灭种之虞的急迫性历史境遇中展开的，传统文化未有充分时间实现自身的现代性转化，便已成为一种强大的阻滞性力量，从而必以激进的社会变革方式被彻底抛弃甚至摧毁，这是中国社会在现代化转型过程中产生价值虚无主义的文化根源。加之中国社会"半现代性"的现实状况，不仅社会结构呈现出尚未完全分化的"半总体性特征"，制度伦理亦表现为普遍性力量亏欠的特质，社会人格也显示出依附性的表征，正是这种前现代性的残留与现代性的匮乏，成为中国社会之价值虚无主义发生的现实根源之所在。

第一节　传统价值构建的失效：
价值虚无主义的深层根源

传统中国社会与计划经济时代的生存方式与社会形态，都在呈现为一种封闭性，从而也必定是同质性和单一性的表征与特质，在这种"机械整合"的社会结构之中，其社会建构与价值构建必然显示出总体性、一体化、绝对性的特征和表现。不仅传统社会的形态结构犹如马克思当年所描绘的那样："一小块土地，一个农民和一个家庭；旁边是另一小块土地，另一个农民和另一个家庭。一批这样的单位就形成一个村子；一批这样的村子就形成一个省。……广大群众，便是由一些同名数简单相加形成的，好像一袋马铃薯是由袋中的一个个马铃薯所集成的那样"[1]；而且计划经济时代以行政权威为基础的组织结构，亦是一种排斥横向契约关系与异质个体自主性的"类同质体结构（para-homogenous structure）"[2]。正因为横向自主性关系的匮乏，致使封闭的同质性社会赖以维系秩序的力量，只能是纵向的垂直隶属性政治权力及其意识形态的权威，从而以自上而下的、单一的垄断性力量和资源，赋予社会个体以特定的身份、角色、义务，以致从宏观上形成机械、稳定的有序性。这种有序性在精神价值的构建上，就表现为社会个体之于绝对价值与唯一准则的集体意识与共同信仰，如此将不仅可确保外在之社会行为的协调一致，亦能在最高价值的膜拜和效忠下，将精神价值系统聚合为一种同质性的、类似行伍序列的秩序状态。这种传统一体化、绝对性的价值构建，所产生的信念形态便只能是外在于个体良知与实践理性参与的"神性"，进而以自上而下的精神输出与价值贯注，实现整个中国社会的价值有序性。然而，现代化进程一旦开启和推进，势必导致封闭性生存方式的解除，非自主性社会个体的

---

[1] 《马克思恩格斯选集》第1卷，人民出版社1995年版，第677页。
[2] 萧功秦：《与政治浪漫主义告别》，第447页。

释放、多元化社会力量的形成，以及横向契约关系的依旧匮乏，这些都将导致以政治权力和意识形态为载体的垄断性、绝对性价值构建的失效，从而在个体理性的生长和复苏中引发以"神性"为基础的信念形态的退场，以致社会价值秩序出现错乱。这无疑是中国社会价值虚无主义产生的深层根源。

一、封闭的解除：传统一体化价值构建失效的社会动因

尽管传统中国社会与计划经济时代的社会结构，存在着自然性构建与创制性构建的重大差别，但是单就生存方式与结构形态而言，却都是一种封闭性的生存方式，一种同质化的结构形态。所不同的是，前者表现为以"家族"为基础的血缘或地缘共同体的"马铃薯集合体"，后者呈现为以"单位"为基础的职缘共同体的"蜂窝状组织结构"。也就是说，虽然国家对于诸多共同体进行了同一化的普遍性社会整合，但人们实际上还是生存于各自封闭、狭隘的共同体之中，从而致使每个共同体都同质化地承载着政治、经济、文化的总体性功能。不仅传统中国社会的家族或宗族共同体，以公有族田承载收拢宗族的经济功能；以祠堂作为执行家族法规的政治场所；以家谱制履行家族意识形态的文化功能，进而与官僚政治、小农经济、儒家思想的国家结构形成相应的同构关系，而且计划经济时代的单位共同体，亦以社会资源的垄断性配置、上级精神的传达与学习、思想政治工作的开展，来履行自身经济、政治、文化的总体性职能。应该说，在封闭性与同质化的生存方式和社会结构中，总体性社会整合不仅有效地建立起良善的社会秩序，亦为政治、教化合一之单一性、一体化的价值构建提供了重要的基础和土壤。然而，封闭性生存方式一旦解除，无论是传统中国社会遭遇西方现代文明的强势冲击，导致政治权威与礼教力量即旧一体化社会结构的坍塌；还是计划经济时代不再适应日新月异的社会发展，即跨入改革开放新阶段后新一体化社会结构的瓦解，都雄辩地凸显出总体性社会整合与一体化价值构建失效的内在必然性。正如金观涛所言："一体化组织方式在相对与世隔绝的条件下建立，它本

来只是一种维持社会基本形态不变的机制,当遇到不断进步的西方现代文明的挑战时,只能用意识形态更替来追求现代化目标。但是,这种更替意识形态方式建立的新一体化结构仍然是僵化的,不能适应快速进步的世界。这里我们看到的,是一种保持社会稳定(但因此也停滞)整合机制与现代社会不断进步之冲突。"①

在农耕文化形态的传统中国社会,家族或宗族之血缘或地缘共同体成为揭示中国文化要义的钥匙,它全方位地占据着公有族田的经济资源、祭祀祠堂的政治资源、家族谱系的文化资源。可以说,家族或宗族共同体就是一种整合和承载政治、经济、文化之总体性资源和功能之封闭性、自足性的小社会,它不仅是传统中国社会的构成性单元,还是国家构建的基础性模板,亦是一体化价值构建的社会性根基。就其对祠堂之政治功能的执行和掌控而言,这无疑来自农耕文化的祖先崇拜,"祖先的一个重要的实际功能就是整合、凝聚整个家族。祖先的后代以家族为核心构成一个整体。祖先虽已逝去,但在古人看来,祖先始终与整个家族共在,是家族中不可分割的一部分"②。祖先不仅是生命所出之源,也是价值构建之源,"崇祖"与"敬天"之间本就具有同一性,中华民族在轴心时代所确立之最高价值——"天道",便是由祖先崇拜逐渐演化而来。因此,祭祀祖先不仅成为家族或宗族共同体之权威性的表征,所谓"宗庙致敬,鬼神著矣。孝悌之至,通于神明"(《孝经·感应章》);亦成为王朝国家之政治权威性的体现,因为太庙本身就是政权的象征,一个家族或宗族没有祖宗意味着无本之木、来路不明,一个王朝国家失去了太庙也就意味着政权的丧失。可见,祠堂就是一个宗法家族或宗族的朝圣之地,它既是族人祭祀祖先,聆听祖训箴言,在庄严的祭祀仪式中感受家族传统与道德氛围的神圣之处;亦是族长施政族内事务,调解家族纠纷,处理涉外事宜,执行家法族规的威严之所。凡严重违反家法族规、被开除出宗族者不再允许参加祠堂祭祖,祠堂由此成为整合家族、凝聚人心的权威机构。就其对族

---

① 金观涛、刘青峰:《开放中的变迁——再论中国社会超稳定结构》,法律出版社2011年版,第422页。
② 石磊:《先秦汉代儒教天论研究》,中华书局2015年版,第111页。

产之经济功能的履行和掌控而言，家族或宗族以公共经济的构建，收到族内互助与救济抚恤之功。"这种经济形式主要有三类：祀田、义庄和义塾田"①，成为祭祀祖先、资助穷困、鼓励读书的重要的经济基础，从而使封闭性、自足性的家族或宗族拥有充分的财力，处理大小事务、培育家族人才、凝聚宗族成员等等，亦即获得所谓"收族"之效。就其对家谱或族谱之文化功能的行使与掌控而言，"宗人之间是有血缘关系的，若没有宗族组织对族人加以联络则关系松散，通过修族谱联系起来，凝聚在一起，修谱人成为宗族的核心，将族人组织化，从而产生宗族"②。更何况，族规祖训、圣谕训诫、族谱规约等大多记载于内，这使族人不仅知晓自身家族发祥和血统关系，也明白行事准则与道德习俗，从而成为家族或宗族之意识形态的灵魂与核心，与族产和祠堂一道构成家族或宗族的实体形态。此外，封闭性和自足性的家族或宗族生活，构成了人们彼此之间信息资源的全知性与情感关系的归属性，进而形成了血缘或地缘共同体之于人际关系资源的全方位掌控，以及道德评价与思想交流的直接性和在场性。这种生存境遇意味着封闭狭隘的血缘或地缘共同体，不仅掌控着个人的物质生活，亦成为其精神生活的道德警察，亦即由外而内的全面控制。这样，道德生活与价值构建便在熟人社会无法退场的自在性交往中，呈现为一种隐性、原生性的风俗习惯与道德习俗，依据狭隘性、特殊性的道德良心和社会舆论，十分具体地评判何人、何事、何时、何地所发生的道德行为。这种以自然性身份等级为基础——如辈分——构建而成的区域性"集体意识"，成为全国性儒家意识形态的单元和细胞，它使普遍性的宗法礼治与特殊性的乡间道义内在地结合在一起，共同支撑着中国社会的价值秩序。

而计划经济时代的中国社会，人们生活在一种创制性"单位"的职缘共同体之中，尽管不同于自然性"家族"之血缘或地缘共同体，但它仍然是一种封闭性、同质化的社会结构与生存方式。这个封闭性、

---

① 冯尔康：《中国古代的宗族和祠堂》，商务印书馆 2013 年版，第 79 页。
② 同上书，第 256 页。

第四章　中国社会价值虚无主义的社会文化根源

自足性的小社会,既是特定时代之中国社会的基础性单元;亦是一体化价值构建的组织性根基。这种封闭狭隘、过度稳定、缺乏流动的生存状态,在一定程度上延续着熟人社会之信息资源的全知性与日常生活的依附性。人们数十年的邻里关系造就了全方位的信息流通,不仅各自的家庭关系、就业地位、收入状况等呈现出公开或半公开的状态,而且任何陌生人的到来都极易引起人们的注意。同时,"单位"之职缘共同体尽管履行着自身的经济、政治、社会之总体性职能,也全方位地掌控着政治、经济、文化之总体性资源。个人的生老病死、衣食住行都依靠单位的供给,脱离单位并不意味着自由,而是为社会所抛弃,既无法获取社会资源,亦无法取得社会角色。由此,单位之于生活资料与社会资源的全面掌握与集中配置,取得了对于个人的绝对优势与绝对领导,大到个人的政治觉悟、工作态度,小到子女生育、夫妻关系都在单位的直接控制和领导之下。加之社会流动的严格限制,更强化了个人之于单位组织的依附性生存,"在改革前的总体性社会中,中国并没有世界上普遍实行的身份证制度。实际上起身份证作用的,一是工作证,二是单位介绍信(在农村,则没有工作证,起作用的是由人民公社或生产大队开具的介绍信)。无论在单位之外的什么地方联系工作或私人生活的有关事宜,都必须以工作证和单位介绍信证明自己的身份"[①]。单位与单位之间缺乏自主性的双向互动与相互交往,只能在纵向领导与垂直管制的整合格局中,以政府为中介进行非自发性往来。如果说传统中国社会是以"家族"之血缘或地缘共同体为单元,整合而成的"马铃薯集合体";那么计划经济时代则是以"单位"之职缘共同体为细胞,"横向到边、纵向到底""上下同体、左右同构",构建而成的"蜂窝状组织结构"。这样,由于单位组织之职缘共同体依然是一种封闭的熟人社会形态,具有信息资源的全知性与生存状态的依附性,精神生活与价值构建便在一种无可选择性的社会交往中,在组织领导与意识形态的社会整合下,展开政治教育、思想汇报、宣传学

---

① 孙立平:《转型与断裂——改革以来中国社会结构的变迁》,清华大学出版社 2004 年版,第 184 页。

习、帮扶互助，从外在的行事作风，到内在的思想闪念，都加以非常具体的教育和塑造，从而为国家自上而下的、单一性、一体化价值构建与政治动员奠定了同构性的组织基础。

无可否认，由于与这种封闭性、自足性、同质化的社会结构与生存方式相适应，总体性的社会整合不仅有效地提供了良善的社会秩序，也为政治、教化合一之单向度、一体化的价值构建供给了重要的土壤和基础。然而，封闭性的生存方式极易形成一种自足性的内循环系统，从而陷入狭隘僵化、故步自封的泥潭，既扼杀了社会个体的自主创造力，也窒息了社会进步和发展的内在原动力，现代化的推进便难以从自身内部培育、生长出美丽的花朵和丰硕的果实。与此同时，一旦封闭性、自足性的生存方式受到各种冲击而解除，无论是传统中国社会遭遇西方现代文明的蛮横入侵，以致宗法结构与礼教权威土崩瓦解，非自治性个体呈现出行为失范的无组织状态；还是计划经济时代不再适应社会经济的快速发展，进而以再度的落伍和贫困，凸显改革开放的紧迫性，都显示出封闭的新旧一体化社会结构瓦解的内在必然性，也以开放流动之社会格局与生存方式的势不可挡，呈现出总体性社会整合与一体化价值构建的失效亦无可避免。

二、垄断的无效：传统一体化价值构建失效的政治动因

由于封闭性、同质化、自足性的社会结构与生存方式，致使共同体与共同体之间的横向自主性关系极为匮乏，难以通过彼此契约性交往实现社会秩序的整合与价值秩序的构建，维系这种社会形态的良善秩序与价值构建，只能是纵向的垂直隶属性政治权力及其意识形态的权威，从而以自上而下、单一性的垄断力量维系社会的机械稳定性与内在认同感，也就是说，无论传统中国社会，还是计划经济时代，都是以政治权力统合与意识形态教化合一的排他性垄断方式，实现总体性社会的一体化价值构建，全面掌控着政治权威性、社会规范性、个体之生命意义。就前者而言，分散性和自足性之血缘或地缘共同体的社会基础与差序格局，致使原生性的道德习俗与风俗习惯，极易亲和

于同一性的儒家伦理与礼教形态，以致将特殊性的区域集体意识，整合为普遍性的国家意识形态，实现了共同体自然性身份等级与国家礼法性身份等级的同构性转换，在全国范围内确立了忠孝仁义、亲亲尊尊、上下有别的礼治秩序和思想权威。而科举制的同一性力量与士大夫的阶层性基础，又使儒家意识形态拥有了垄断的权威性和粘合性，内在地统合着王权、官权、绅权、族权、父权，从而实现了政教合一的一体化价值构建。就后者而言，尽管政治权力与意识形态的属性发生了根本的改变，但以政治权力和意识形态整合社会与构建价值的垄断模式和深层结构，却并没有发生变化。由于"单位"垄断了一切生活资料与社会资源，实现了对个人事无巨细、日常生活的绝对领导，为意识形态自上而下、单向度地政治动员和精神贯注，奠定了重要的组织基础。然而，一旦现代化的进程已然开启，无论是传统中国社会还是计划经济时代，都势必导致非自主性个体的释放和多元化社会力量的形成，由于横向契约关系的匮乏和凌乱，必然引发垂直性隶属结构与一元化意识形态之权威性的瓦解，致使垄断性、一体化的价值构建逐渐失效。

在以分散性小农经济为基础的传统中国社会，国家机器因组织结构、技术条件、官僚数量方面的匮乏，无法产生覆盖全部社会生活的官僚体制，王权国家只是凌驾于自足性血缘或地缘共同体之上，对其进行同构性弱整合的实体结构。国家对官僚的下派也不过到县一级，而县以下的乡村都由血缘家族或地缘共同体实行自治。由此，王权国家之于各种共同体实施垄断性政教合一的社会整合与价值构建，就不可能是王权与意识形态双管齐下、一插到底，而是通过儒家思想之观念的力量来延伸王权，实现王权、官权、绅权、族权、父权的内在统合。"如果仅仅是儒家学说把宗法组织与国家组织协调起来，把国家看作是家庭的同构，那么它只是一种观念的力量，但是，一旦用儒家学说来组织国家，并通过儒生来实行国家管理，那么这种观念的力量就转化为组织的力量，成为协调宗法组织与国家组织的调节器。也就是说，利用儒生来组织国家官僚机器及基层社会自治从而实现一体化结构，便能在一个封建大国中推行和利用宗法组织力量。"① 显而易见，正是以儒家学说为考试内容的科举制度，造就了儒生与士大夫阶层，他们在朝为官、在野为绅，进则与君王共治天下，退则执掌乡村教化，不仅实现了政治权力与意识形态的合一，也完成了王权-官僚系统、士大夫-士绅阶层、家族或宗族共同体之旧一体化社会结构的黏合，亦实现了王权的向下延伸，从而与官权、绅权、族权、父权内在相联。这也意味着，传统中国的社会统合与价值构建，是以政治权力的弱整合与意识形态的强整合相结合来完成的，所形成的三种垄断性权威力量，即政治权威之"君"、社会权威之"父"、精神权威之"圣"，实现了从天子到官僚再到民众的政治统治、从族长到家长再到成员的家族主宰、从圣贤到士人再到平民的思想教化，进而在政治权威与家族权威的共谋、政治权力与文化权力的携手中，完成了一体化、垄断性的价值构建。然而，"儒学并没有仅仅局限于学者文人们坐而论道，而是通过中国源远流长的科举考试制度、书院教育制度和私塾制度，通过朝廷和官府办书院、立社学、祭祀孔庙，发行日常读物，倡导通俗文学等，以各种形式富有成效地向民众百姓进行儒学传统公共道德伦理教化，广泛地作用于人们日常的道德生活"②。不仅王权通过颁布圣谕，灌输忠孝仁爱、尊法明礼；绅权亦在平常的乡村事务中主事乡里、教化一方；族权更在日常生活中处理族务、规约子孙，尤其在宗族祭祀的具体仪式的演练中，体现着正统意识形态之法祖敬天、尊卑有等、昭穆有序的精神。此外，定期的庙会、集市等乡间活动，众多的戏曲、小说等民间文艺，都在以一种喜闻乐见、寓教于乐的方式，传递着忠臣义士、孝子贤孙、义夫节妇的故事，从而形成了"集体无意识"的观念和行为。这样，正统的儒家意识形态便在各级政治权力的贯注中，内化于朴素的乡间道义与风俗人情之中，致使身份等级的礼治秩序，既存在于"庙堂之高"，更渗透至"江湖之远"。同时，垄断性的价值构建不仅意味着政治、教化之一体化的构建模式，也意味着意识形态

---

① 金观涛、刘青峰：《兴盛与危机——论中国社会超稳定结构》，法律出版社2011年版，第51—52页。
② 黄睛：《晚晴中国乡村的公共道德生活探微》，《伦理学研究》2008年第1期。

囊括人寰、无所不包的功能设定，既要强化政治权威，又要确立社会规范，还要释义宇宙苍穹，进而形成一种垄断的价值系统，它要求人们在所有社会生活中，都必须依照单一性的价值原则来行事。因此，儒家意识形态不仅是官方的主流学说，亦是民族的文化精神；不仅是国家的价值秩序，更是个人的精神信仰，由于政治权力与文化权力的高度耦合，民族的文化精神与个人的精神信仰，都必然融合于现实的王权政治秩序之中。

而以"单位"为组织基础的计划经济时代，政治权力与意识形态的性质和内容发生了根本的改变，但由于封闭性和同质化的社会结构与生存方式并无变化，故而这种总体性社会的价值构建只能是政治和教化之一体化、垄断性的构建模式。"在制度建设上，权力文化网络被权力组织网络取代，国家权力以前所未有的广度和强度渗透到其统治疆域，传统国家与社会之间的中介网络被取消，取而代之以正式的国家机构。"[①] 于是，传统中国社会的自足性家族生活，为计划经济时代之封闭性组织生活所取代，"单位"成为社会生活的主要场域。这种同质化的单位组织，被强大的政治意识形态黏合成一种高度整合和低度分化的"蜂窝状组织结构"，进而形成了国家机构、政党精英、基层单位之新一体化社会结构，为政治权力和意识形态双管齐下、一插到底的价值构建，提供了坚实的组织基础。由于民众解放成为国家的主人，全社会都表现出理想主义与集体主义的振奋，意识形态的强势话语成为一切思想和行为之正当性的唯一标准，加之政治觉悟与意识形态忠诚，本就是进入精英阶层、身份地位划分、社会资源获取的首要准则，更使政治意识形态成为强势的控制和整合力量。由此，党政机关官方文件的层层传达、官方媒介的高频率输出，都成为一种重要的权力载体，它承载着自上而下、疾风暴雨式的政治动员；经常性、针对人心的意识形态宣传和学习；时时刻刻、春风化雨式的批评与自我批评；树典型、学先进的高大全英雄人物塑造，以及对落后对象、反面人物

---

① 吕小康：《社会转型与规则变迁——潜规则盛行的社会学阐释》，南开大学出版社2012年版，第148页。

的鞭挞和批判,等等。政治意识形态塑造人心的强势力量,使之期待着民众内心的价值认同与精神信念,迸发出无穷的战斗力。"从文化心理的角度看,这实际上是儒家将人的道德水平视为判断社会分层(君子与小人)的标准这一'由内而外'、'实质正当优于形式正当'思路的延续,只是其判断标准从传统的三纲五常变成了新式的政治标准而已。"① 这也意味着,封闭性和同质化的总体性社会,其一体化与垄断性之价值构建的基本模式具有深层的同构性。同时,计划经济时代的意识形态,也在这种构建模式之下成为一种囊括一切的、伦理整体性价值系统,它不仅赋予了政党权威以终极的合法性,还赋予了社会伦理以神圣的正当性,更赋予了社会个体以充盈的生命意义,成为全民共享的精神价值体系,任何的生活事件与职业抉择都能显示出一种宏大的使命感。

毋庸置疑,政治权力统合与意识形态教化之一体化、垄断性的价值构建方式,及其由此形成的、包罗万象的总体性精神价值系统,只有在封闭性与同质化的社会结构中才是有效的。一旦现代化进程的开启,打破了这种封闭性和同质化的社会结构,一体化、垄断性的价值构建必将失效。就传统中国社会而言,西方文明的强势冲击导致了政治权力之合法性与权威性的衰败,由政治权威和礼教力量的解体释放而出的非自治性社会个体,因为契约性人际关系的匮乏,迅速引发了社会行为的失范与社会秩序的混乱。就计划经济时代而言,不仅以其封闭和僵化的社会架构所造成的再度落伍,使之逐渐退出了历史舞台,而且改革开放所导致的社会分化,亦使社会诸领域不再是政治的附庸;私人领域的凸显又使个人的生命意义不再为政治所规定;社会阶层的分化亦使阶层意识不再为政治所同一。这些现实状况都意味着调节总体性社会的原则不再适用于分化的社会,以至于自上而下之垂直隶属性政治力量所形成的垄断性价值构建与共享性价值系统,必然失去自身的有效性与社会规约力。

---

① 吕小康:《社会转型与规则变迁——潜规则盛行的社会学阐释》,第161页。

三、神性的退场：传统绝对性价值构建失效的文化动因

由于传统一体化、绝对性的价值构建，是一种自上而下的精神输出与价值贯注，它所产生的信念形态便只能是，外在于个体之实践理性参与和约定的、膜拜性的"神性"。就传统中国社会而言，作为整个社会之构成性原则与主流性价值的"儒家学说包含了一套基于信仰上天、天命决定论、预测及阴阳五行理论之上的宗教思想子系统。这一子系统首先相信天人合一，天是整个宇宙——包括人类世界在内——的统治力量，进而相信命运或先决论，上天作为最高统治力量来掌控万事万物的方向。占卜和阴阳五行理论都是用以了解上天愿望、窥探天命的手段，从而帮助人们趋福避祸。与探究天命相关的是天人交感理论、风水的概念，以及其他形式的巫术和泛灵论"[①]。这就意味着，中华民族轴心时代所确立的最高价值——"天道"，支撑着两个紧密相联的文化传统，一个是以儒生与士大夫阶层为主体的、趋于理性化之儒家伦理的大传统，"天道"成为承载这种信念形态的精神之源；另一个是以普通民众为主体的、在前科学时代充满神秘色彩的神鬼仪式、医药养生等小传统，"天道"亦成为支撑此种信念形态的超自然力量。由于小传统是一般民众世俗生活的前提，它内在于传统家族制度与社会政治网络之中，尽管"大传统为整个文化提供了'规范性'的要素，形成了整个文明的价值内核，成为有规约力的取向"[②]，但小传统与民众日常生活与社会制度的合而为一，不仅使乡民文化与精英文化相互依存，亦使整个社会环境呈现出总体神圣的氛围。就计划经济时代而言，虽然与"天道"一脉相承的最高价值，即"神圣目的"，已具有了科学主义的特质，然而外在于个体理性的垄断性价值输出，以及全民之非理性的政治狂热，都使原本科学主义的信念形态，仍然呈现出"神性"的表征。这样，随着现代化的推进与个体理性的生长和苏醒，

---
① 杨庆堃：《中国社会中的宗教》，范丽珠译，四川人民出版社2016年版，第193页。
② 陈来：《古代宗教与伦理——儒家思想的根源》，生活·读书·新知三联书店2009年版，第16页。

不仅传统前科学时代之神秘形态的"神性"遭到了放逐,就连具有科学主义特征的"神性"也受到了个人理性的抗拒,从而不仅导致绝对性价值构建所确立的最高价值逐渐失去约束力,亦使神性的信仰形态日益失去效能。

在处于前科学时代的传统中国社会,儒家学说来源于与政治结构相融合的祖先崇拜与祭祀传统,"总起来看,'巫术礼仪'在周初彻底分化,一方面,发展为巫、祝、卜、史的专业职官,其后逐渐流入民间,形成小传统。后世则与道教合流,成为各种民间大小宗教和迷信。另一方面,应该说是主要方面,则是经由周公'制礼作乐'即理性化的体制建树,将天人合一、政教合一的'巫'的根本特质,制度化地保存延续下来,成为中国文化大传统的核心"①。在轴心时代孔子等人理性化的推动之下,"天道"的内涵由"神鬼世界"转向"精神之源",祭祀的目的亦由"交通神鬼"转变为"慎终追远",从而更多地承载着忠诚与孝顺的伦理价值,也更明晰地呈现出大小传统的差异,所谓"其在君子,以为人道也;其在百姓,以为鬼事也"(《荀子·礼论》)。应该说,尽管儒家学说存在着理性化的伦理特质,如"子不语怪力乱神"(《论语·述而》),但在前科学的时代,这种理性化并不彻底,始终为超自然的因素留出了空间,《中庸》有云:"至诚之道,可以前知。国家将兴,必有祯祥;国家将亡,必有妖孽;见乎蓍龟,动乎四体。祸福将至:善,必先知之;不善,必先知之。故至诚如神。"更何况,阴阳五行的引入与卜筮态度的宽容,亦是儒家学说在理性主义诉求之外的当然选择,因为在一个鬼神信仰无处不在的社会中承担主导性功能,必须容忍,乃至赋予神学性之超自然以赏罚的力量。而在汉代确立了儒家学说之主流意识形态的地位以后,便更为凸显了大传统之于小传统的范导和引领,不仅在宏观权力上实现了政治权力与文化权力的合一、王权与绅权的共治,从而推进了大传统之礼治秩序的统治地位;亦在微观权力上完成了天学的知识垄断与历法的颁布特权,进而显现了小传统之日常生活的实用价值。其沟通大小传统与天人之际的,

---

① 李泽厚:《由巫到礼 释礼归仁》,生活·读书·新知三联书店2015年版,第28页。

正是人们耳熟能详的阴阳五行学说,"人类的内涵本身就是与阴阳五行诸要素的每一项具体相对应的,并由此建立起一个参考框架,用以解释天道运转、王朝更替、生死轮回、疾病健康、贫穷富庶、卜筮、手相、面相、星象、扶乩及风水。借助预兆和这套参照框架,就有可能对宇宙间的自然现象和个人生活中的私密事件作出超自然的解释。随着阴阳五行理论的发展,天与命逐渐成为人们能够把握东西的具体表达"[1]。在阴阳五行学说的解释与中介之下,"天道"不仅支撑着王权、礼治秩序、儒家意识形态的终极合法性和权威性,也在四时流转、阴阳变化的自然理解中,承载着人们农业生产、医药养生之日常生活的实用性和有效性;不仅支撑着士大夫精英阶层之理性化的道德信念,亦承载着普通民众非理性之惩恶扬善的朴素习俗。由此,"天道"不仅是大传统理性化精英文化的价值源泉,也是小传统非理性乡民文化的至上支撑,"上天所具有的凌驾诸神之上的至高无上性,在整合地方众神的过程中,产生了一种等级体系;如果没有神明等级性体系,可能会导致宗教传统的相互排斥及混乱的出现,而不可避免地会影响到帝国政治生活的统一性。因而,'天'代表了帝国整合多种多样地方信仰和传统的一种普遍的影响"[2]。人们便在大小传统的"合流"中,一方面接受儒家主流意识形态的教化,另一方面又在渗透着儒家伦理精神的多神化宗教信仰中,信念善恶因果与举头三尺有神明的朴素道义。"天地司过之神,随人所犯轻重,以夺其算。算减则人贫耗疾病,屡逢忧患,算尽则人死"(《抱朴子·内篇》卷六)。小传统中不仅道教,亦有佛教十殿阎罗王、十八层地狱的惩恶机制,它们与儒家祖先敬畏一道,为传统中国社会制造了具有"神话"特征的整体性神圣氛围。"走进一个房间,参与任何一个群体的纪念活动,路过邻居家或者广场或者一个纪念性牌坊,经过一个城门,登上一座大桥,注视着各种风格的大型公共建筑,人们亲历着无处不在的祭坛、神像、鬼怪的画像、附着法力的符咒,或是一些关于异怪的神话故事,这些无不诉说着其

---

[1] 杨庆堃:《中国社会中的宗教》,范丽珠译,第197页。
[2] 同上书,第110页。

各自的历史。各种传统制度化的价值与结构都渗透进具有超自然特征的丰富的民间传说之中。作为一个整体的社会环境充满了神圣气氛,激发了这样一种感觉,即在传统世界中神、鬼和人一起共同参与筑就了现有的生活方式。"①

至于计划经济时代,它驱除了传统中国社会之大小传统的神性信仰,不仅使儒家文化之大传统连根拔起,地方多神化信仰之小传统亦作为封建迷信荡涤殆尽。本来,传统中国社会的大小传统就不具有任何的自组织性,它的发展和生长完全依托并结合于世俗的社会制度与政治秩序,其功能的有效性亦取决于社会政治制度的有效性,一旦社会政治制度的效力发生衰变,小传统便会连同大传统一道失去民众的信念。也就是说,传统政治制度之神圣性的破灭,必然导致大小传统之神圣性的消解。更何况,晚清民国以来,为数众多的有识之士致力于民智的开启,亦在一定程度上唤醒了民众的理性能力,从而使新的信仰取代了旧的神性形态的信仰。这种新的信仰形态,就是与"天道"在道德理想主义意义上一脉相承的最高价值:"神圣目的",它扬弃了迷信、习俗、宗教等前科学形态,以近乎自然科学的规律性论证,雄辩地证明了历史从总体上就是合目的性与合规律性的统一,进而呈现出鲜明的科学主义特质。然而,"在建国后的政治实践中,虽然广大劳动人民确实获得了大翻身、大解放,但其利益更多的是作为一个阶级以集体化的方式表达的,它所反映的权利与其说是个人权利,不如说是阶级权利、集体权利。个体权利是通过其集体属性(政治身份)而获得表达的,离开了集体(单位),也就没有个人的正当权利,成为独立于社会外的一分子"②。在一个利益尚未分化的时代,个人权利的未凸显本身就意味着个体理性的未成熟。它表明自上而下的、未有个体理性参与和约定的绝对性价值构建,具有先天的脆弱性,其构建主体始终是单维度的国家,难以取得社会成员对道德行为的责任担负,全民一致的道德团结极易走向其反面,以致陷入全民非理性的政治狂热,

---

① 杨庆堃:《中国社会中的宗教》,范丽珠译,第231页。
② 吕小康:《社会转型与规则变迁——潜规则盛行的社会学阐释》,第157页。

使原本具有科学主义特征的最高价值呈现出新的"神性"。随着现代化的推进与社会利益的分化,个体理性不断成长,势必导致新旧神性的退场,从而作为一种文化动因,与封闭解除的社会动因、垄断无效的政治动因一道,共同表征着一体化、绝对性价值构建失效的内在必然性,这成为中国社会价值虚无主义产生的深层根源。

第二节　激进变革方式的后果:价值虚无主义的文化根源

中国社会的现代化转型是在民族危亡的紧迫性历史语境中被动开启的,加之政治与文化的一体化统合、意识形态与价值系统的深度性融构,导致了社会政治秩序与文化价值秩序的连锁性双重危机。文化传统未有充分的时间,从容地实现现代性的价值转化与民族精神的推陈出新,就已经在救亡图存的压力、顽固势力的强大、现代化的挫折中,沦为阻碍中国社会整体性变迁的惰性力量。这无可避免地引发了意图"破旧立新",在砸烂旧世界中创建新世界之激进社会变革方式的出场。"激进主义是一统性专制政体的衍生物,大凡中央集权帝国,其大一统政体和强政府弱社会的结构,必滞碍其应变能力而致使现代化变革趋于激进途径。"① 也就是说,激进的社会变革是在紧迫的历史情境之下,难以展开点滴的社会改良,而将诸多复杂的社会问题纳入狂飙突进的社会变革之中,以期"一网打尽"地根本解决。从表面上看,这种激进的变革方式以线性的进化论科学主义为基础,将"传统"与"现代"视为旧新阻隔、冰炭难容的整体对立性存在,必以"传统"的彻底破除实现"现代"之新型构建。然而,文化传统与社会结构的深度统合和相互依存,使之只是在文化的表层中实现了与传统相对立的"价值逆反",却在一体化思维方式与道德理想主义的深层结构中,坠入了文化传统的"另一种掌控"。"新文化运动的反传统只是否定了儒

---

① 高瑞泉主编:《中国近代社会思潮》,上海人民出版社2007年版,第209页。

家意识形态的具体内容,而没有触动用意识形态整合社会的基本思维模式,这样,传统的文化深层结构就和否定旧意识形态之逆反心理结合,成为选择外来新意识形态或自行创造新意识形态之基础。"① 尽管如此,线性进化论依然以科学主义的特质赋予了人们极大的信心,进而在革命理想主义摧枯拉朽的力量破除旧秩序的同时,意图以科学的理念从传统文化的废墟中,构建符合道德理想主义的新秩序,但新秩序的建立是一个长期的历史过程,这势必形成"旧者已逝、新者未立"的价值真空。从这个意义上讲,近代以来不断强化的激进的社会变革方式,客观上成为中国社会价值虚无主义发生的文化根源。

一、两极的断裂:激进变革之于传统与现代的整体对立

中国社会之现代化进程的开启和推进,是在内忧外患、救亡图存的历史情景中进行的,诸多复杂的社会问题被寄托于西方现代理念的构建和落实之中,从而寻求到一种"一网打尽"的根本路径。于是,"物竞天择,适者生存"的社会进化论,便在这种急迫的现实需求中引进到中国社会,又在危亡的焦虑感与前瞻的机遇感之社会心理的复杂悖论中深入人心。中国与西方的现实差距,被简单地投射于"传统"和"现代"的关系之中,不仅"中"与"西"之间抽象了各自的民族特殊性,认为只有新、旧之别而无中、西之辨,"传统"和"现代"亦成为具有世界普遍性的"落后"与"先进"、"野蛮"与"文明"的二元对峙。中国社会的现代化推进就被视为,在"传统"与"现代"冰炭难容的对峙格局中,整体性地破除传统文化的"落后"和"野蛮",全面地拥抱西方文化的"先进"与"文明",急切地实现国家的繁荣与富强,最终完成从"传统"到"现代"之抽象和线性的进化。也就是说,激进社会变革的核心内涵就在于"传统"与"现代"的两极化断裂与整体性对立,将毁弃传统视为实现现代化的前提,"'现代万能,

---

① 金观涛、刘青峰:《开放中的变迁——再论中国社会超稳定结构》,第12页。

传统万恶'的文化进化观,反映了启蒙激进主义之深固的'现代化迷思'"①。然而,激进社会变革方式的兴起与"传统"和"现代"的整体性对立,亦存在着自身深层的发生逻辑。传统中国社会之政治秩序与文化认同的高度统合、意识形态与民族精神的深度同构,致使西方文明的强势冲击引发的社会后果,不仅在于政治的解体与社会的失序,更在于文化的失范,从而形成了政治、文化之连锁性的双重危机。由于传统的儒家伦理与价值规范,已无法解释和化解民族的生存危机和社会沉沦,故而也无力从社会政治秩序的溃败中,释放出自身所内蕴的民族文化精神与文化认同。更何况,新意识形态取代旧意识形态之一体化构建所产生的"新秩序",又总是在传统深层结构的掌控中屡遭异化,就更加引发了政治激进与文化激进之狂飙突进的彼此交织和相互促进。这不仅意味着激进之社会变革兴起的历史必然性,也意味着它的出场在一定程度上具有历史合理性,只是文化表层之"旧"的破除并不表明"新"的自然生成,从而形成"旧已破、新未立"的文化真空。

整体性反传统的激进社会变革,在中国社会之现代化进程中的发生,具有清晰的逻辑路径,即从"中体西用"的折中主义,到区分"真传统"与"伪传统"的激进变革,最终形成全盘化反传统的激进变革。其实,这种逻辑路径就内在于传统一体化社会结构的三个层级,即王权-官僚系统、士大夫-士绅阶层、血缘家族之逐层的整合失效,从而导致意识形态认同危机的逐渐扩大。儒家意识形态具有囊括政治权威性、社会规范性、人生意义的总体性特征,但具体而言,"天道不变""大一统"的儒家道统直接支撑着上层的政治权威性,"仁义礼智"的儒家伦理则既来自最高价值之"天道",亦支撑着中下层的社会规范性。中国现代化进程的开启,来自王权被迫的调适性变革,即在一体化社会结构内部推行"中体西用"之折中主义的洋务运动。然而,社会经济动员能力的局限与官督商办模式的朽坏,使洋务运动在再度战败、丧权辱国的现实中陷入困境。"甲午战败后,大一统王权和中央政

---

① 高瑞泉主编:《中国近代社会思潮》,第242页。

府成为批评对象,它们要为防卫现代化失败负责。因此,这时出现的局部意识形态认同危机主要表现在抛弃儒家的大一统学说和万古不变的天道。"① 这也就是何以后期洋务派已构想,将"中体"收缩至"道统",将"西用"拓展至"西政",如郑观应有云,"总揽政教之权衡,博采泰西之技艺。诚使设大、小学馆以育英才,开上、下议院以集众益,精理商务,借植富国之本;简练水陆,用伐强敌之谋"②,却始终不敢越儒家道统之雷池一步,直到戊戌变法时期才真正走出"中体西用"之折中主义的藩篱,将"置换"的锋芒指向"天道不变""大一统"的儒家道统。于是,康有为披着"公羊三世说"的经学外衣,另行阐释了从君主专制之"据乱世",到君主立宪之"升平世",再到民主共和之"太平世"的历史进化论,最后得出结论,"盖变者,天道也",进而"立行宪法,大开国会,以庶政与国民共之,行三权鼎立之制,则中国之治强,可计日待也"③。也就是说,他意图在中下层组织不变的情况下,以"考证"儒家经典乃汉儒篡改之"伪经",消解"天道不变"之神话,从而实现上层组织之王权-官僚系统的立宪变革,而较少触及支援中下层组织结构的儒家伦理。这样,也就完成了从"中体西用"的折中主义,向区分"真传统"与"伪传统"之激进变革的转变。随着戊戌变法为顽固派所绞杀,辛亥革命不再以改良而是直接摧毁了大一统王权,并在民国初年以"议会政体"取代业已解体的一体化上层组织,欲与传统中下层组织相整合,然而强烈的文化排异,致使"民主政治"淮橘成枳、丑闻不断。"今以革命既成,立宪政体亦既确定,而种种败象,莫不与往日所祈向者相左。于是全国之人,丧心失图,皇皇然不知所归。"④ 随后,由于上层组织之整合力的"虚位",致使中下层结构沦为割据军阀与豪强士绅相结合的"军绅政权"。这种绅权的扩张更加恶化了社会整合的危机,加之"洋货"对小农经济的冲击、乡村精英的劣质化、乡村文化的沉沦等因素,使得中下层

---

① 金观涛、刘青峰:《开放中的变迁——再论中国社会超稳定结构》,第186页。
② 郑观应:《道器》,《盛世危言》,辽宁人民出版社1994年版,第18页。
③ 汤志钧编:《康有为政论集》上册,中华书局1981年版,第225、339页。
④ 黄远庸:《论人心之枯窘》,《远生遗著》上册,商务印书馆1984年版,第88页。

社会秩序同样乱象丛生。至此,"只有在王权垮台之后,才轮到绅权要为社会危机负责,社会批判意识才指向绅权,反传统的锋芒才最后触及绅权的意识形态基础——儒家伦理"①。这也就意味着,一体化社会结构的三个层级,即王权-官僚系统、士绅阶层、血缘家族,已然出现了整体性的整合危机,支援各个层级的儒家意识形态亦呈现出整体性的认同危机。正是在这种社会历史条件之下,新兴的知识分子才在与传统士绅新旧对峙的文化领导权的争夺中,开启了以新文化运动为标志的整体性反传统的激进社会变革,从而在抛弃儒家意识形态的同时,寻求新的意识形态取而代之。

毋庸置疑,新文化运动之整体性的反传统主义,以其深度的批判性与片面的深刻性,为当时的中国社会注入了"启蒙"的思想活力,进而赋予了中国现代化进程以强有力的文化杠杆和推动力量。它以现代/传统、新/旧的二元模式,将中西方文化概括为"自主"与"奴隶"、"进步"与"保守"、"进取"与"退隐"、"世界"与"锁国"、"实利"与"虚文"、"科学"与"想象"的二元对立②,从而以"德先生"和"赛先生"为标准,反对一切"旧伦理""旧艺术""旧宗教""旧文学""旧政治"③。显而易见,这种整体性反传统的激进变革,承续了社会进化论的思想资源,"孔特分人类进化为三时代:第一曰宗教迷信时代,第二曰玄学幻想时代,第三曰科学实证时代。欧洲的文化,自十八世纪起,渐渐从第二时代进步到第三时代,一切政治,道德,教育,文学,无一不含着科学实证的精神"④。这种世界普遍性之线性进化的视野,使激进的社会变革者将中西方文化的民族差异性忽略不计,仅以"古代文明"与"近世文明"的分野,来抽象地指称中西方文化的不同。这样,中国社会的现代化进程就被范导为不断与传统决裂之全盘西化的过程,也即是以西方文化替代传统文化之"破旧立新"的过程,而"破旧"更是"立新"的前提条件。陈独秀曾言:"记者之非

---

① 金观涛、刘青峰:《开放中的变迁——再论中国社会超稳定结构》,第157、186页。
② 陈独秀:《敬告青年》,《陈独秀文集》第1卷,人民出版社2013年版,第90—95页。
③ 陈独秀:《〈新青年〉罪案之答辩书》,同上书,第361页。
④ 陈独秀:《近代西洋教育》,同上书,第253页。

孔，非谓其温良恭俭让信义廉耻诸德及忠恕之道不足取；不过谓此等道德名词，乃世界普通实践道德，不认为孔教自矜独有者耳。"① 既然所谓传统文化中的"精髓"不过是各民族所共有的普世价值，那么便可毫无顾及地整体性否弃与西化之"现代"势难并存的礼教之"传统"。"吾人倘以新输入之欧化为是，则不得不以旧有之孔教为非。倘以旧有之孔教为是，则不得不以新输入之欧化为非。新旧之间，绝无调和两存之余地。"② 而钱玄同甚至认为，"欲废孔学，欲剿灭道教，惟有将中国书籍一概束之高阁之一法。何以故？因中国书籍，千分之九百九十九都是这两类之书故；中国文字，自来即专用于发挥孔门学说，及道教妖言故"③。

由此，新文化运动开启的整体性反传统的激进社会变革呈现出两个基本特征。其一，抽象性。它抽象了"传统"与"现代"、"中"与"西"之间，各自的社会历史条件和民族特殊性，简单地将"传统"和"现代"视为具有世界普遍性的"落后"与"先进"、"野蛮"与"文明"的知性对立，"传统"和"现代"被简化为两种抽象的文化符号和价值理念。其二，理想性。由于"传统"和"现代"直观地呈现为"中"与"西"之间的现实差距，救亡图存的紧迫性与一揽子解决问题的急切性，使社会改造"理想"地成为整体性破除"万恶"的旧传统，全盘化拥抱"万能"的新理念。这样，尽管整体性反传统之激进社会变革的发生，具有历史的必然性与一定的合理性，它还是从一开始就遭遇了自身的文化悖论与历史困境。因为文化传统的变革从根本上受制于社会结构的改变，整体性反传统之激进变革无论如何"激进"，都将受到传统一体化结构的深层掌控，只是在文化的表层上实现了新旧思想之间的"价值逆反"。与此同时，由于政治与文化深度同构的传统结构并未破除，外来思想只是取代儒家意识形态，成为支援社会政治变革的"新意识形态"，期待着以先进理念的践行形成新的一体化社会整

---

① 陈独秀：《答〈新青年〉爱读者》，《陈独秀文集》第 1 卷，第 257 页。
② 陈独秀：《答佩剑青年》，同上书，第 220 页。
③ 钱玄同：《中国今后之文字问题》，《钱玄同文集》第 1 卷，中国人民大学出版社 2000 年版，第 164 页。

合,一网打尽地解决所有复杂的社会问题。于是,整体性反传统的激进社会变革也就形成了巨大的历史惯性,总是在现实的危机面前,引发文化激进与政治激进相互结合的狂飙突进,但理念的抽象性与新秩序构建的历史性,易于导致当年严复所言之格局,"其进弥骤,其涂弥险,新者未得,旧者已亡,怅怅无归,或以灭绝"[①]。

二、线性的进化:激进变革内在支撑的科学主义世界观

正如刘小枫所言:"现代社会的生成基于两个因素:经济生活变动的实在性因素和社会知识变动的理念性因素。如果从知识社会学的角度来理解启蒙,则启蒙意味着:种种新型的('科学的')社会知识具有直接的政治效能,社会知识成为一种社会行动,科学理念成为实在的政治力。"[②] 遭遇现代西方文明强势冲击而被动开启的中国现代化进程,当然更将科学之"公理"视为至上准则,欲以富强之现代"人为秩序"的构建,取代以"天道"为基础的传统"神意秩序"。问题的关键在于,一元论道德主义之于国家强盛的无效和证伪,以及传统一体化深层结构所范导的"价值逆反",使得兼有解释力与行动力的科学知识,成为新型的科学主义意识形态。"科学不再是一种有具体的对象、只在特定领域中有效的知识形态,而是一种放诸四海而皆准的信条体系;不再是一种实证性的(positive)认知成果,而被转化成一种规范性的(normative)评价尺度。这就是所谓的'科学主义'(Scientism)。"[③] 我们在前面所论之支撑激进社会变革信念的社会进化论,便是这种兼有解释民族危亡根源、探求未来发展道路的科学主义世界观念与意识形态。它阐明了历史进程之不可逆的直线性特质,赋予了社会发展以创造性的人为推动力,设定了人类社会之日益向善的终极目的,从而不仅以"物竞天择"的生存竞争论澄清了国家落后挨打的缘由,更以进步主义的社会向善论为"变革"提供了道义正当性。

---

① 严复:《政治讲义》,《严复集》第5册,中华书局1986年版,第1242页。
② 刘小枫:《现代性社会理论绪论》,上海三联书店1998年版,第206页。
③ 高瑞泉主编:《中国近代社会思潮》,第127页。

同时，随着传统一体化社会结构的解体，以及王权和绅权之先后溃败所导致的社会纷乱，社会进化论自身亦发生着"渐进性"向"激进性"的转变，从而融入历史目的论的潮流。就这样，社会进化论与历史目的论之科学主义意识形态，取代了传统天道论意识形态，赋予了激进社会变革者以极大的信心，进而成为支撑政治、社会、文化之根本革命的强大力量。

西方列强的欺凌和环伺破灭了"天朝上邦""华夷之辨"的迷梦，令人屈辱和震惊的千年未有之大变局所引发的思想反应，便是传统一元论道德主义之天道观的逐渐陨落，以及科学主义之社会进化论的真空填充。由于"以理服人"为"以力服人"所取代，人们的视野放置于世界各民族之生存竞争的大势之中，"优胜劣汰""弱肉强食"的"公理"，使中华民族唯有顺应人类社会的进化过程，主动推进社会之变革，方能救亡图存、强国保种。"以天演为体，而其用有二：曰物竞，曰天择。此万物莫不然，而于有生之类为尤著。"① "而所谓天然淘汰优胜劣败之理，实普行于一切邦国、种族、宗教、学术、人事之中，无大无小，而一皆为此天演大例之所范围。不优则劣，不存则亡，其机间不容发。凡含生负气之伦，皆不可不战兢惕厉，而求所以适存于今日之道云尔。"② 也就是说，中国的民族危亡与社会危机，其实就是"物竞天择，适者生存"之进化公例所导致的当然后果，若再不奋发图强，则必有亡国灭种之虞。而这种"公理"或"公例"无疑是从具体事实之中抽象而出，能够昭示历史之必然性与事物之因果联系的"普遍原理"，"卒之证据厘然，弥攻弥固，乃知如如之说，其不可撼如此也"③，故而具有为"事实"和"证据"所证实的科学主义特质。由此，人类社会的发展被理解为一种普遍的、持续进步、不可逆转的线性进化之图景，从而冲击着传统一元论道德主义之天道观所支撑的历史循环论或历史退化论，"尝谓中西事理，其最不同而断乎不可合者，莫大

---

① 严复译：《天演论》，《严复集》第 5 册，第 1324 页。
② 梁启超：《天演学初祖达尔文之学说及其传略》，张品兴主编：《梁启超全集》第 2 册，北京出版社 1999 年版，第 1038 页。
③ 严复：《〈天演论〉案语》，《严复集》第 5 册，第 1345 页。

第四章　中国社会价值虚无主义的社会文化根源

于中之人好古而忽今,西之人力今以胜古;中之人以一治一乱、一盛一衰为天行人事之自然,西之人以日进无疆,既盛不可复衰,既治不可复乱,为学术政化之极则"①。与此同时,历史的进程亦被理解为一种日趋于善,不断趋向"终极目的"和理想秩序的社会向善论与历史目的论,其中颇具代表性的是我们在前文已提及的康有为的"公羊三世说",即"据乱则内其国,君主专制世也;升平则立宪法,定君民之权之世也;太平则民主,平等大同之世也"②。他更将未来之"大同"视为扬弃残酷的生存竞争之生物法则的理想状态,"遍观世法,舍大同之道而欲救生人之苦,求其大乐,殆无由也。大同之道,至平也,至公也,至仁也,治之至也,虽有善道,无以加此矣"③。后来无论改良主义,还是革命主义的社会进化论,大多与此一脉相承。这种科学主义与进步主义,既能解释中国危机之根源,又能探求未来发展之道路,不仅以可验证的解释力,亦以普遍有效的规范性,呈现出自身的"可信",以致形成了知识形态向实践价值的转化,成为变革社会的知识性意志与行动性思维,逐渐取代了传统一元论道德主义之天道观,成为激进社会变革发生之新世界观的内在支撑与道义正当性的权威标准。

由于传统一体化社会结构的逐渐解体,王权和绅权先后溃败,丧失了社会整合的力量,社会秩序的纷乱和顽固势力的强大,致使社会进化论自身亦无可避免地发生了"渐进性"向"激进性"的转变,融入历史目的论的潮流,从而与改良主义、革命主义之社会变革相互对应。改良主义的思想基础正是渐进性的社会进化论,它始于王权尚未完全失去强大的社会整合力之时。严复曾言:"其演进也,有迟速之异,而无超跃之时。故公例曰:万化有渐而无顿。凡浅演社会之所有者,皆深演社会所旧经者也。"④康有为亦言:"盖今日由小康而大同,由君主而至民主,正当过渡之世,孔子所谓升平之世也,万无一跃超飞之理。凡君主专制、立宪、民主三法,必当一一循序行之,若紊其

---

① 严复:《论世变之亟》,《严复集》第1册,中华书局1986年版,第1页。
② 汤志钧编:《康有为政论集》上册,中华书局1981年版,第476页。
③ 康有为:《大同书》,辽宁人民出版社1991年版,第11页。
④ 严复:《政治讲义》,《严复集》第5册,第1265页。

序,则必大乱。"① 问题的复杂性在于,尽管改良主义信奉渐进性社会进化,但时局的紧迫致使戊戌变法仍然呈现出一种激进变革的形态和表征。随着王权乃至绅权的溃败,使革命主义成为顺应历史大势的当然抉择,社会进化论亦随之发生了激进性的转变,并逐渐融入历史目的论。革命成为实现社会进化之公理的最有力的执行手段和方式,既然社会进化具有普遍之合理性,那么其实现手段的革命就如邹容所言:"革命者,天演之公例也。革命者,世界之公理也;革命者,争存争亡过渡时代之要义也;革命者,顺乎天而应乎人者也。革命者,去腐败而存良善者也;革命者,由野蛮而进文明者也。"② 不仅如此,革命也成为社会进化的落后者实现自身之"突驾"的有力手段,从而后发而先至,迎头赶上世界文明进步之潮流,在民族危亡的绝境中实现凤凰涅槃式的新生。"万众一心,急起直追,以我五千年文明优秀之民族,应世界之潮流,而建设一政治最修明、人民最安乐之国家,为民所有、为民所治、为民所享者也。"③ 由于主要以社会进化论为指引的戊戌变法与辛亥革命的道路并不符合中国的国情,也不符合人民的利益,故而都以失败和夭折告终。俄国革命之"庶民的胜利",使人们相信无产阶级革命必能改变中国社会积贫积弱、贫富对立、内忧外患的局面,从而承接科学主义与进步主义的精神信念,奔赴未来至善的理想社会与历史发展的终极目的。

诚如吴稚晖所言:"科学公理之发明,革命风潮之澎湃,实十九、二十世纪人类之特色也。此二者相乘相因,以行社会进化之公理。盖公理即革命所欲达之目的,而革命为求公理之作用。故舍公理无所谓革命,舍革命无法以伸公理。"④ 科学主义与革命行动之间形成了相互支援、彼此互动的格局,科学主义决非单纯的解释性系统,毋宁说它是社会变革的知识性意志与政治动员的行动性思维,从而为政治、社

---

① 汤志钧编:《康有为政论集》上册,第476页。
② 邹容:《革命军》,《邹容集》,人民文学出版社2011年版,第7页。
③ 孙中山:《建国方略》,《孙中山著作选编》中册,中华书局2011年版,第307页。
④ 吴稚晖:《新世纪之革命》,转引自王中江:《进化主义在中国的兴起:一个新的全能式世界观》,中国人民大学出版社2010年版,第153页。

会与文化革命注入了强大的意识形态的信念力量。应该说，近代中国社会的总体性危机，使之以科学主义与进步主义的理念激进地变革社会，革命地改造社会，成为顺应历史潮流的当然之举，希望以此破旧立新，完全彻底地解决中国的社会危机。然而，社会的发展并不是简单的线性进化，旧世界的破除也并不意味着新世界的自然生成，它同样是一个历史的过程，新旧交替之间就易形成价值真空，堕入"新者未得，旧者已亡"的境地。

三、荡涤的革命：激进变革摧毁旧秩序的理想主义情结

20世纪中国社会的革命浪潮可谓波澜壮阔、风起云涌，改良主义的挫败使人们产生了整体性的失望之感，革命不仅成为推动社会进化的有力手段，更成为笼罩全民生活的终极道义，人们期盼着激进的革命运动冲决旧秩序之罗网，顺应世界进步之潮流，逼近至善理想之大同。然而，中国革命的独特性在于，它既非纯粹夺取政权的政治革命，亦非单纯解决失序的社会革命，也非仅仅改造人心的文化革命，而是一种集政治、社会与文化于一体的根本革命。这种由政治解体、社会解组、文化失范的总体性危机所导致的革命形态，"已经具有了广泛的社会政治和价值观念等变革的意义，它是一种与传统秩序'彻底'决裂的全面革命，这一点决定了20世纪中国革命的基本特性"[1]。这种总体性的革命不仅以社会进化论与历史目的论为指引，使"赛先生"成为科学主义的表现形态，为革命行动提供了可供依傍的普遍合理性和道义正当性；它亦使"德先生"呈现平民主义的形态表征，社会精英的日益腐化和劣质化，变为压迫民众的毒瘤，致使下层的平民成为中国革命的主体性力量。与此同时，整体的反传统主义与革命的理想主义，也呈现出相互支撑、相互促进的态势。一方面，传统文化的逐渐失范引发的整体性反传统主义，形成了巨大的价值真空，它亟需新的意识形态提供未来道路的行动指引。道德理想主义之文化结构深层范

---

[1] 王中江：《进化主义在中国的兴起：一个新的全能式世界观》，第159页。

导的革命理想主义,即以理想的道德原则构建从根本上解决一切剥削、压迫问题之大同社会的终极允诺,就这样深入人心并迅速填补了真空。另一方面,革命理想主义的承诺在科学主义的证明和支撑之下成为颠扑不破的真理,它为奔赴理想社会之革命行动注入了强大的精神动力,不仅革命自身成为中国社会的新型道德与终极道义,摧毁旧秩序的革命破坏主义与全盘反传统主义,亦成为构建新秩序必不可少的环节和条件。然而,旧秩序的颠覆并不意味着新秩序的自然生成,它需要一个长期构建的过程,这样就极易形成"旧者已逝、新者未立"的局面,从而引发价值虚无主义。

革命理想主义的产生来自政治解体、社会解组、文化失范的总体性危机,来自列强欺凌、贫富对立、民生多艰的深重苦难。张灏曾提出了一个"三段结构","一方面是对现状彻底的不满与全面的否定,另一方面是对未来有极度乐观的前瞻意识,而当今的时代正是由黑暗的现状,透过革命跃向理想的未来的关键时刻"[①]。在这个结构中,革命被赋予了理想主义的品质,它既是破除万恶"旧秩序"的唯一工具,又是通往至善"新秩序"的唯一途径,是解决一切剥削、压迫、不自由、不平等问题的终极手段。这种革命理想主义的发生,来自民族危亡的焦虑感与凤凰涅槃的机遇感两者之间相反相成、奇妙统一的社会心理。"这种新的契机感是传统与西方思想影响的合产物。来自传统的契机感有两个基本成分,一个是儒家道德理想主义带来的生命与世界的二重观:理想生命与现实生命的对照;一个是由传统宗教带来的对生命与死亡的一种辩证循环观念:生命终于死亡,但死亡也可以转为复活与再生,特别是精神生命。重要的是这契机感的两个传统成分被它来自西方的成分——演进的历史观——所吸收,化为空前的乐观的前瞻意识。"[②] 这样,社会进化论与历史目的论,便使革命成为既是解除民族危亡的法宝,又是迎接国家新生的契机,更是通往理想社会的桥梁。与此同时,随着绅权整合社会能力的溃败,致使传统的精英阶

---

① 张灏:《中国近百年来的革命思想道路》,李世涛主编:《知识分子立场——激进与保守之间的动荡》,时代文艺出版社 2000 年版,第 55 页。
② 同上书,第 46 页。

层不断腐化和劣质化,他们非但丧失了引领社会的能力,更成为压迫民众的毒瘤和造成社会动荡的重要根源,就连民国初年以社会精英为主体的"民主政体",亦是虚有其表、有名无实。而下层的民众则生活在水深火热之中,他们是国家贫弱、民族苦难最切身的承受者,中国社会虽然并未产生因资本集中而形成的两极分化,然而旧秩序的瓦解所引发的失范性两极分化反而更为严重。正因为如此,社会变革的先驱者将关注的目光和希望寄托在这些下层的平民身上,他们才是反抗强权的主体与革命力量的源泉。毛泽东曾言:"各种对抗强权的根本主义,为'平民主义'(兑莫克拉西。一作民本主义、民主主义、庶民主义)。宗教的强权,文学的强权,政治的强权,社会的强权,教育的强权,经济的强权,思想的强权,国际的强权,丝毫没有存在的余地。都要借平民主义的高呼,将他打倒。"① 蔡元培也发出了"劳工神圣"的时代强音,"此后的世界,全是劳工的世界呵!我说的劳工,不但是金工、木工等等,凡用自己的劳力作成有益他人的事业,不管他用的是体力、是脑力,都是劳工。……我们要自己认识劳工的价值"②。于是,"德先生"呈现出平民主义的特质,民众不仅是时代的权威,亦是民主的主体,更是革命的源泉。因此,革命的理想主义造就的是一个平民的理想主义,在这个未来的理想社会中,破除了一切压迫,消除了一切剥削,消灭了一切不平等,从而"一网打尽"地解决中国社会所面临的所有问题。

其实,革命理想主义亦来自传统一元论道德主义之文化结构所深层范导的革命意志论,这也是乐观的"前瞻意识"发生的重要根源。应该说,革命意志论的形成是在民族危亡的紧迫情景中,综合了各种思想资源的复杂产物。它在一元论道德主义以"人心"之匡正来实现社会改造的深层结构中,不仅吸取了儒家心学发扬道德能动性的资源,亦吸收了传统佛学支配众生行为和命运的"业力"之说,更以西学之社会进化论与唯意志论,扬弃了其中的历史循环论与道德宿命论,进

---

① 毛泽东:《〈湘江评论〉创刊宣言》,《毛泽东早期文稿》,湖南出版社1990年版,第293页。
② 蔡元培:《劳工神圣》,《蔡元培全集》第三卷,中华书局1984年版,第219页。

而认为凭借人的意志力量便可力挽狂澜,改变国运日衰之格局,促使中国社会之进化。早在戊戌变法时期,谭嗣同就曾经提出,"以心力挽劫运","人所以灵者,以心也。人力或做不到,心当无有做不到者",是故"心之力量虽天地不能比拟,虽天地之大可以由心成之、毁之、改造之,无不如意"①。这种革命意志论被后来的革命者发扬光大了,它使人们真诚地相信,只要集合国人之革命意志便可激发巨大的创造精神,从而大大压缩社会进化之阶段,"突驾"欧美,后来居上,领潮于世界民族之林。正如孙中山所言:"夫国者人之积也,人者心之器也,而国事者一人群心理之现象也。是故政治之隆污,系乎人心之振靡。吾心信其可行,则移山填海之难,终有成功之日;吾心信其不可行,则反掌折枝之易,亦无收效之期也。心之为用大矣哉!夫心也者,万事之本源也。"② 由此,革命者对民族前途的乐观主义态度奠基于人的意志力量之上,形成了鲜明的革命理想主义。

这也意味着,革命理想主义是在近代中国政治解体、社会解组、文化失范的总体性危机中,希冀以奔向至善社会为终极目的,进而以政治、社会、文化为一体的根本革命,彻底解决中国社会的全面危机。就其内涵而言,革命理想主义呈现为救亡图存的民族主义现实目标与大同理想之神圣目的的相互融合;就其资源而言,革命理想主义是传统道德理想主义与科学主义的深度耦合。这样,以"人心"的匡正与"心力"的意志实现天下大同的理想,便在社会进化论与历史目的论的科学主义论证中,获得了极大的自信。整体性反传统主义在文化表层中实现了"价值逆反",在深层结构中吸收了外来的思想理论,从而使革命理想主义在新意识形态的理念指引与文化传统的思想支援中,波澜壮阔地展开了。伟大的中国革命破旧立新,既推枯拉朽地破除旧世界,也力图改天换地建立新世界,旧民主主义革命埋葬了清王朝却未获得彻底的革命成功,只有新民主主义革命真正结束了旧中国半殖民地半封建社会的历史,社会主义革命更是消灭了在中国延续几千年的

---

① 谭嗣同:《上欧阳中鹄·十》,《谭嗣同全集》下册,中华书局1981年版,第460页。
② 孙中山:《建国方略》,《孙中山著作选编》中册,第306页。

封建剥削制度。中国革命的历史意义是毋庸置疑的，然而革命在消灭旧秩序的同时，新秩序的建立却是一个需要探索的历史过程，不仅抽象的理念需要寻求与历史传统相适应的具体形式，新秩序的构建本身也是一个长期的过程。革命理想主义依据自身的原则，对现存之旧传统进行了整体性的荡涤，这当然是构建新秩序和未来社会不可或缺的环节，但在"旧者已逝、新者未立"之间却容易形成公共伦理的历史断层与价值真空，只是从这个意义上讲，激进的社会变革方式才成为中国社会价值虚无主义发生的文化根源。

第三节 "前现代性"的幽灵：价值虚无主义的现实根源

如果说中国现代化的推进所导致的社会结构与生存方式，发生了从封闭到开放、从同质到异质、从单一到多元的转变，以致传统自上而下之垂直性和单向度的一体化价值建构，不再适用于分化的社会形态，成为价值虚无主义产生的深层根源。如果说中国现代化的进程乃是在列强环伺与欺凌，致使中华民族已然存在亡国灭种之虞的紧迫性历史语境中开启的，以致整体性反传统之激进变革意图以摧枯拉朽的力量破除旧秩序的同时，构建符合道德理想主义的新秩序，成为价值虚无主义发生的文化根源；那么文化传统之深层结构的范导，所造成的诸多"前现代"的残留，已经成为中国社会现代性构建中颇为严重的阻滞性力量。这种"半现代性"的社会结构与发展状况，致使"前现代"的弊端残留与"现代性"的问题预支之间，产生了巨大的"共振效应"，也就成为价值虚无主义凸显的现实根源。具体说来，中国社会尚未彻底分化的"半总体性"社会结构，不仅表征着政府、市场、社会之间的合理边界并未形成，政治、经济、文化诸领域亦未实现自身的独立和平等，从而导致了权力与资本之强势领域对社会之弱势领域的侵入和宰制，既形成了总体性精英阶层赢者通吃的现实格局，又产生了权力和资本之于其他领域之平等和独立价值的遮蔽和消解。与此同时，由于私人生活领域与公共生活领域的界限不清，公共领域并未真正完成普遍的理性化，权力和人情还在僭越着制度的形式普遍性和权威性，致使内蕴其中的规范价值遭到颠覆。而同样重要的是，羸弱而幼稚的社会主体具有强烈的依附性人格，并不具备自我立法的理性能力，进而形成了无视规则的任性与攫取利益的贪婪。由此，中国社会不仅苦于理性化的未完成之于制度普遍性的亵渎，也苦于理性化的推进之于实质性价值的窒息；不仅苦于前现代之价值观念与文化心理尚未真正退场，也苦于现代之制度体系与价值共识尚未真正落实。其情形犹如马克思当年反思德国问题之时所言说的那样："我们也同西欧大陆所有其他国家一样，不仅苦于资本主义生产的发展，而且苦于资本主义生产的不发展。除了现代的灾难而外，压迫着我们的还有许多遗留下来的灾难，这些灾难的产生，是由于古老的、陈旧的生产方式以及伴随着它们的过时的社会关系和政治关系还在苟延残喘①。

一、结构的未分化：中国场域之社会架构的现代性亏欠

现代化的推进从社会结构的层面上讲，就是一种从领域合一到领域分离的发展过程。如果说以政治活动为中心的诸领域合一状态是一种诸领域间的等级结构系统状态的话，那么，中心领域消失或极大弱化后的领域分离状态便是一种诸领域间的网状结构状态。所谓限定或制约，也就是系统自身的自我控制。"等级结构系统的控制自然是从其中心发出的，而网状结构系统的控制则只能是一种诸领域的交互控制。"② 也就是说，具有现代性特质的社会结构，是一种领域分离状态下的、诸领域之间相对独立、相互平等的结构形态。这样，不仅政治活动更能有效地实现自身所追寻的公平价值，经济活动、科学与文化活动亦能相对自主与独立运行，从而按照各个领域内在的规律彰显各自的价值。同时，由于各领域之间的相对独立，强势领域便难以形成

---

① 《马克思恩格斯选集》第 2 卷，人民出版社 1995 年版，第 100 页。
② 王南湜：《从领域合一到领域分离》，山西教育出版社 1998 年版，第 166 页。

第四章 中国社会价值虚无主义的社会文化根源

对于弱势领域的宰制,某一领域中的优势也不易于转移为其他领域的优势,进而有利于社会公平与正义的实现。然而,中国社会之于现代化的推进,尽管在一定程度上实现了社会空间的有限让渡、物质资源的有效流动,却并未真正而彻底地形成诸领域的分离与分化,从而呈现出以政治领域为中心之"半总体性"的结构形态。正是这种社会架构的现代性亏欠,现实地催生了中国社会的价值虚无主义问题。政府、市场、社会之间合理边界的尚未形成,政治、经济、文化诸领域平等独立的并未实现,迅速导致了权力与资本之强势领域对于社会之弱势领域的侵入和宰制。由此,不仅政治领域之公共权力的服务功能与公平价值未能真正得以彰显,反而在一切经济、社会事务的干预中,出现钝化与腐败;而且权力与资本借助于半总体性的社会结构,极大地遮蔽和扭曲了学术、文化等其他领域的独立价值,以致在权金宰制的局面中丧失了自身的尊严。更为严重的是,这种现代性欠缺的社会结构,形成了一种总体性精英阶层赢者通吃、无往不利的现实格局,强势领域的优势顺理成章地转化为一切领域的优势,权钱任性的强势地位几乎遮蔽和消解着其他一切领域的价值和尊严。

现代社会之不同于传统社会的结构特征,正在于分明的领域区分与合理的领域界限,诸领域之间以政治为中心的前现代等级结构,进而为相对独立、相互平等的现代网状结构所取代。这种领域分离的结构形态,使诸领域得以依照自身的内在标准和价值原则相对自主地运行,从而生发出各种独立的价值系统和意义观念,如政治领域的公平、经济领域的效率、文化领域的自由等等。恰如沃尔泽所言:"每一种社会善或每一组物品都构成一个分配领域,在其中只有某些特定标准和安排是合适的。金钱在教会职务领域是不恰当的;它是来自另一个领域的入侵。而虔诚在市场领域毫无优势,就人们对市场的一般理解而言。"[①] 也就是说,每个领域都有自身对于特定资源的分配原则与行事标准,诸如学术领域的原则是真理而非权力,它的相对独立与自主,就意味着以"理"服人,而非以"力"服人;又如医疗领域的原则是

---

① [美] 沃尔泽:《正义诸领域》,褚松燕译,译林出版社2002年版,第10页。

健康的需要而非金钱的索取,一旦市场领域跨越界限而侵入其中,必然破坏这一领域的分配正义。由此,从领域合一到领域分离便形成了现代性的基本特质,即领域的相对独立和自主,不仅政府、市场、社会不可相互僭越,政治、经济、文化亦须边界合理。这必将有利于形成"复合平等的社会",使"不平等不会通过转换过程而增加,也不会在不同的物品之间累加",因为在这种社会结构之中,"没有特定物品能够普遍转换"①,从而在不同领域的优势与劣势的抵消中,维系社会的公平与正义。与此同时,现代性之分明区分的社会架构,亦能有效防止在某一强势领域具有优势的人群,轻而易举地将优势转移到另一领域或所有领域,也就是防止强势领域之于弱势领域的宰制以及对其独立性的剥夺。然而,中国社会的现代化推进是在总体性结构内部,通过市场体系的精心培育、社会空间的有限让渡来实现的,故而未能真正形成诸领域的分离分化与彼此之间的相对独立,依然表现为以政治领域为中心的"半总体性"结构形态。"在当今中国社会中,一些具体的社会问题,如学校的学店化、医疗服务的商品化、公职权力的腐败、商界的金权勾结、社会等级的官本位制、权贵势力干扰司法和欺压平民等等,都是一些领域宰制另一些领域的结果。"② 质言之,此即为权力与资本之强势领域对于社会之弱势领域的宰制,权力和资本在"半现代性"的现实语境中,畅通无阻、任性越界,肆无忌惮地驰骋于"社会"的一切领域。这样,社会的诸领域纷纷丧失自身独立的运行规则与内在价值,置身于权力与资本的依附地位,使之侵入和威胁到医疗、教育、民生、学术等一切领域。社会领域独立性的丧失与特殊物品分配的非公平,致使政治经济力量相对弱势的人群在一定程度上遭受着非公平的待遇,有时甚至是欺凌,如有病无钱的穷人、无力供学的家庭、无房居住的人群,他们丧失的不仅仅是生存的"安全网",也失去了群体成员的尊严。事实上,现代社会之多元化的价值,就内生于各个相互分离的独立领域,它们按照各自的规律,以相对自主的方

---

① [美]沃尔泽:《正义诸领域》,褚松燕译,第20页。
② 徐贲:《通往尊严的公共生活》,新星出版社2009年版,第140页。

第四章　中国社会价值虚无主义的社会文化根源

式运行,从而凸显其内在的价值和尊严。一旦政府、市场、社会之间尚未形成合理的边界,政治、经济、文化诸领域亦未实现平等和独立,权力与资本的强势与任性,必然摧毁一切其他领域的独立价值。尤为重要的是,"半总体性"的社会结构,由于各个领域之间的关联与贯通,固然存在着如政治在内的某些领域的正义贯彻,利于克服其他领域的非正义问题,但也极易产生各个领域之间非正义的"累加"与"共振",从而导致腐败的社会蔓延与价值生态的迅速恶化。

与此同时,社会领域的弱势与不独立,使得公共领域之自主性社会组织也显得较为薄弱,社会自身缺乏在交往与商谈中进行价值生产的自主性能力,精神价值系统仍然有赖于政治意识形态单向度的输出。然而,一方面社会的初步分化已经浅层次地凸显了多元的社会领域与社会阶层,一元化的价值形态难以满足多元化的价值需求;另一方面这种单向度的价值构建,仍然在一定程度上缺乏社会力量与个体良知的约定,非自主性的非自我立法,难以真正形成社会自觉的道义认同与责任担负。因此,中国社会的精神价值构建已经出现了自身的脆弱性,一旦遭遇某些领域的腐败与非正义问题,便如同"免疫力"低下的社会肌体,一遇到"病菌"的侵入就迅速"染病"。不仅如此,中国社会之"半现代性"的现实状况,也将妨害经济发展的效率与政治行为的公平,也就是妨碍经济领域与政治领域自身价值的实现。从政治领域自身而言,它本是生产社会秩序、提供公共服务的重要领域,从而实现社会的良善与公平。然而,一旦政治领域的边界未能有效的加以设定,政治行为之于其他领域的"僭越"便成为一种常态,而社会领域由于自身的羸弱,亦无力对这种越界行为进行任何防范和抵御,从而导致了两个颇为严重的后果。其一,政治权力的"设租"与经济力量的"寻租"一拍即合,造成权力与资本联姻后的腐败;其二,政治领域的边界丧失,使之在拥有无限权力的同时无力承担无限责任,进而导致自身公共管理与服务功能的"钝化"。"在一个功能配置正常的社会之中,绝大多数的非营利性的公共事业都是由政府来负责的。特别是科学、文化和教育事业就更是如此。然而,在近些年来,凡是由政府所负责的公共事业几乎是无一例外地处于削弱之中",政府行为呈现出"经济化、企业化"的倾向①。这种政府行为的利益取向，不仅宏观地表现为权力性资源的滥用、赢利性活动的介入、不正当服务的提供，更微观地渗透于日常生活的细节之中，诸如盈利性罚款等社会惩罚机制的利益化，从而热心于"管理"能够产生利益的领域，而对不能产生利益的方面，虽重要也无心"作为"。政治领域的政府部门本是社会生活的"裁判"，理当以超越性的姿态，维护社会的秩序公平，其功能的畸变势必导致社会生活的紊乱与价值生态的恶化。这也意味着，这种"半总体性"的社会结构，使得处于强势领域的优势，极易转化成一切领域的优势。孙立平曾提出一个"不落空"的社会现象，即"70年代末的高考、80年代初的出国、80年代中期的官倒、80年代末的第三梯队、90年代初的下海、90年代中期的买文凭"②，某些拥有政治特权的人群对于各个领域的"机会"，一次都没有落空。这不仅意味着政治资本之于经济资本、文化资本的任意性转换，更意味着尚未分化的"总体性资本"在各个领域的显现，从而形成"总体性精英阶层"赢者通吃、无往不利的现实格局。所谓总体性精英就是"集政治、经济甚至文化资本于一身的特殊社会群体，善于从体制和市场两个领域中动员和吸纳资源，因而能够在短时期内迅速地聚敛巨额财富，把握经济生活的命脉，并且开始对政治生活形成重大的影响"③。由此，尚未彻底分化之"半总体性"的社会结构，造就了"权"与"钱"的任性，当它们僭越边界，消解其他一切领域的独立价值与尊严的时候，便直接引发了价值虚无主义的产生。

二、规则的特殊性：中国社会之制度伦理的现代性匮乏

制度伦理是内在于制度规则的价值倾向，它并非外在于制度运行

---

① 孙立平：《断裂：20世纪90年代以来的中国社会》，社会科学文献出版社2003年版，第158、151页。
② 孙立平：《失衡：断裂社会的运作逻辑》，社会科学文献出版社2004年版，第88页。
③ 孙立平：《转型与断裂——改革以来中国社会结构的变迁》，清华大学出版社2004年版，第62页。

的理想性价值标榜,抑或制度创设者的主观愿望,而是制度体系以现实的权利—义务的资源配置,在日常生活世界中确实呈现的精神价值范导与社会行为引导。应该说,制度伦理为社会行为提供了一种背景性的制度框架与价值框架,人们只能在这种制度框架与内蕴其中的价值框架中生活与行动,故而其内在之品质直接关乎社会之价值秩序与精神风尚的良善与否。现代性的制度伦理无疑具有以形式合理性为基础的普遍性特质,呈现为拒斥私人情感之特殊性对待的制度公正,"自发秩序能够被保留在日常生活领域,并在一定程度上发挥着调节日常生活的功能。即便如此,它在任何时候也不被允许与成文的法律和规则相冲突,一旦发生冲突,就必须以向法律和规则妥协为终局"①。不仅如此,它还具有以程序正义为根基的稳定性特征,表现为一以贯之的制度信用,从而维护社会成员平等的自由权利,以及对未来可持续性的良善预期。然而,中国社会之"半总体性"的社会结构,致使政治、经济、文化尚未形成合理的边界,私人生活领域与公共生活领域亦未产生明晰的界限,进而未能在公共生活领域形成以排除私人情感之工具理性内在支撑的普遍性制度体系,日常生活的人情世故与自发秩序,还在不断地破坏着"交换关系的健全"与"形式合理性规则和工具理性原则","就现实来看,在农业文明尚存的后发展国家中,自发秩序所造成的这两个方面的影响都是极大的,尤以中国为甚"②。与此同时,由于政治领域未能形成合理的边界,政治权力未有必要的约束,任意的朝令夕改使制度规则不具有一以贯之的稳定性,从而丧失了内在的制度信用,不仅不能带给民众保障其平等之自由权利的良善预期,还将使之产生巨大的不安全感和不信任感,以致怀疑和拒斥制度规则所书写的精神价值。

民众的生活与行为只能内在于一定的制度框架之中,进而依照现实利益的配置、行为边界的设定、价值行为的裁判,来理性地选择自身的行为方式与价值取向。从这个意义上讲,"任何制度框架都内在地

---

① 张康之、张乾友:《共同体的进化》,中国社会科学出版社 2012 年版,第 9 页。
② 同上。

具有某种价值精神,都有某种价值引导。一般说来,社会日常生活的具体制度,更能准确呈现社会真实的主流价值精神及其价值引导。言说的、作为意识形态的价值精神,如果与渗透、贯穿于日常生活具体制度中的价值精神不一,那么,这种渗透并贯穿于日常生活具体制度中的价值精神,才是这个社会真实占主导地位的主流价值精神"①。具有现代性特质的制度伦理,是以形式普遍性作为其现实载体的,它以程序正义的创设和运行,保障内蕴其中的实质正义,也就是平等的自由权利的公正配置,使之不至于受到人情与权力的干扰而发生扭曲。于是,现代性之制度伦理便在程序正义和形式普遍性中,以制度规则的惩恶扬善、权利义务的公平配置、德性福祉的相互匹配,将内蕴于制度伦理的精神价值内化为民众的自觉信念,从而使制度的规约由强制之他律转变为敬畏之自律,使之成为整个社会的背景性价值框架和精神基础。然而,一旦程序正义丧失了内在的形式普遍性,沦为人情与权力任意僭越的特殊性存在,那么内蕴其中的制度权威性与价值认同感就会土崩瓦解,这对价值秩序与伦理环境的侵蚀必然是毁灭性的。中国社会之制度伦理的现代性匮乏首当其冲的表征就在于此。由于中国社会之"半总体性"的社会结构,不仅私人生活领域与公共生活领域界限不明,政治、经济、文化领域亦边界不清,前现代保留于日常生活之中且具有相对调节力度的"自发秩序",便不断地与公共生活领域所建立的制度规则发生冲突,使之变得脆弱而富有弹性。加之,政治权力也因不具有明晰的限定边界而不断使越界行为成为一种常态。这样,人情与权力的结合,恣意消解着制度的权威性与规约的普遍性,不仅使制度规则惩恶扬善的社会功能遭到破坏,亦使权利义务、社会资源的公正配置不再可能。就前者而言,它使制度本身失去了强有力的刚性规约而变得弹性十足,从而导致了"社会惩罚无力症","严格而有效的社会惩罚的实施是需要有特定的社会关系作为基础的,这种社会关系就是普遍的社会关系。在这种社会关系中,对事不对人是最基本的准则。而在我们的社会中,特殊的人际关系则占有一个重要的

---

① 高兆明:《道德失范研究——基于制度正义视角》,商务印书馆2016年版,第12页。

地位。在这种特殊的社会关系中，规则往往要服从于关系。关系不同，应用的规则和标准也就不一样"①。更何况，作为制度权威体现者的官员，使公共权力走向私有化，进而导致制度规则呈现出公开的与私下的决然分裂，不仅制度的示范性效应荡然无存，规则的权威性亦消磨殆尽，只剩下外在的强制性规约，却失去了内在的情感性认同。就后者而言，权利义务之公正配置的不再可能，必然导致社会行为的错乱与社会道德的滑坡。资源配置与行为范导乃硬币之两面，公正的资源配置引导着人们以正当的方式获取资源，此时，德行成为分配正义之制度伦理范导下的一种明确预期，亦即只有正当的行事才能有效地取得资源。一旦权利义务的资源配置不再公正，呈现出"卑鄙是卑鄙者的通行证，高尚是高尚者的墓志铭"的扭曲状况，选择德行反而成为不再"明智"的事情，社会价值生态必然遭到恶化。

中国社会之制度伦理的现代性匮乏，不仅表现为人情与权力对于程序正义之形式普遍性的僭越，更在于这种僭越造成了制度信用的大量流失。所谓制度信用是指现代性社会以制度规则的连续性与稳定性，来呈现其内在符号系统的践诺性和可信性，进而以保障民众平等之自由权利的可预期性，来凸显自身的权威，故而成为社会稳定秩序的基础。因此，一种具有正当性的制度一经制定，就不能随意地更改和废弃，它必须以其规则的稳定性与实施的有效性，实现权利义务的公正配置，从而为社会行为设定背景性的制度框架，使生活于其中的民众拥有制度保障的安全感、信任感、尊严感，不会因正当权益的无理侵犯而坐卧不安，也无须因自身权利的无法保障而蝇营狗苟。然而，由于权力的私有化与人情的僭越性，致使制度规则遭到破坏，或者在人情的干预中沦为徇私舞弊的工具，或者在权力的任性中沦为徒有其表的一纸空文，制度信用的权威性资源大量流失。如前所述，制度伦理之于社会行为具有鲜明的激励性与范导性，人们会在广义的"成本—收益"的理性选择中，确定自己的行为方式。如果制度的普遍性与信用性资源，足以保障权利义务的公正配置以及正当权益的顺利取得，

---

① 孙立平：《断裂：20世纪90年代以来的中国社会》，第159、162页。

社会行为与价值取向便会朝着良善的方向发展,将内蕴于制度本身的精神价值内化为民众的情感性认同。但如果制度的普遍性与信用性,因权力的践踏而出现严重的流失,根本无力保障权利义务的公平配置,民众也无法以正当的方式维护自身的权益,社会秩序与价值生态则必然遭到恶化。试想,人们若在一定的制度环境下,看到的是权力的横行与金钱的任性,它们视制度为无物、任意妄为、僭越规则、索取利益;看到的是无权无财者正当的权利与生存的尊严都难以保证;看到的是无德无才者在寡廉鲜耻、曲意逢迎中获取了大量利益,那么,无论如何高贵的精神价值都无法真正深入人心、获得认同。由于中国社会制度伦理的现代性匮乏,致使制度普遍性的僭越在日常生活中随处可见,制度信用性之权威资源亦持续性的严重流失;致使遵守制度与道德以寻求合法权益的成本大为提升,违反制度和道德以获取利益的成本大为降低。为善的高成本—低收益与为恶的低成本—高收益之间,形成了一种现实的"激励",人们不再以遵从制度为美德,而视僭越规则为能力,从而合乎逻辑地导致了规范价值的虚无和陷落。高兆明曾言:"一个制度应当这样设计才是基本公正的:在这个制度中,即使是最不幸、占有社会财富最少的人,其基本自由与正当权益也不会因为其不幸与资源占有的贬匮而受到伤害;即使是无赖,也不会因为其无赖而得到比应得更多的利益;即使是权贵富豪,也不会因为其权力与财富而可以为所欲为,得到自己所不应得的;即使是追求私利的人,也不会因为其追求私利而使他人、共同体的正当利益受到伤害,相反,其追求个人私利的行为在总体上还能给他人与社会带来益处。"① 只有这种具有现代性特征的制度伦理,才是良善价值生态的确实保障。

三、人格的依附性:中国社会之主体理性的现代性欠缺

所谓"人格",就是内在于社会个体之同一性的价值范式与精神品质,它为一定的社会结构与生存方式所决定和塑造,进而在社会个体

---

① 高兆明:《制度伦理研究》,第237页。

中内化与显现。具有现代性的人格特征是一种与市场经济形态相匹配的主体性人格，不仅表现为自我主宰和自我决定的自主性理性能力，亦呈现为契约精神所范导的平等性人格特质。然而，由于中国之社会结构的现代性欠缺，私人生活领域与公共生活领域从未拥有合理的边界与界限，呈现为一种较为混沌的状态。不仅传统中国社会个人长期消融于家族生活之中，既无独立的私人生活，亦无真正的公共生活；而且计划经济时代，政治生活又形成对私人生活与公共生活的"双重越位"。市场经济体制的建立使社会个体从独自面对国家，转为独自面对市场，公共生活领域依然付之阙如。这样，中国社会之个体便难以形成真正的自主性人格，主体理性的现代性欠缺使之依旧呈现为一种依附性的人格特征，从而导致独立人格与公共精神的双重匮乏：不仅自由的理性能力极为欠缺，难以通过彼此的商谈形成相互承认并自觉遵守的契约和规则，表现为无所禁忌的任性；而且平等的理性能力同样匮乏，难以形成社会主体之间权利与义务的平等对待和尊重，呈现出为所欲为的贪婪。这种现代性匮乏的人格状况，致使理性的自我立法并不具备内在的精神基础，从而难以形成理性制度的普遍性遵从与规范价值的普遍性认同。由于"每一个人的存在环境就是自己的日常生活世界，这个日常生活世界既是他/她所投入于其中的，又是他/她所创造的。他/她是什么，他/她的存在状况如何，他/她的生活质量怎样，既有赖于这个日常生活世界的状况，又有赖于他/她自己以何种态度投入并善待生活。个体善与制度正义，是同一事物的两个方面"，"如果没有社会成员平等的自由精神与独立人格精神，没有严格守法的自律精神，要建立起一个为公民普遍认可并自觉遵守的正义制度，近乎天方夜谭"①。于是，制度普遍性的消解与规范价值的虚无便成为一种合乎逻辑的事情。

毋庸置疑，一定人格结构与人格形态的产生，必赖于相应的社会结构与制度伦理的塑造，但一旦形成特定的人格结构，就势必对社会的变革与制度的构建发生极为重要的"反作用"。具有现代性特质的自

---

① 高兆明：《道德失范研究——基于制度正义视角》，第320页。

主性人格，是一种与市场经济形态及其契约文化相匹配的人格形态，进而在私人生活领域与公共生活领域的界分中，形成了"人"与"我"、"公"与"私"之间，较为清晰的权利与义务的边界与界限。这样，这种自主性的人格形态，首当其冲地表征为独立的人格特质，即根据一定的社会状况进行独立的思考和判断，以至做出独立的自我抉择与自我行动，并为之承担相应的责任，从而以个体人格的完整性，来应对和驾驭各种社会关系。不仅如此，自主性人格形态亦表现为平等的人格特征，即依据契约关系的合意性与平等性原则，在争取自身权利的同时，也履行自身的义务，在尊重他人权利的同时，也追问他人的义务，进而不仅形成了"人"与"我"之间基于契约文化的人格平等，也形成了基于个体人格独立基础上的公共精神。然而，中国社会正是在私人生活领域与公共生活领域之间从未形成明晰的边界，进而表现为较为混沌的状态中，呈现出社会人格形态的现代性匮乏，亦即生长出一种依附性的人格特质。它不仅表现为个体独立人格的欠缺，也表现为主体公共精神的亏欠，更表现为尊重人格平等的匮乏，以致总是意图通过权力和人情，僭越制度之规范来寻求"特权"，从而在社会人格与精神形态的层面上，形成了一种抗拒制度普遍性及其内在规范价值的力量。这也就成为当代中国社会之价值虚无主义发生的精神土壤与人格根源。事实上，无论是传统中国社会，还是计划经济时代，民众始终都处于一种既无独立的私人生活领域，亦无普遍的公共生活领域的社会状态之中，"可以这么说：中国人的'个体'从未诞生下来，而是永恒地处于温暖的母胎中，因此，'个体'也不具文化上的合法性与自觉性，自然更说不上'个体'的自我扩张、自我开展与自我完成"[①]。也就是说，无论是传统中国社会个体消融于家族生活之中，还是计划经济时代个体湮没于集体生活之中，其实质都是在私人生活与公共生活混沌未分的条件之下，在熟人社会的特殊性交往之中，所存在的一种非自主性的依附性生活。如果说传统中国社会之宗法结构与宗法精神，使个体既无独立之私人生活锤炼自主性人格，亦无普遍

---

① 孙隆基：《中国文化的深层结构》，广西师范大学出版社2004年版，第58页。

第四章 中国社会价值虚无主义的社会文化根源

之公共生活塑造法治与公共精神;那么计划经济时代则造成了政治生活之于公共生活、公共生活之于私人生活的"双重越位",其结果同样是个体之独立人格与公共精神的"双重缺失"。这也意味着,若无独立的私人生活领域造就个体之自主性生存,若无广阔之公共生活领域塑造个体之普遍性交往,而是依附于熟人社会的特殊性交往之中,不仅易于产生熟人内外截然两样的"自私主义",独立之"权利主体"与普遍之"法治精神"亦难以形成。"对中国人来说却是在'自己人'之间不要斤斤计较,不应分你的与我的,在'自己人'圈外就毋须这样'有心'地去'做人',因此也是同样地不讲权利,不过内容却变成了抢在对方之先。"① 这种只顾及效忠熟人团体的社会心理实质上就是一种没有公共精神的"自私主义"。

正如孙隆基所言:"在中国文化里会出现这样两种极端的人格:第一种在社群与集体的召唤下可以做到'舍生取义',第二种则完全让自己的'私心'泛滥,达到损害公家利益、假公济私、化公为私的地步。这两种人格甚至可以出现在同一个人'身'上。"② 其实,这两种相反相成的人格统一于一人之身,恰恰表明了前现代之依附性人格的本质特征,亦即无独立之"权利"的个体,既可压缩为完全"无己"的存在,也可膨胀为"私心"的泛滥。当然,我们决非否定"舍生取义"的志士仁人,只是说明依附性人格的内在悖论。然而,中国社会从传统到现代的大转型,公共生活领域总是呈现出一种阙如的状态,在传统社群或单位中的社会主体尚未孕育成熟就已然破茧而出了。由此,个体失去了传统共同体的庇护,从直接地面对国家,转变为直接地面对市场,曾经的集体主义为过度的个人主义所取代。市场经济无情的利益法则迅速替代了一切伦理精神,成为社会交往的普遍原则,私人生活的异常繁荣,也激发了无权利主体的私心膨胀,进而形成了非社会的利益主体。由于一切生存的压力都只能依靠个人的赚钱能力,在世俗喧嚣的市场中去化解,致使原本就已匮乏的公共精神更加难以构

---

① 孙隆基:《中国文化的深层结构》,广西师范大学出版社2004年版,第108页。
② 同上书,第78页。

建。而且，公共生活领域的阙如，亦使独立的法权主体难以形成，个体与个体、个体与群体之间，无法在彼此的互动与商榷中形成权利与义务的平衡、利益与责任的对等，也就是无法形成权利主体之间的边界意识，致使利益主体脱离了与之共生的责任主体的限定，呈现出一种畸形膨胀的态势，从而不仅未有遵从契约规则的理性自觉，更欲低于契约成本、践踏他人权利以获利。与此同时，熟人社会的特殊性交往并未因为传统家族的消解与单位组织的解构而消亡，它正在以血缘、职缘、学缘等各种形式，更为广泛地存在着。社会个体亦未由于市场的逐利行为而成为自主性的权利主体，拥有一种独立性人格，以致既捍卫私人生活领域的自我权利，亦维护公共生活领域的制度普遍性，恰恰相反，人们在权力圈子与人情圈子的等级性依附中，寻求着非公平的利益"特权"，进而破坏着制度的形式普遍性。这就形成了利益性"主体"与特殊性"圈子"之间，相互结合、相反相成的关系，从而导致两者之间互相结盟、彼此互利的恶性循环，以致产生了我们在前文所说的，前现代之"自发秩序"不仅使制度规则变得富有弹性，亦在权力的共谋中使资源配置不再公平。这种依附性人格的广泛存在，其后果是相当严重的，它使诉诸人情与权力而非正当性途径以获取利益成为一种"文化"，这种消解规范、寻求特权的逐利方式，势必导致互助性之潜在契约，以及共生性之基础秩序发生恶化，进而引发社会良心的萎缩和钝化。不仅如此，"在一个缺乏'个体化'而又把'做人'公式渠道化的文化中，'人格'平等的观念是不可能存在的。'人'的唯一内容就是他在整体中的'等级'、'身份'、'辈分'，以及在'层次'关系中的位置。每一个人都必须在这种系统中来给自己下定义"①。也就是说，具有依附性人格特征的人群，只是在等级身份的"圈子"中以势利的方式"做人"，并非以人格平等的姿态去对待每一个人，从而形成了"谄媚"与"羞辱"之主奴人格的奇妙统一。由此，嫌贫爱富、歧视排斥成为依附性人格最鲜明的社会表征，它将不拥有权力和财富的弱势人群，视为次等人或二等公民加以蔑视，致

---

① 孙隆基：《中国文化的深层结构》，第357页。

使权力和财富不仅意味着幸福与富足，更意味着人格与尊严。这样，充斥着依附性人格的社会，使权力与财富成为"唯一"被认可的东西，进而遮蔽了一切独立的精神价值，成为引发价值虚无主义的重要根源。

综上所述，中国社会之价值虚无主义的发生，具有无可避免的内在必然性。现代化进程的开启致使整个社会形态与生存方式，都发生了从封闭到开放、从同质到异质、从单一到多元的转变。传统一体化社会整合与绝对性价值构建日益失效，导致了中华民族轴心时代所确立之最高价值——"天道"——的崩塌，以及与之一脉相承的"神圣目的"的式微，"人在做，天在看"的价值信念与"神圣目的"的精神追寻，已无法产生昔日应有的范导性和规约力，以致精神价值系统发生多米诺骨牌式的危机。这便是中国社会之价值虚无主义产生的深层根源。与此同时，由于中国社会之现代化的推进与转型，是在中华民族遭遇亡国灭种之虞的急迫性历史境遇中展开的，传统文化还未有充分的时间实现自身的现代性转化，便已成为一种强大的惰性力量，从而引发了激进社会变革的持续性出场，以革命理想主义摧枯拉朽的力量彻底将之抛弃，希冀在文化传统之旧秩序的废墟中，构建符合道德理想主义的新秩序，以致形成了"旧者已逝、新者未立"的价值真空。从这个意义上讲，近代以来不断强化的激进社会变革，成为中国社会价值虚无主义发生的文化根源。此外，文化传统的深层结构造成了诸多"前现代"的残留，从而成为中国社会之现代性构建中颇为严重的阻滞性力量。这种"半现代性"的社会形态与发展状况，诸如以政治为中心的"半总体性"社会结构所产生的现代性亏欠；人情与权力对制度伦理之形式普遍性的僭越所导致的现代性匮乏；依附性人格的大量存在所引发的主体理性的现代性欠缺等，都使得"前现代"的弊端残留与"现代性"的问题预支之间，产生了强烈的"共振效应"。这就成为中国社会之价值虚无主义发生的现实根源。

第五章

中国社会扬弃价值虚无主义的必然性路径

中国社会价值虚无主义的发生，来源于从传统到现代之大转型过程中一体化社会整合与绝对性价值构建的失效，以及契约性社会整合与相对性价值构建的未完成，因而具有无可避免的必然性。尽管如此，价值虚无主义所导致的价值秩序的错乱与价值信念的沉沦，却是一个绝不可掉以轻心、听之任之的严重问题，故而必须着力探求扬弃价值虚无主义的必然性路径。可以肯定的是，这种扬弃路径决非重新回到一体化社会整合与绝对性价值构建，而是在中国社会已然发生结构分化与利益多元化的现实状况，以及融入全球化的时代语境之中，全力推进社会主义现代性的建设，完成契约性社会整合与相对性价值构建，实现规范价值的底线共识、程序正义的共同信念、终极价值的多元共契。如此，中国社会才能真正走出价值虚无主义的泥沼。众所周知，社会主义现代性是一种拒绝"资本至上"的逻辑，而将"社会至上"，即劳动人民利益至上的原则，作为国家与社会构建之根本的"新型现代性"。它致力于扬弃权力和资本所造就的"权利"的形式性和特殊性，而将"社会平等"的实质性与普遍性，视为更为根本的价值原则，亦即平等的人民权利是社会主义现代性的价值前提。质言之，社会主义现代性的构建包括两个层面的内涵：其一，这种现代性构建以劳动者而非资本和权力为主体，进而形成平等的人民权利；其二，这种现代性构建也是社会结构从总体性向分化性转型过程中，实现平等原则从集体权利向个体权利的嬗变。如果说，中国社会在总体性社会形态下的社会主义构建，乃是在国家与人民之间的"隐性契约"的支撑下，实现民族国家的独立与人民的当家作主，那么，分化性社会结构之下的社会主义现代性构建，就必须明确划分政府、市场、社会之间的边界，以社会领域的重建赋予人民行动的自主性；以程序正义的构建承载人民权利的实质正义，以至形成具有现代性特征的社会结构与制度架构，将市场机制、民主法治、自主人格等普遍的现代性因子，植根于儒家传统与社会主义传统的内部，呈现出"中国性格"的现代文明形态。这样，中国社会之契约性社会整合与相对性价值构建才能真正得以形成，进而在制度架构与伦理精神的双向互动中，实现规范价值的底线共识、程序正义的共同信念、终极价值的多元共契,最终彻底扬弃价值虚无主义。

第一节 社会主义现代性:
走出价值虚无主义的现实基础

正如恩格斯所言:"从消灭阶级特权的资产阶级要求提出的时候起,同时就出现了消灭阶级本身的无产阶级要求——起初采取宗教的形式,借助于原始基督教,以后就以资产阶级的平等论本身为依据了。无产阶级抓住了资产阶级的话柄:平等应当不仅是表面的,不仅在国家的领域中实行,它还应当是实际的,还应当在社会的、经济的领域中实行。"① 也就是说,社会主义的兴起乃是平等之价值欲求所导致的现实运动,故而社会平等一直都成为社会主义的核心内涵与根本原则。当然,社会主义现代性语境中的社会平等,并不表现为平均主义的粗陋性,亦不呈现为物质贫乏的"圣洁性",毋宁说,它是一种平等的自由权利或自由的平等权利,亦即在平等的实质性权利中,赋予人民实现自由的能力,进而从根本上肯定了人民在社会生活中的主体性价值。这也意味着,社会主义现代性是以主体人格及其外化之人民权利的平等,作为内在的价值前提的。由此,人民便可在法律所赋予的权利中,感受无须权力和资本的"赐予",仅仅凭借人民的身份与主体的人格,就必然受到尊重的"自在价值",从而成为中国社会走出价值虚无主义的现实基础。然而,社会主义现代性所确立之主体人格与人民权利的价值前提,必须在一定的社会经济关系与政治关系的合理安排,也就是相应的社会结构与制度架构中,才能真正获致其现实性。这样,自主性社会领域的重建便成为社会主义现代性的承载基础,它不仅是人民表达意志的公共空间,亦是人民交流意愿的公共平台,更是人民自主力量的公共领域,从而为多元化利益群体的权利诉求提供了开放的

---

① 《马克思恩格斯选集》第 3 卷,人民出版社 1995 年版,第 447—448 页。

渠道，为多元化价值观念的沟通与共识提供了商榷的空间，为理性化社会行动的形成提供了有效的机制，因而成为承载人民权利之必不可少的社会土壤。同时，程序正义之形式普遍性的建立，也是一个较为关键的环节，它不仅划定了政府、市场、社会的边界，防止权力和资本之于社会的共谋和僭越，亦以权利义务、社会资源的公正配置，形成人民平等的自由权利，成为保障人民权利、凸显社会主义现代性、扬弃价值虚无主义之重要的制度架构。

一、人民的权利：社会主义现代性的价值前提

社会主义现代性之所以不同于资本主义现代性，乃是在于它拒绝了"资本至上"的逻辑，而将"社会至上"，即劳动人民的根本利益视为至上之原则，从这个意义上讲，人民的权利就是社会主义现代性的价值前提。自新中国成立以来，中国社会就一直承载着社会主义的传统，然而社会的转型致使这一传统遭遇着从总体性社会形态下缔造民族的独立与人民的解放之独特内涵，向分化性社会结构下保障人民平等的自由权利或自由的平等权利的转变。具体说来，总体性社会结构的社会主义形态，呈现出鲜明的民族主义特质，人民的权利并非作为个人权利的形态而存在，它更多地表现为整体性与集体化的权利，即集体权利与阶级权利，个人普遍地湮没在阶级与国家的认同之中。这也就意味着，在总体性社会结构之中，国家与人民之间实际上存在着一种整体性的"隐性契约"，它支撑着政治行为的合法性。"政府保证提供基本的社会正义，同时人民接受政府的领导，这就是隐性契约。"[①] 而隐性契约的履行，一方面是以普遍而稀薄的社会福利、医疗保健、免费教育造就贫困而平等的社会，另一方面则是通过政治运动来保证官僚系统的人民性。"隐性契约可以在一段时间内产生作用，但不是长远之计。隐性契约不是法治化的，它没有制度化的规定，人民

---

① 郑永年：《改革及其敌人》，浙江人民出版社 2011 年版，第 47 页。

和政府之间不存在任何制度性的制约关系。"① 于是，在总体性社会形态并未出现根本的改变之时，社会主义市场经济体制所导致的社会利益分化与多元化，直接引发了权力与资本的联姻和越界，以致形成了对社会领域的侵入和宰制，其结果必然是"隐性契约"在一定程度上的消解和破坏。由此，在逐渐凸显的分化性社会结构中，重塑"隐性契约"的同时渐次推进"显性契约"的创设，以此保障人民"分化"之个体权利，亦即平等的自由权利或自由的平等权利，从而实现政治权力向人民的回归，这成为社会主义现代性的价值前提与构建方向。

总体性社会结构之下的社会主义形态具有鲜明的民族主义特征，它从资本主义国际秩序中挣脱出来，获得了民族的独立与人民的解放。此时，人民的权利及其国家主人的地位，是以一种整体性与集体化的方式，加以确立与维护的。也就是说，国家与人民之间心照不宣的"隐性契约"，亦即国家以一定的社会公平与稀薄的社会福利换取人民的拥戴和服从，是将劳动者普遍地纳入行政性的劳动关系之中，以相应的组织结构与制度体系，形成整体性的身份形态，以此对应相关的集体权利。"行政性的劳动关系意味着劳动者享有稳定的就业权利，并且同时享有国家直接保障的一系列社会经济权利，也享有企业提供的各种社会福利和服务，进入了行政性劳动关系的劳动者获得了一种被称之为'国家职工'的特殊身份，即自身权利得到了国家直接保障的劳动者。"② 由此，国家行使了一种普遍性的"低工资、广就业"的收入制度，以保证劳动者最低限度的基本生活，"为了补偿，国家在规定的范围内，通过在农村的公社和在市区的工作单位提供包括住房、医疗、儿童保健和教育在内的社会商品。特别是所有的城市工作单位的员工以及他们的家庭也通过其他价格补贴享受一定限度的公共医疗保健、公立学校教育和公租房"③。更为重要的是，人民的权利，这种在当时表现为整体性与集体化的权利，是在总体性政权结构内部的派出

---

① 郑永年：《改革及其敌人》，第39页。
② 刘建军等：《转型中国的正义研究》，上海人民出版社2016年版，第142页。
③ 郑永年：《中国模式：经验与挑战》，中信出版社2016年版，第180页。

机构，亦即作为基层政权的单位或企业之中，以诸如"职工代表大会制度"的形式，使劳动者以群体的身份，拥有了基层政权的"决策权"，进而实现人民当家作主。"在单位制企业中建构了一个工人阶级管理企业的民主空间，这就是职工群众依托职工代表大会的决策权而在工业生产领域里面进行基层群众自治。"[①] 然而，这种高度行政化的社会整合方式，必然产生"秩序"与"动力"的悖论，以致窒息社会个体的主体性，进而随着社会主义市场经济体制的建立，逐渐瓦解了提供基本社会正义的集体性制度体系，致使具有整体性特征的"隐性契约"日益式微。这种式微不仅表现为市场经济体制下劳方与资方之间个体性特征的"显性契约"越来越广泛，它更呈现为劳动者在总体性社会结构之下可以依仗的组织结构已然消解，参与决策的制度体系亦走向边缘，失去自我组织的、原子化的劳动者，较之于企业主和管理层处于绝对的弱势地位，根本不具有与资方讨价还价、平等谈判的能力，呈现出权利的失衡状态，故而既无法以原先的组织形式与制度框架捍卫自身权利，亦无力以契约和法制力量保障合法权益。加之，半总体性社会结构下的政府、市场、社会之间边界不清、界限不明，致使权力和资本相互结合与强势联姻，共同侵入了医疗、教育、公共住房等社会领域，原本需要不断加大投入、提供公共服务的民生领域，遭到了权力与资本的双重宰割，甚至一度成为暴富的领域。于是，从总体性社会结构的集体性存在，走向个体性生存的劳动人民，未能实现自身从集体权利的维护向个体权利的保障的转变，其丧失自我组织之原子化的弱势地位，亟需国家全力推进社会主义现代性的构建，进而确立一整套相关的社会制度，确实维护人民的权利，以凸显社会主义的价值前提与本质特征。

邓小平曾言："我们坚持走社会主义道路，根本目标是实现共同富裕，然而平均发展是不可能的。过去搞平均主义，吃'大锅饭'，实际上是共同落后，共同贫穷，我们就是吃了这个亏。"又言："社会主义的本质，是解放生产力，发展生产力，消灭剥削，消除两极分化，最

---

① 刘建军等：《转型中国的正义研究》，第135页。

终达到共同富裕。"① 中国社会从总体性社会结构向分化性社会结构的转变，从计划经济形态到市场经济形态的变革，正是要在现代性的语境中发展富裕的社会主义，并在更高的层面上凸显社会主义之平等的价值原则，也就是以社会主义现代性的构建，实现人民权利从"集体形态"之平等向"个体形态"之平等转变。"而作为现代化进程中的当今中国，面临的首先是确立起平等的基本自由权利、平等的法权人格这一现代社会的基本价值精神。"② 质言之，社会主义现代性的构建，就是要在现代之分化的社会结构中，实现平等的自由权利抑或自由的平等权利，即在平等的实质性权利中，赋予人民实现自由的能力，进而从根本上肯定人民在社会生活中的主体性价值。这同时也意味着，社会主义现代性从本真的意义上讲，就是要以主体人格与人民权利的"平等"，作为其内在的价值前提，以消解社会等级之"特权"。应该说，社会主义市场经济条件下的人民权利的平等，理应建立在显性契约的基础之上，进而实现个体人格与个人权利的平等对待，然而中国社会之"半总体性"的现实格局，致使国家和政府仍然需要重新构建与动用整体性之"隐性契约"的资源，来塑造基本的社会正义，从而使人民在政治、经济、社会等各个领域中都拥有平等的自由权利。尽管人民平等的自由权利是一个完整的权利体系，由为数众多的权利系列所构成，但从维护人民实现自由的能力与主体性价值而言，最为基本的民生权与经济和公共事务的参与权，成为其中更为根本的人民权利。如果说基本的民生权只是国家经济发展之目的实现于人民自身的重要表征，它以"安全网"的提供与公共资源的配置，维系人民有尊严的生活，从而体现社会共同体的身份平等与人格平等；那么经济和公共事务的参与权则赋予人民以重要的权能，以至在利益分化的社会结构中，形成有效的利益表达与协商机制，从而不至于被排除在利益博弈与竞争之外，利于捍卫各种平等的自由权利。从这个意义上讲，民生权是表征社会主义传统的基本权利，它需要国家将本属于社会政

---

① 《邓小平文选》第3卷，人民出版社1993年版，第155、373页。
② 高兆明：《政治正义：中国问题意识》，人民出版社2014年版，第349页。

策领域的医疗、教育、公共住房等,回归社会政策领域本身,进而重建国家与人民的整体性隐性契约,在逐渐分化的社会结构中取得延续的合法性。但参与权却是人民当家作主更有力量的权能,它不仅在经济领域具有同资方平等协商和谈判的集体性力量,亦能在政治领域表达自身的利益诉求,以至于影响公共政策的形成。因此,在社会主义现代性的构建之中,"最根本的问题是,政治权力要回归人民,要让人民有表达自己利益的机制,提供给人民行使权力的机制。中国并非没有政治参与,但参与管道对不同的阶层来说极不均衡。官僚阶层、有产阶级、知识分子有相当的政治影响力,而工人、农民不仅没有政治影响力,且其状况在每况愈下"①。社会主义社会固然不能走向平均主义的道路,但也决不能以财富和权力的多寡,来决定和影响民众的基本自由权利的配置。由此,人民的权利不仅是社会主义现代性构建的价值前提,它更是摈弃价值虚无主义的根本所在,人民无须依附于权力和资本,凭借不可剥夺的权利,就足以彰显自身的"内在价值"。

二、社会的重建:社会主义现代性的坚实土壤

马克思曾在《法兰西内战》中指出:"共和国只有作为'社会共和国'才有可能存在;这种共和国应该剥夺资本家和地主阶级手中的国家机器,而代之以公社;公社公开宣布'社会解放'是共和国的伟大目标,从而以公社的组织来保证这种社会改造。"② 这就意味着,社会主义拒绝"资本至上"的逻辑,而将"社会至上",亦即以人民群众的根本利益,作为国家与社会构建的根本原则,而社会领域又是人民享有自身权利,实现自主性生存的生活世界,这便使得"社会"的重建,成为"赋权于民"的重要载体与社会主义现代性的坚实土壤。从这个意义上讲,社会主义现代性的构建决不意味着国家与社会的对立,恰恰相反,公共事务亦成为社会性的事务,也就是社会与政府之间形成

---

① 郑永年:《改革及其敌人》,第43页。
② 《马克思恩格斯选集》第3卷,人民出版社1995年版,第104—105页。

一种伙伴性关系,共同应对日益复杂的经济社会事务,从而将社会的力量还给社会本身。这样,人民权利的行使与创造性精神的培育,都内在于自主性的社会领域之中,以至成为支撑国家政权之强大的社会基础,能够不断地从中获取人民的力量、赢得人民的支持。因此,"赋权于民""赋权于社会",便成为社会主义现代性构建的题中之义和重要特征,也由此形成国家、市场、社会之间的明晰界限与合理边界,一方面规范国家活动范围,转变政府职能,使之成为规制型政府,为社会提供公共服务;另一方面限定市场的行为边界,使之无法殖民社会的民生领域,无法破坏社会的伦理关系,从而让人民群众自主地主宰社会生活。质言之,在利益分化与多元化的社会结构中进行社会主义现代性的构建,必须有效地重建自主性社会领域,具体说来,就是着力培育各种社会组织,赋予不同利益主体以均衡的权利,进而形成良性的利益协商机制与社会参与机制,产生分享经济发展成果、承载价值共识与社会稳定的中产阶级。同时,"社会的发育与政府自主性的提高是健康社会两个不可缺少的方面;相对发育的社会与相对超越的政府的互动是和谐社会不可缺少的条件;对这种互动做出制度化安排是改革要解决的重要问题"①。这样,自主性社会力量与超越性政府权力之间,便形成了一种相互促进的互动关系,从而成为保障人民权利与社会主义现代性构建的重要机制。

在自主性社会构建与超越性政府形成的互动之间,更为根本的方面就在于自主性社会的构建,它一方面能够形成人民的合力与社会的权力,进而对地方政府产生规范的力量,另一方面亦能通过官僚机构的监督,形成国家政策推行的重要助力。而自主性社会的构建则由两个层面的重要内容所构成:其一是赋权社会,使之形成良性的利益协商与参与机制,以此保障人民的利益表达权与公共事务的参与权,进而使不同利益主体的权利均衡或利益均衡;其二是保护社会,使之免于权力与资本的殖民,以此保障人民更为基础的民生权,也由此形成易于达成价值共识与维护社会稳定的中产阶级。就赋权社会而言,"如

---

① 孙立平:《重建社会——转型社会的秩序再造》,社会科学文献出版社2009年版,第221页。

何赋权于社会？不外乎两种方法。一是给予社会更大的空间。在这方面，中国的决策者是意识到这个问题的，因此才会出现'利益代表'的概念和以此概念为指导的改革。但是要在决策过程中反映人民的利益，就必须给予社会利益表达和利益聚集的空间。二是要确立社会参与决策过程的制度机制。这两方面合在一起就构成了中国政治改革的社会动力"[①]。赋权社会之所以重要乃是在于，它既是市场经济之利益博弈性所必须，亦是改革走出困局的关键之所在，从而成为社会主义现代性构建的坚实土壤。说到底，市场经济就是一种利益分化与博弈的经济形态，它的良性运行就在于以法制的规约形成一定的规则和机制，保障各种利益主体之间的相互协商与公平博弈，这势必需要以自主性社会组织的培育，赋予其自我管理、自我主宰的权利和能力，以形成较强的社会组织力量。与此同时，市场经济的异质性和多元化所产生经济社会事务无法计算，政府若事无巨细地包揽一切，必然产生凌乱的后果，从而形成权力的膨胀与社会的弱小之间的恶性循环，不仅导致公权机器的钝化，也极易造成权力的腐败。因此，赋权于社会以形成自主性社会权力，结成政府与社会之间的伙伴性关系，由社会组织自主承担政府不便去做，也难以做好的公益事项与社会公共事务。更为重要的是，自主性社会组织亦是利益主体表达其权利诉求的重要载体，不同利益群体的社会组织的均衡发展，便可在一定程度上减轻强势群体与弱势群体的权利失衡，使弱势群体亦有利益表达的渠道和组织化形式，进而形成一定的利益均衡机制。"所谓市场经济条件下的利益均衡机制，最基本的含义就是社会主体平等利益表达权利的制度化以及在此基础上形成的较为公平的利益博弈。这当中最首要的是利益表达以及追求自己利益的平等权利"，而这种机制又涉及诸多制度安排，如"信息获得机制、要求表达机制、施加压力机制、要求凝聚机制、利益协商机制、矛盾解决机制"[②]。不仅如此，自主性社会的构建还是改革走出"裁判"与"球员"角色合一困局的关键之所在，由此

---

① 郑永年：《保卫社会》，浙江人民出版社 2011 年版，第 144 页。
② 孙立平：《走向社会重建之路》，《第七届中国改革论坛论文集》2009 年 10 月 17 日。

在社会领域中寻求到人民所汇集的现实力量,使之形成政府、市场、社会之间的相互平衡与各司其职,从而告别"强政府""弱市场""弱社会"的不合理格局与权钱联姻的腐败问题。从这个意义上讲,自主性的社会领域不仅是人民意愿表达的公共文化空间,亦是人民思想交锋的公共商谈平台,还是人民理性行动的社会自治领域。"作为公共文化空间,它为多元利益群体的利益诉求与意志言说提供了开放的空间,激发了公民表达其思想的意愿;作为公共商谈平台,它为多元价值观念的协商与斗争搭建了自主的舞台,促使了多元化观念在摩擦与沟通中形成价值共识,并赋予了社会自主性价值生产与伦理创生的重要机制;作为自治性社会领域,它动态地反映了社会各阶层的利益与价值诉求,为社会矛盾的'自我治理'提供了坚实的基础,从而使公民分散的意志化为一种理性化的集体行动。"① 这样,自主性社会领域的赋权和重建,使之不仅承载着人民的权利,更成为构建和体现社会主义现代性的坚实基础。

就保护社会而言,"就是要建立一整套社会制度,包括社会保障、医疗、教育和住房等,保护每一个社会成员,在保障其不至于饿死、病死和冻死这样的最低水平的同时保障其基本的公民权利"②,从而使自主性的社会领域免于权力与资本的宰制,不仅保障人民较为基础的民生权,亦能形成承载价值共识与维护社会稳定的中产阶级。政治、经济、社会的相对分离是中国改革的重要目标,它一方面可为经济的效率与政治的公平提供重要的结构性基础,使之免于一元论道德主义的僭越和遮蔽,另一方面亦使社会必须受到保护。这不仅意味着作为社会主体的人民理应分享改革与发展的红利,以维护自身的民生权,进而彰显社会主义现代性的本质特征;也意味着经济的可持续发展需要"藏富于民",形成消费型的社会形态;更意味着政权的稳固需要"赋权于民",塑造坚实的社会基础,以抵御权钱的异化之于国家基石的侵蚀;还意味着健康的社会承载着良善的价值生态和积极的生命意

---

① 刘宇:《论当代中国价值虚无主义精神状况及其超越》,《道德与文明》2014 年第 3 期。
② 郑永年:《重建中国社会》,第 14 页。

义,一旦社会的伦理关系为权钱的侵蚀所消解,生命的尊严为生存的艰难所击垮,势必导致人民生活的"去意义化",以及底线价值的沉沦。然而,由于政治、经济、社会之间缺乏明晰的边界,而经济的发展又成为一种至上的目标,政府全面地倒向了经济领域,不仅导致了市场与社会的失衡,如医疗卫生、教育事业、公共住房的高度产业化;也引发了政治与社会的失衡,社会由此丧失了独立的权利,根本无力抵御权力的宰制与资本的侵蚀。这样,人民就难以在生存的艰难中捍卫生命的尊严,进而引发着社会道德的沦陷,消解着国家政权的基石,制约着经济的发展和社会的稳定。从这个意义上讲,"保护社会"无疑是社会主义现代性构建的题中之义,它使人民得以分享经济发展的成果,以至形成数量庞大的中产阶级,从而承载着国家的稳定、经济的发展、价值的共识。从社会治理的基本经验来看,中产阶级不仅是防止社会极端分化、阻止社会过激冲突、维护社会秩序稳定的重要力量,它还是形成价值共识、维系价值秩序、捍卫总体道德的社会基础。"在任何社会,中产阶级是爱国主义的来源和基础,他们在其生存的社会致富,为这个社会感到骄傲。"[1] 不仅如此,由于中产阶级大多是来自工薪阶层的劳动人民,其数量的庞大将直接有助于恢复人们对于"勤劳致富"之传统正义观念的信心,也容易对人民的生活与社会的正义,给予更多的关切感和责任感,故而易于达成自由、平等、民主、正义的价值共识,从而成为承载社会主义核心价值观的社会力量。

因此,党和国家正在推动的"共同富裕"就是推进社会改革,进而保护社会的伟大战略。它不仅能够有效地解决供给过剩与需求不足的内在矛盾,促进中国经济的可持续发展,更将以社会的构建阻止贫富分化的加剧、中产阶级的塌陷,防止社会的撕裂。这一战略"鼓励勤劳创新致富","防止社会阶层固化,畅通向上流动通道,给更多人创造致富机会,形成人人参与的发展环境"[2],从而使"勤劳致富"的传统信念与社会主义精神重新复归。同时,它还将"构建初次分配、

---

[1] 郑永年:《重建中国社会》,第60页。
[2] 习近平:《扎实推动共同富裕》,《求是》2021年第20期。

再分配、三次分配协调配套的基础性制度安排","形成中间大、两头小的橄榄型分配结构,促进社会公平正义,促进人的全面发展,使全体人民朝着共同富裕目标扎实推进"①,不仅使人民共享中国经济社会发展的成果,彰显社会主义的本质,也有利于培育和扩大中产阶级这一社会稳定的基石。按照党和国家的部署,"到'十四五'末,全体人民共同富裕迈出坚实步伐,居民收入和实际消费水平差距逐步缩小。到2035年,全体人民共同富裕取得更为明显的实质性进展,基本公共服务实现均等化。到本世纪中叶,全体人民共同富裕基本实现,居民收入和实际消费水平差距缩小到合理区间"②。毫无疑问,共同富裕扎实推动的过程,就是中国社会改革不断推进的过程,因而也是中国社会的价值虚无主义逐渐消除的过程。

三、正义的诉求：社会主义现代性的制度架构

社会主义现代性构建不仅要以自主性社会为坚实土壤,形成政府、市场和社会之间的合理边界与良性互动的基本社会结构,更要以形式普遍性的制度架构,作为凸显基本社会结构与社会主义价值原则的现实载体,从而以程序正义承载和体现平等之自由权利的"人民的正义"。"在当今时代,只有奠基于生命尊严、人格平等等基本自由权利之上,才可能有真正的人民的正义。人民的正义与自由、民主、法治的生活方式,融为一体",故而是一种"坚持'普遍的'（而不是特殊、部分人的）、'普通的'（而不是权贵的）正义"③。这就意味着,在以人民民主为基础的宪法法律框架之下,在各种普遍性制度的规约之中,所形成的程序正义,乃人民性之实质正义的"定在"。它不仅可在"宏观"的意义上,限定权力和资本的合理边界及其运行方式,保障政治、经济、文化等各个领域,呈现出自身独立的价值原则与实质的合理性,诸如在经济领域中显示"效率",在政治领域中凸显"公平",在文化

---

① 习近平：《扎实推动共同富裕》，《求是》2021年第20期。
② 同上。
③ 高兆明：《政治正义：中国问题意识》，第132、127页。

领域中表征"自由";亦可在"微观"的意义上，将抽象的人民正义原则，通过各种具体的制度规范与行为规则，以及权利义务和社会资源的分配正义，融入人们的日常生活世界之中，以保证人民平等的自由权利与人格尊严，不受到任何非法力量的剥夺和侵害，使之内化为一种自觉的行为方式与具体的价值信念。不仅如此，程序正义本身还以其普遍的形式合理性，承载着规范价值的实质合理性，它通过社会主体的平等对待、社会行为的惩恶扬善与现实利益的规范引导，凸显出规范价值的普遍同一性、现实规约性与行为示范性的巨大力量，进而形成社会良善的价值秩序。从这个意义上讲，程序正义之形式合理性不仅是人民正义之实质合理性的载体，它更是法治精神这一现代价值之魂的内在要求，以至在全社会形成"尊重法律"和"遵守规范"的价值生态，从而产生程序正义的共同信念与规范价值的底线共识，完成契约性社会整合与相对性价值构建，为独立人格的生长提供肥沃的制度土壤。

毋庸置疑，具有社会主义现代性特征的社会结构，是在政府、市场、社会之间形成合理的边界与明晰的界限，然而这种社会基本结构的形成，却非自然而然就可实现的，它需要在社会结构与制度安排的互动中双向推进，落到实处。这就使社会主义现代性之法治成为首当其冲的重要问题，它使权力的运转、利益的分配、权利的保障都纳入宪法法律的轨道上来。就其实质而言，社会主义现代性的法治决不仅仅意味着法律制度与法律条文的拟定，从而以此作为政治化社会治理的现实需要。它更为重要的方面在于，法治的基础来自人民民主和人民权利，并以此形成社会秩序之总体架构，使一切政治权力的运作都内在于宪法和法律的框架之中，不仅一切社会成员的行为必须合乎法律之规范，一切组织、团体、机构的行为也必须置于宪法和法律的规约之下，以显示社会主义现代性之法治秩序的平等性特征。"平等是社会主义法律的基本属性。任何组织和个人都必须尊重宪法法律权威，都必须在宪法法律范围内活动，都必须依照宪法法律行使权力或权利、履行职责或义务，都不得有超越宪法法律的特权。必须维护国家法制统一、尊严、权威，切实保证宪法法律有效实施，绝不允许任何人以任何借口任何形式以言代法、以权压法、徇私枉法。"① 由此，法治的秩序架构便能使社会主义现代性之社会结构，亦即政府、市场、社会之间形成合理的边界，在程序正义之形式普遍性的现实保障中成为可能，从而利于凸显各个领域之价值原则的独立性。首先，政府权力在"法无授权不可为"的程序限定中，消解着自身支配社会资源的恣意性，以至在透明和公开的规则与流程中，规定了政治行为按章办事的方式和步骤，从而有效防止个人行为的偶然性与公共权力的私有化，以体现政治领域之"公平"的价值原则。由于政府权力具有强大的示范效应，其公正廉洁的行政行为，不仅使人们极易认同形式合理性的程序正义本身，更使之信念内蕴其中的实质合理性与规范价值。其次，市场经济也将在没有异化权力的僭越和干扰之下，回归法治的健康状态，从而以资源的有效配置，实现自身的"效率"原则。"建设统一开放、竞争有序的市场体系，是使市场在资源配置中起决定性作用的基础。必须加快形成企业自主经营、公平竞争，消费者自由选择、自主消费，商品和要素自由流动、平等交换的现代市场体系，着力清除市场壁垒，提高资源配置效率和公平性。"② 再次，社会领域在没有异化权力与越界资本的侵入和扭曲之下，亦可显现出自身"平等"的价值原则。当然，这种"平等"决不是平均主义的平等原则，而是基于每一个人平等的自由权利与人格尊严，从而毋须依附于权力和资本，仅仅凭借公民的身份，就必然受到尊重的生命内在价值的"平等"，也就是一种基于程序正义保障与分配正义承载的平等。它使一个国家的公民不会因为掌控权力的高低与获取财富的多寡，而导致自身平等的自由权利得不到保障抑或受到侵犯。这样，形式普遍性之"程序正义"就承载了社会主义现代性的社会结构，使之相互配合、各司其职，从而凸显出政治领域的"公平"、经济领域的"效率"、社会领域的"平等"之各自独立的价值原则。

如果说社会主义现代性的法治与程序正义，保障了政府、市场、

---

① 《中共中央关于全面推进依法治国若干重大问题的决定》，《人民日报》2014 年 10 月 29 日。
② 《中共中央关于全面深化改革若干重大问题的决定》，《人民日报》2013 年 11 月 15 日。

社会之间的合理边界以及各自价值原则的独立性,尚只是在宏观的意义上确立了基本社会结构与基本制度结构;那么它将抽象的人民正义原则,具体化为社会资源的分配正义以及平等之自由权利的现实保证,使之融入日常生活世界之中,便成为法治和程序正义在微观意义上的权威性渗透,以至内化为人们自觉的行为方式和具体的价值信念。一个社会的基本结构与基本制度,最终都要将自身的价值原则与行为规范化为权利与义务的具体配置。充满公平与正义的社会,其权利义务的配置应该是对等的,绝非一部分人只享有权利却不履行义务,另一部分人只履行义务而不享受权利,这样的社会是非正义的特权社会。而公平合理的社会一定是权利与义务对等的社会,一定是人民拥有平等之自由权利的社会。从这个意义上讲,分配正义是内在于程序正义的"实质正义",它依托于司法制度的程序正义,将平等的自由权利与平等的人格尊严,渗透到日常生活的每个环节和每个方面,也就是在特定的程序和规则中,判定各种物质财富的具体流向、各类权利义务的具体配置。"司法也是日常社会生活不同社会角色之间互动的中间或者缓冲地带。社会个体成员之间、社会群体之间、雇主与被雇主之间、政府与人民之间、国家与社会之间、政府与经济之间等都需要司法这个中间地带。"① 一方面,司法已成为依法治国、依法行政之程序正义的关键环节,故而必须树立司法制度之权威,避免政治权力之于司法制度的政治化僭越,只要法律已然到位,政治严禁跨越,从而保证司法的相对独立性与法律的形式普遍性,便会形成对行政权力的制约。"行政机关要坚持法定职责必须为、法无授权不可为,勇于负责、敢于担当,坚决纠正不作为、乱作为,坚决克服懒政、怠政,坚决惩处失职、渎职。行政机关不得法外设定权力,没有法律法规依据不得作出减损公民、法人和其他组织合法权益或者增加其义务的决定。"② 另一方面,程序正义亦承载着分配正义,在经济、政治、社会各个领域,保障人民平等之自由权利。在经济领域,它可维护市场交换的正义性,

---

① 郑永年:《重建中国社会》,第142页。
②《中共中央关于全面推进依法治国若干重大问题的决定》,《人民日报》2014年10月29日。

以契约关系之平等身份从事市场行为，强制性地纠正违背当事人意愿或欺诈行为的发生，从而捍卫平等之经济自由的权利。在政治领域，它可保障民众的知情权和监督权，以消除权力运作的神秘性和暗箱操作，并对有关部门的失职和不作为进行问责，以实现人民的当家作主，进而维护平等之政治参与的权利。在社会领域，它可赋权社会，保障人民的利益表达权与利益协商权；可保护社会，使教育、医疗等公共物品，免于权力与资本的殖民，从而维护平等之社会民生的权利。由此，程序之制度正义便可承载实质之分配正义，在日益分化的多元社会中，以平等之自由权利的保障，将人民正义之原则渗透到人们的日常生活之中，从而匡正行为、哺育心灵，不仅内化为自觉的行为方式与具体的价值信念，亦可产生认同程序正义与规范价值的法治精神，形成程序正义的共同信念与规范价值的底线共识，进而完成契约性社会整合与相对性价值构建，为自由人格的发育与价值虚无主义的扬弃提供正义的制度环境。

第二节　社会主义的伦理：
克服价值虚无主义的精神构建

正如高兆明所言："从固定的眼光看，社会结构、制度体制先在于个人，但人及其社会作为过程而存在，故，在流动的过程中看，社会结构、制度体制与个人的现实性活动互为因果、互动生长。"① 这就意味着，尽管制度结构相对于个人德行无疑具有某种先在的意义，人们只能在基本制度所提供的行为框架，抑或生存于其中的日常生活世界的惯习秩序中，去追求自身所信念的思想和情操，然而任何良善的制度都必须通过人来实施，这就使社会的道德精神与伦理状况成为一种重要的精神土壤。社会结构与基本制度在提供背景性行为框架的同时，个人的道德行为与现实活动也在润物细无声地改变着这个行为框架，

---

① 高兆明：《道德失范研究——基于制度正义视角》，第321页。

从而或者以低劣的道德生态无限扩大本意良善之制度的罅隙；或者以优质的道德生态矫正制度本身存在的缺陷。从这个意义上讲，合理的社会结构、正义的基本制度、良善的伦理环境，都是现代社会健康发展与和谐社会生活秩序不可或缺的重要因素，唯有在提供制度正义之有效供给的同时，加强社会主义现代性之伦理生态的构建，方能形成制度与人之间相互促进、彼此推进的良性循环。具体说来，良善之制度伦理的构建成为首当其冲的问题，它为人们的道德行为与其他伦理的塑造提供了一种背景性的价值框架，若能在制度正义的构建中形成优质的制度伦理，进而在普遍平等、惩恶扬善的制度运行中，表现出"德行有用""德福一致"的社会后果，必能引导整个社会以正当的方式获取利益。同时，良善的制度伦理必然会合乎逻辑地范导出整个社会之优质的责任伦理，各种角色、职业、工作不再仅仅成为追逐权力和财富的工具和手段，而是被赋予了一种社会担当与自我成就之"天职"的神圣性，成为政治、经济、文化等各个领域的职业道德与角色美德的伦理形态。这样，自主性而非依附性的公民人格便能有效地得以生长，从而自觉地遵守自我立法所形成的宪法和法律，在享受公民权利的同时履行公民的义务，为中国社会克服价值虚无主义奠定肥沃的精神土壤。

一、制度的范导：社会主义现代性伦理的价值框架

如前所述，制度伦理是内在于制度规则的价值向度与精神取向，它并非外在于制度运行的理想性价值标榜，抑或制度创设者的主观愿望，而是制度体系以现实的权利义务的资源配置，在日常生活世界中确实呈现的精神价值范导与社会行为引导。如果说基本制度为社会行为提供了某种背景性的规则框架，那么制度伦理则是内在于制度架构的背景性价值框架，也就是说，制度框架乃价值框架之载体，价值框架为制度框架之灵魂。由于人们只能在这种制度框架与内蕴其中的价值框架中生活与行动，故而其内在之品质直接关乎社会之价值秩序与精神风尚的良善与否。这就意味着，制度伦理之于社会行为具有相当

程度上的激励功能，人们正是在日常生活世界中，根据与他者的交往和对实际规则或惯习的领悟，通过自身的理性权衡来做出相关行动的。然而，这种"成本—收益"的理性权衡，既可使人们在良善的伦理环境中变得文明，亦可使人们在险恶的伦理环境中变得卑鄙。因此，制度伦理的构建就是要以平等对待和惩恶扬善的制度运行，以及社会资源与权利义务的公平配置，营造出"德行有用""德福一致"的伦理环境，从而提升"德行"的社会收益，加大"腐败"的机会成本，"使社会成员从生活体悟与理性思索两个方面均清醒地认识到：在一个组织良好的社会中，德行是获得自身正当利益的唯一途径，即使社会暂存有诸多缺憾，德行也是人安身立命所不可缺，它不仅可以给自己带来良心的安宁、人格的自尊和/或社会的赞誉，甚至同时也可以带来某种生存与发展的基本条件与便利"①。从这个意义上讲，中国社会的制度伦理构建，成为社会主义现代性之伦理构建的首要问题，它就是要使"德行"成为社会的通行证，成为利益的重要来源，从而锻造"德行有用""德福一致"的伦理环境，成为消除价值虚无主义的现实土壤。

从根本上讲，制度伦理既是一种价值规范体系，亦是一种利益分配体系，甚至可以说，它实际上是以利益的分配来范导价值的规范，从而使人们在"成本—收益"的比较中选择自身的行为。事实上，人们通常并不拒绝以较低的代价和成本，做出有利于他人和社会的事情，他们之所以有时做出自己所憎恨和厌恶的行为，乃是出于理性的成本分析和计算。"在一种广义成本—收益比较中，明知是恶，但有利可图，风险较小，得大于失，所以在一些人看来选择作恶较之选择行善更为明智。即，虽是不合法、不正当、不道德的行为，但却是利弊权衡下的'明智'选择。如果一个社会盛行的是'高尚是高尚者的墓志铭，卑鄙是卑鄙者的通行证'，那么，德行只会是少数人的奢侈品，而不会成为民众的普遍行为方式。与此相伴随的只能是社会秩序混乱、风尚沦落。"② 当然，这种"明智"的理性选择，并不是一次性进行便

---

① 高兆明：《制度伦理研究》，第257页。
② 高兆明：《道德失范研究——基于制度正义视角》，第150页。

可产生强烈的示范效应，而是在日常生活中一次又一次的经历和体验中，感受利益流向的依据、体味自我行为的得失。若一个社会总是为恶的"低成本—高收益"，为善的"高成本—低收益"，若一个社会总是不道德者获得诸多利益，老实人总是吃亏，那么"成本—收益"的理性选择，就必然将人们引向为恶和丑陋的轨道。这至少可以说明，这个社会的制度伦理的激励机制出现了严重的缺陷，发生了强烈的扭曲，从而使制度伦理之激励方向的调整成为首当其冲的事情，而中国社会之制度伦理构建的首要问题正在于此。"社会只有调整基本结构及其制度体制，调整激励机制，将社会成员基于成本—收益分析的行为选择引向良性轨道，使社会成员从生活经验中感受到德行不仅是美好的，而且也是有效用的，社会的这种普遍道德失范现象才能从根本上得到有效克服。即，社会应当向其成员供给一套德行有用的社会结构、制度体制及其激励机制。这个社会结构、制度体制及其激励机制，应当是德福一致的。在这个社会结构中，德行是社会唯一的通行证，并且是个人从社会获得收益的最好方式。"[1] 这也意味着，"德性"若仅存在于人们的内心，成为奢侈的空谷幽兰、纯粹的自我信念，实际上是一种没有分配正义支撑的德福分裂，从而在一部分人专享权利，一部分人专门奉献的情形之下，陷入软弱和休眠的状态。"处在这种状态中的人们，他们充其量只是在保持着良心一点微弱的火种，而那火种并不就是良心的火焰。一个人的良心火焰只有在燃烧起来的时候，才会有所行为，也才会有公共意义。"[2] 因此，"德性"只有在良善制度伦理的范导之下，成为现实践行中的"德行"，进而与日常生活中的利益直接相关，使德行成为广义之社会利益分配的直接依据，才能发挥德性与德行的公共意义。也就是说，只有让人们在良善的制度伦理环境之中，切实地感受到"德行有用"与"德福一致"，才能真正引导他们以德行的方式和正当的行为谋求利益，从而遏制社会较为普遍的腐败行为。

---

[1] 高兆明：《道德失范研究——基于制度正义视角》，第159页。
[2] 徐贲：《听良心的鼓声能走多远》，东方出版社2014年版，第40页。

第五章　中国社会扬弃价值虚无主义的必然性路径

正如黑格尔所言："对伦理事物的习惯，成为取代最初纯粹自然意志的第二天性，它是渗透在习惯定在中的灵魂，是习惯定在的意义和现实。它是像世界一般地活着和现存着的精神，这种精神的实体就这样地初次作为精神而存在。"① 也就是说，良善的制度伦理所产生的社会后果，并不仅仅是合理的社会秩序与井然的行为秩序，它更在优良的法治环境和伦理环境中，潜移默化地锻造出一种美好的心灵秩序，以至形成一种"习惯"的美德和"人格"的尊严，进而在无形之中内化并体现着国家共同体，抑或社会共同体的普遍性精神。从其发生的内在机制来看，这种隐性的心灵秩序是在制度伦理的日常经验与生活体验之中，通过持续性的"记忆—保存"机制，形成自身对于所处之生活世界的体验性认知的不断积累，若这种积累是一种"正积累"，便可产生自我对制度环境与伦理环境的充分信任，从而生发出生命的尊严感与自尊感。然而，若是生活在恶劣的制度伦理环境中，所产生的体验性积累是一种"负积累"，亦可形成决然相反的"习惯"，以致消磨内在的良知，变得麻木、虚伪、丑陋。"我们通过快乐、恐惧、体验、理解当下的生活经验，并加以记忆。我们通过这种记忆将当下的经验融入未来，重构我们的习惯，丰富乃至重构我们对生命意义的理解。如果等待我们的是合理期待，是安全、快乐、信任、尊严等等，而不是恐惧、无助、绝望、屈辱，我们的心灵精神就会合乎天性地蓬勃生长，我们的人格就会健全。"② 由于当代中国的社会主义现代性伦理构建，从根本上讲是要超越原子化之个人主义的藩篱，而在平等之自由权利的尊重和维护的基础上，彰显国家共同体抑或社会共同体之普遍性的"新集体主义"精神，便使这种心灵秩序的构建，连同其承载基础的制度伦理一道，都成为社会主义现代性伦理不可或缺的重要内容。一方面，心灵秩序的构建基础当然在于良善之制度伦理的构建，它以形式普遍性的平等规约、惩恶扬善的法治权威、权利义务的公正配置，使人们生存于其中拥有一种持续性的良善预期，不会因为权力

---

① ［德］黑格尔：《法哲学原理》，范扬、张企泰译，商务印书馆1961年版，第170页。
② 高兆明：《道德失范研究——基于制度正义视角》，第9页。

和资本的剥夺而丧失正当权益,不会由于贫穷疾病和身份差异而失去生命的尊严。在这种"德行有用""德福一致"的制度伦理环境中,人民具有平等的权利与平等的尊严,生命呈现出自身不可置换的目的和内在价值,进而在有尊严的日常生活中塑造出自重的美德与自尊的人格。另一方面,心灵秩序的锻造亦不可缺少日常生活中润物细无声的道德培育和品格培养,以至在制度伦理构建的基础上,形成两者之间相互推动的良性循环,从而使当代中国在社会主义现代性之伦理构建中,生发出优质的精神土壤和良善的伦理环境。

二、责任的担负：社会主义现代性伦理的角色落实

如果说良善的制度伦理是以形式普遍性的平等规约、惩恶扬善的法治权威和权利义务的公正配置,使人们生存于其中拥有一种持续性的良善预期,那么这种良善的制度伦理构建,亦需要通过社会结构中各种具体的"角色"加以落实。这样,社会成员和组织机构的权利与义务的具体内容,就并非是制度系统针对"个人"而定的,它只是赋予社会结构中各种具体的角色以特定的权利和义务的要求与规范。这也意味着,制度伦理只是从总体上形成了基本的价值框架,它必须以特定的"角色规范"与"责任伦理",才能使制度伦理真正有所承载和落实。从这个意义上讲,制度伦理是责任伦理的总体原则,责任伦理既由制度伦理范导而出,又是制度伦理的具体实现。"每一个人总是以种种身份存在于世界上：父亲（母亲）、儿子（女儿）、官员、职员、医生、病人、律师、法官、军人、警察,等等。每一种角色、身份,都有特殊的社会责任要求,必须履行特定的社会义务。"[①] 这就是责任伦理,也就是角色要求。事实上,角色也并非单维度的义务,它应该是权利和义务的统一体,权利就是角色带来的权力和利益,义务就是角色赋予的职责所在。然而,社会成员和组织机构,只有忠实地履行自身角色的责任和义务,在家庭生活中显示出家庭美德,在公共生活中

---

① 高兆明：《制度伦理研究》,第297页。

呈现出社会公德,在职业活动中表现出职业道德,才能形成各尽所能、各司其职的社会正义,才能真正凸显德行有用、德福一致的制度伦理。由此,中国社会的责任伦理与角色美德之构建,便成为社会主义现代性之伦理构建中不可缺少的重要方面,良善的责任伦理使各种角色、职业、工作,不再仅仅成为追逐权力和财富的手段,而是被赋予了一种社会担当与自我成就之"天职"的神圣性,成为政治、经济、文化等各个领域的职业道德与角色美德的伦理形态。

中国社会的价值虚无主义问题也十分鲜明地表征为责任伦理与角色美德的缺失,"角色美德缺失是当今中国现代化进程中面临的最紧迫问题之一。此处所谓'角色美德缺失',并不是意味着日常生活中没有某种角色规范要求,而是说这种角色规范要求或者成为一纸空文,或者只是一种口头言说而缺少内心信念,或者背离了人们凭借良知与常识就可以确定的常识性内容,进而社会事实上缺失作为健康有机体本应有的角色规范要求及其美德"[1]。当社会成员较为普遍地以权力和利益作为人生的唯一追求,以浮躁而浅薄的心态面对自己的角色、职业、工作之时,角色、职业、工作实际上已经丧失了应有的社会责任和公众意义。仅就职业和工作而言,它本身就具有一种"公共服务"和"礼物关系"的特质,也就是以特定的角色分工来履行相应的社会责任,不仅以此凸显出职业实现自我、服务社会之意义,更显现出社会共同体之中人与人之间、角色与角色之间彼此协作、相互共生的"契约关系"。"工作的意义并不取决于它所谓的本质高下(这是社会势利有害于正派的原因),而取决于它之所以获得社会尊重的原因。各行各业的职业道德所强调的正是这种意义。在一个普遍把金钱和权力当成工作意义的社会里,职业道德无一例外地遭受市场和权力结构的扭曲和败坏。"[2] 试问,如果一个社会律师不去伸张正义,记者不去揭露真相,教师不重教书育人,都以金钱和权力作为职业的全部意义,那么各行各业就会掏空各自职业道德的内在基础,人与人之间相互依靠、

---

[1] 高兆明:《道德失范研究——基于制度正义视角》,第140页。
[2] 徐贲:《通往尊严的公共生活》,新星出版社2009年版,第295页。

彼此互助的内心期待,也将毫无悬念的落空,责任伦理、角色美德,甚至个体良知都必然随之逐渐地萎缩和钝化。这样,社会的腐败,乃至人心的腐败也就出现了,诸多行业的从业人员已然出现了较为严重的职业道德的败坏,不仅是商业领域毫无良知、亦无底线的非法牟利,医院、学校、新闻、文艺团体等也不可幸免,社会的腐败便与政治的腐败一道同流合污、沉瀣一气,产生了强烈的"共振效应",从而使得角色美德与责任伦理的重建,成为社会主义现代性之伦理构建不可或缺,亦是当务之急的重要任务。当然,角色美德与责任伦理的重建是一个极为复杂的系统工程,它固然需要以社会主义荣辱观教育人们树立正确的职业态度和角色价值,以各种行业规则鼓励人们以独立创新、共同合作的方式对待自己的职业和角色,承担角色和职业所赋予的社会责任,在实现社会价值的基础上获取自身的利益;抵制人们以损人利己、溜须拍马的方式,在职业和工作中以另类之"才能"攫取权力和利益,而置社会的责任和道义于不顾。更为重要的是,中国社会必须以公平正义的制度构建,形成政治、经济、社会的合理边界,防止权力和资本对社会的侵入和宰制,从而以普遍平等、惩恶扬善的制度伦理,保障权利义务的公平配置、人格尊严的平等对待,如此才能真正使社会主义荣辱观与现代性的责任伦理,在日常生活世界中得以生成。由于这些问题我们在前文已经进行了较为详细的论述,这里就不再赘述。

需要强调的是,角色美德与责任伦理的有效构建,从根本上取决于三个层面的重要问题。第一,权力的边界。从应然的维度上讲,现代性的角色设定总是权利与义务的统一体,故而权利和义务应该对等,而并非是上位者享有无条件的权利,下位者承担无条件的义务。由于具体角色的差异,社会结构为使社会成员和组织机构能够履行正常的角色功能与责任,就必须赋予其相应的权力和利益,不仅仅是政府部门的行政权力,医生、律师、教授等专业人士的知识权力亦在此等之列。这种权力的差别其实就是社会结构所赋予不同职责之所必须,也必然为各种制度安排所规定。然而,"由社会结构所规定的这种具体权力差别,有双重意蕴:其一,这种有差别的权力是为了完成某种特殊社会结构所规定的角色任务、职责所必需。它是社会结构赋予具体角色的特殊权力。这种权力不是为某一个体、机构、部门、组织所天生具有,而是社会结构自身的功能性要求。具体个体、机构、部门、组织并不是这种权力来源的真实依据。其二,这种权力仅仅在完成这种社会结构所要求的特殊角色任务、职责范围内,才是合理、正当的"[1]。这也意味着,特定的组织机构与个人,它们所拥有的权力只是社会角色的职责和功能所赋予的,当然就存在着不可越界的权力边界,不仅政府部门的行政权力越界即为非法,专业权力也必存在相应的适用领域。从这个意义上讲,角色的功能和职责都是有限的,其所生发的权力当然也是有限的,而有限的权力正是产生现代性责任伦理的根本前提。因为无限的权力不仅不能负担无限的责任,它连有限的责任都会由于权力的失去监督而难以承担,只有有限的权力才能对应着相应责任的担负。第二,人格的平等。从本真的意义上讲,现代性的角色设定只是社会结构中的功能性规定,尽管也存在着严格的身份和等级,如上司和下属的关系,但从根本上都从属于社会整体的功能差异,因而只存在功能上的身份和等级,不存在人格上的身份和等级。上司可以在工作中领导和命令下属,一旦离开特定的工作场域和组织机构,上司基于角色职责的权力就应该消失,在人格上与下属相互平等。这种非依附性的人格平等,连同各个领域中自我主宰的人格自由,便成为现代性责任伦理生长的重要土壤。第三,责任的追问。由于现代性的角色设定具有权利和义务的对等性,权利或权力的享有一定要与义务和责任相互对应,这就使责任的追问成为一种必须。它决不仅仅意味着市场主体必须为自己的市场行为负责,社会主体亦须为自己的社会行为负责,更为重要的是,必须形成人民的问责机制,使政府机构之权力主体为自己的失职或不作为而承担责任,从而形成强大的示范效应,赋予"责任伦理"以社会担当之"天职"的神圣性,使之成为遍布政治、经济、文化等各个领域的伦理形态。

---

[1] 高兆明:《制度伦理研究》,第299页。

三、公民的人格：社会主义现代性伦理的精神显现

无可否认，责任伦理从一定意义上讲，成为制度伦理所范导和具体化的伦理形态，它以社会角色之具体的权利与义务的同一性，承载着制度伦理的实现和落实。然而，若仅仅局限于具体位置和角色的职责明确，以及具体组织或社群的身份认同，也会在一定程度上出现完整人格的肢解，以及普遍责任的消解。从这个意义上讲，不仅从整体的国家层面，将平等的基本自由权利作为具体角色之权利和义务设定的内在标准，是不可撼动，也是无须置疑的；而且由此生发的、普遍性的公民人格，亦为"责任伦理"去除其特殊性，成为国家主人的、普遍的"责任伦理"，奠定了坚实的人格基础和精神土壤。可以说，公民人格的培育是社会主义现代性之伦理构建颇为关键的环节所在，它使公民之统一性权利和义务的意识内化为一种自主的生存状态，一种独立的精神向度，一种社会的价值主体。"公民人格是公民对权利与义务的存在统一体的意识自觉，只有当公民自觉意识到自己为社会的价值主体时，公民人格才在本质上得以确立。"不仅如此，"就我国的社会变革来讲，社会主义市场经济体制的确立与现代公民人格的塑造呈现着一种双向互动的建构过程。市场经济作为一种社会经济的运行体系，它制约和导引着社会生产方式与生活方式的变革发展，同时又建构着需要着与市场经济体制模式相匹配的新的伦理价值取向与新的人格形态的形成确立"①。其实，公民人格也不仅仅是一种与市场经济相匹配的人格形态，它亦是在政治、经济、社会等领域中自主性生存的产物。由此，公民人格一方面产生于现代性的社会架构、生存方式，以及普遍性制度伦理之于公民平等之自由权利的保障，另一方面它又为政治、经济与社会体制的健康运行提供了重要的精神土壤。质言之，公民人格所内蕴的自主精神、守法精神、爱国精神，成为社会主义现代性伦理的重要内容。

---

① 余潇枫、盛晓蓉：《论公民人格》，《浙江大学学报》1998 年第 6 期。

公民人格的培育首当其冲地在于自主精神的生长，它是公民人格的灵魂和基础。说到底，公民人格之自主精神就是一种与健康的市场经济环境以及良善的自主性社会领域相匹配的主体性人格精神。它不仅表现为自我主宰和自我决定的自主性理性能力，亦呈现为契约精神所范导的平等性人格特质。一方面，这种精神特质使人们无须依附于国家，凭借自身的理性判定，便能在自我主宰、自我选择中，凸显自主性、独立性生存的形态和能力，以至成为"自我"的主人；另一方面，这种精神特质亦使人们享有自由选择之权利的同时，必须承担由此产生的责任和义务，从而在"人"与"我"之间、"公"与"私"之间，形成较为清晰的权利与义务的边界与界限。于是，这种自主精神的公民人格，就不仅意味着以独立的自我抉择、自我行动、自我负责的人格完整性，来应对和驾驭各种社会关系，更意味着人们以契约关系的合意性与平等性原则，在争取自身权利的同时，履行自身的义务、尊重他人的权利，以至形成"人"与"我"之间基于契约文化的人格平等、基于个体人格独立的公共精神，致使权利和义务相统一的意识内化于公民的灵魂深处，在成为"自我"的主人的同时，也自觉地成为"国家"的主人。"公民的权利义务意识是指公民作为现代政治社会中的平等一员，对依法所享权利和所尽义务的明确认识，是自觉地把自己看作国家的主人，看作行使和维护各项政治、经济、人身权利的人格独立的社会成员；是在享有权利的同时还应努力为他人、社会和国家尽义务，有着不可推卸的社会政治、法律和道德责任的社会成员。"[①] 由此，在健康的市场经济环境的培育下，在独立的自主性社会领域的构建中，在良善的制度规范体系的保障下，使民众在自主生存、合法获利、自我管理的生活状态中，生成自主精神的公民人格，从而与政治、经济、社会体制的运行，形成彼此推动、相互促进的良性循环。

公民人格的培育也在于民众守法精神的养成，它是公民人格的重要表征、自主精神的重要支撑。中国社会日益走向多元，自主精神与

---

① 余潇枫、盛晓蓉：《论公民人格》，《浙江大学学报》1998年第6期。

多元价值要在有序性的场域中实现和谐共存，就必须形成守法精神与底线道德的一元论价值共识，它体现了公共理性与基准价值之于其他价值的优先性地位。从这个意义上讲，守法精神作为现代社会的基本美德，表征并支撑着自主精神，没有守法精神就没有健康的自主精神，扭曲的"自主"将使之沦为"任性"的奴隶。"在现代社会，守法精神表达的是对社会正义制度的道义认肯与信任，对社会公共利益、行为规范的尊重，表达的是一种自制、自律精神，表达的是对宪法法制的承诺及其坚定不移践履态度。在这种对社会基本制度、公共利益、行为规范的尊重中，表达了公民对自身自由权利与责任的深切理解，表现出公民的理性自律精神。"① 无法否认制度正义之于良善价值生态的先在性意义，亦无法否认基本制度之于行为框架和价值框架的奠基性意义，然而公民的"正义感"与基准的理性自律，亦成为正义性制度的构建和良善运行之重要的精神土壤，它使人们不将"聪明"运用于钻制度的空子，而是自觉地遵守制度，以保障自身和他人平等之自由权利。于是，守法精神与法制构建便成为两种相互推动、相互促进的良性力量，它不仅促使普通公民自觉遵守"自我立法"的法律制度，亦使掌权者甘于将权力置于宪法法律的规约之下，从而使守法精神成为一种令人敬畏的社会文化。"正义制度、现代基准道德、具有守法宽容精神的公民，是现代社会健康发展不可或缺的基本要素。正义的制度提供日常生活背景性制度框架，现代基准道德提供日常生活背景性价值框架，具有守法宽容精神的公民是构建现代社会生活秩序的主体，公民积极批判理性精神则保证社会正义制度的生命活力。"②

公民人格的培育更在于爱国精神的养成，它是公民人格的情感表征。"爱国心往常只是指作为非常的牺牲和行动的那种志愿而言。但是本质上它是一种情绪，这种情绪在通常情况和日常生活关系中，惯于把共同体看做实体性的基础和目的"③，故而不仅是人们生于斯、长于斯的"自然情感"，也是基于国家对公民基本自由权利的保障而产生的

---

① 高兆明：《道德失范研究——基于制度正义视角》，第 295 页。
② 同上书，第 319 页。
③ ［德］黑格尔：《法哲学原理》，范扬、张企泰译，第 267 页。

"政治情绪"。作为"自然情感"的爱国精神,它是公民将国家视为生命之根的"母国"加以热爱,当然是无须任何条件的,也是无须任何理由的。然而,自然情感的爱国精神虽然珍贵而美好,却保存着较多的主观性观念,"它可以自行开端,并且可以从主观观念和主观思想中产生出来,那么它就会同意见混淆起来,因为根据这种见解,爱国情绪缺乏真实根据或客观实在性"①。作为"政治情绪"的爱国精神,则是公民生活于斯的基于体验性认知所形成的对于国家和制度的"信任感"。公民基本的自由权利不仅受到保障,在政治、经济、社会等领域,亦有一种"主人"的地位,拥有平等的人格与生存的尊严,进而在衣食住行之日常生活世界中,能够明晰地体现或体验出来,从而将公民的"特殊目的"融入国家的"普遍目的"中,以至产生爱国的精神。"这种政治情绪一般说来就是一种信任(它能转化为或多或少地发展了的见解),是这样一种意识:我的实体性的和特殊的利益包含和保存在把我当做单个的人来对待的他物(这里就是国家)的利益和目的中,因此这个他物对我来说就根本不是他物。我有了这种意识就自由了。"② 从这个意义上讲,作为公民人格的爱国精神的培育,只有将"自然情感"与"政治情绪"相互结合,才能真正形成内蕴理性能力的爱国精神。应该说,无论是制度伦理的构建,还是责任伦理的构建,抑或公民人格的构建,都体现的是现实性的伦理精神和人格形态,它需要以终极价值的理想性伦理精神与人格形态的构建,来赋予其丰富的价值源泉,进而形成程序正义的共同信念、规范价值的底线共识、终极价值的多元共契,最终扬弃中国社会的价值虚无主义。

第三节 精神家园的重塑:
超越价值虚无主义的文化建设

所谓精神家园是一个民族所共有的文化传统、价值向度、精神环

---

① [德]黑格尔:《法哲学原理》,范扬、张企泰译,第267页。
② 同上。

境，它使生活于其中的民众具有文化的认同感、情感的归属感、精神的感召力，是社会凝聚力的精神源泉，故而"是精神文化意义的'家'，指人们心理上认可、信赖、追求的归宿和寄托之所"，"它是由人们的知识和信念、信仰和理想等所构成的一个精神系统。在人的一生中，它是一个支撑情感和理智，产生意志和智慧的心灵中的源泉。这个家只在心里，它是人们在前两个有形的、实体的家（物理的和社会组织的家）之外、之上，一个无形的，但却时时能够感觉到的家"①。从精神价值的构成上看，精神家园表现为核心价值与终极价值两个层面，国家意识形态只是在核心价值的层面上与之相互重叠，而社会主义现代性伦理之构建，亦内在于精神家园的重建之中。毋庸置疑，制度与文化本来就是一个相互影响、相互作用的统一体，良善的文化从根本上肇始于良善制度的锻造，只是文化一旦形成便具有相对的独立性，恶化的文化生态势必成为健全体制构建的阻碍性力量。因此，展开社会结构与社会体制变革的同时，必须进行文化结构与社会灵魂的塑造，国家意识形态与精神家园的重塑便成为极为重要的环节。它使当代中国的社会主义现代性构建，形成了"世界的哲学化"与"哲学的世界化"的双向扬弃，形成了社会体制的变革、改造与文化灵魂的塑造、凝聚之间的良性互动。不仅如此，"精神家园的问题，对外，是一个如何能够自立于世界文化之林的问题；对内，则是如何能够为当代的中国人提供精神上的归属感，从而提高民族的凝聚力的问题。对过去，是一个如何继承我国的文化遗产问题；对未来，是一个如何激发民族的文化创造力的问题"②，从而成为中国社会超越价值虚无主义的文化形态建设。

一、传统的贯通：社会主义精神家园构建的文化融合

正如张世英所言："传统之所以能形成和发展，或者换句话说，传

---

① 李德顺等：《精神家园——新文化论纲》，黑龙江教育出版社 2010 年版，"丛书总序"第 1 页。
② 严春友、朱红文：《简论当代中国人精神家园的重建》，《北京师范大学学报》2010 年第 3 期。

统之所以能成为传统并继续成为传统,就因为传统有从新的参照系中吸取营养、壮大自身,亦即对传统自身作新的解释的功能。"① 不可否认,"现代"之于"传统"在生存方式与社会结构层面存在着鲜明的"断裂",然而"现代"唯其与"传统"之间保持着民族精神与文化血脉的传承,才真正拥有稳定的根基和凝聚的力量。"中国漫长的独特文明传统对于中国的现代发展具有根本的重要性。现代社会的普遍特点是社会分殊化高、离心力大,因此一个现代社会如果没有足够的传统文明凝聚力,社会分崩离析的可能性相当大。"② 不仅如此,"传统"也只有在"现代"的生存场域与历史实践之中,不断更新和重新诠释,才能焕发出自身的生机和活力。而中国后发现代化的历程、全球化进程的主动融入,以及社会主义现代性的构建,亦成为社会主义精神家园重塑最为重要的实践根基与现实基础,它直接规定和范导着各种文化资源和思想传统的融合路径与综合形态。由于中国自近代以来的后发性现代化历程,使之只有从"西学"中吸取现代性因子,将其置于传统的土壤和母体之中,才不至于因"失根"凌空蹈虚,导致现代化的流产。与此同时,西方文明之主体性异化的发生、"中学"与"马学"之文化范式的亲和,又使社会主义现代性的构建,成为"中学"与"马学"返本开新、相互融合的现实载体。它不仅使"中学"在现代性的土壤中获得"再生",生成现代化的文化释义;亦使"马学"在中国文化的语境中焕发生机,形成中国化的表现形态。它们的融合便产生了中国核心价值的文化源泉与凸显民族特质的文化标识。

方克立曾经指出,中国文化的当代形态与精神家园的现实重塑就在于,"马学为魂,中学为体,西学为用,三流合一,综合创新","'马学为魂'即以马克思主义和社会主义的思想体系为指导原则;'中学为体'即以有着数千年历史积淀的自强不息、变化日新、厚德载物、有容乃大的中华民族文化为生命主体、创造主体和接受主体;'西学为用'即以西方文化和其他民族文化中的一切积极成果、合理成分为学

---

① 张世英:《进入澄明之境——哲学的新方向》,商务印书馆1999年版,第165页。
② 甘阳:《通三统》,生活·读书·新知三联书店2014年版,第39页。

习、借鉴的对象"①。这种文化资源的融合路径与综合形态，并非任意的主观构建，而是深深地植根于中国社会的现实土壤和历史实践之中，并以此直接规定和范导着这种文化资源的整合与文化形态的塑造。而中国社会最为重要的"现实"，莫过于后发性的现代化历程、全球化进程的主动融入、社会主义现代性的构建。中国后发性的现代化历程，使之必须在西方资本主义文明的学习中，获得普遍的现代性因子，亦即"西学为用"，为自身的现代性构建提供孕育的动力，而现代性的因子也只能在文化传统的土壤和母体中生长，才不至于凌空蹈虚导致现代化的流产。同时，中国的民族独立与国家自强，又使之必须在国际资本主义体系中获得"平等"而非"附庸"的地位，这使社会主义的道路成为一种当然的抉择。"整个帝国主义西方世界企图使社会主义各国都放弃社会主义道路，最终纳入国际垄断资本的统治，纳入资本主义的轨道。现在我们要顶住这股逆流，旗帜要鲜明。因为如果我们不坚持社会主义，最终发展起来也不过成为一个附庸国，而且就连想要发展起来也不容易。"② 更何况，现代资本主义文明已经出现主体性异化，文化形态开始"向人类文明初曙时期那种原始的人类学思维范式的回归。最先明确地建立起人类学范式的现代哲学家，无疑是马克思"，况且，"传统中国哲学和马克思主义哲学的原本形态都是属于人类学范式的"③。这种文化范式的亲和性，不仅使社会主义的道路抉择拥有坚实的文化土壤，亦使社会主义精神家园的重塑既具有主观的必要性，又存在客观的可能性，从而使"中学"与"马学"在社会主义现代性构建的现实载体中，返本开新、相互融合。"在这样一种反本开新中，由于两种哲学在原本的思维范式上的类同性，便有可能由之而达成一种真正的融合，即一方面将中国哲学的真精神融贯于马克思主义哲学之中，使之深度中国化，另一方面则使传统中国哲学真正现代化。"④ 由此，中国社会之于全球化进程的主动融入，不仅使社会主义

---

① 方克立：《中国文化的综合创新之路》，中国社会科学出版社 2012 年版，第 255、244 页。
② 《邓小平文选》第 3 卷，第 311 页。
③ 王南湜：《重建亲切的精神家园》，《求是学刊》1999 年第 6 期。
④ 同上。

现代性构建成为一种必然,"马学为魂"的塑造成为一种必须,为中国人民的道路抉择确立了基本的方向;亦使中国文化传统的主体地位,即"中学为体",对内凝聚人心,成为具有历史连续性的民族精神,对外凸显特质,成为中华民族的文化标识,进而在"中学"之民族特殊性与"马学"之人类普遍性的"合一"中,显现全球化时代的文化软实力。

更为重要的问题在于,尽管"中学"与"马学"具有文化范式的类同性,传统文化与社会主义也具有表现形态的相似性,然而其"前现代"的文化特质与"现代性"的形态表征,亦在实质上相差甚远。这样,如何去除文化传统中的前现代因素,使之贯通于社会主义之现代性构建,形成真正具有现代性特质的"中学"形态,就成为值得我们深思和探求的重大问题。高兆明曾言:"任何一种理论学说、价值体系,其自身并非是存在的终极理由,它们自身必须从活生生的生活中获得存在的辩护。生活存在本身才是一切价值批判的最终依据。因而,对中国传统道德扬弃的终极依据就只能是当代生活实践,即,若一定要说有'体'的话,此'体'在根本上就不是理论、观念的,只能是生活、实践的,这就是社会主义现代化建设这个'体'。相对于此,一切思想观念均是'用'。"① 这就意味着,中国文化传统的前现代性,是在小农经济的基础上、宗法关系的结构中以整体性血缘家族为单位形成的精神价值体系。因此,一切具体的伦理规范性都内在于等级性纲常体系之中,甚至今天视为可以弘扬的东西,诸如"忠孝仁爱",都在纲常礼教的框架中凸显出一定的专制性和愚昧性。但是,传统文化价值体系之中确实存在着具有永恒价值的东西,如内在超越的文化形态、以天下为己任的家国情怀、立德立功立言的崇高使命等,这些与其说是具体的"道德内容",毋宁说是抽象的"道德形式",即一种经过道德文化深层积淀的"精神结构",它将成为扬弃宗法纲常之专制性和愚昧性的"内在形式",从而在新的、具有现代性特征的生存方式和生活土壤之中重新赋义。"由于这些成分在传统时代的传统道德体系中有特

---

① 高兆明:《道德文化:从传统到现代》,人民出版社 2015 年版,第 231 页。

定规定,因而这些成分就不能被今人简单拿来,它们必须被诠释。诠释就是批判、创造,就是通过新道德价值精神赋予其新的规定。简单地说,就是接过范畴、要求、命题,重新赋义。"① 这种赋义当然包括人们根据时代变迁而进行的主观性诠释,但更为重要的"赋义"在于,实施社会主义现代性的构建,以产生政府、市场、社会之间合理边界的社会结构;形成保障人民平等之自由权利的宪法法律;生发责任伦理与公民人格的伦理体系,从而"置换"承载传统文化价值符号的社会土壤,使之在新的生活形态中生成新的内涵和意义。例如"忠孝仁爱"便不再是纲常窠臼中的忠君之忠、愚孝之孝、差序之仁、差等之爱,而是在平等之权利体系中的、充满平等精神的"忠孝仁爱"。这样,社会主义现代性构建的伟大实践,不仅成为"马学"深度中国化的现实载体,亦成为"中学"真正现代化的社会基础,还成为"西学"逐渐民族化的历史条件。

二、共享的价值:社会主义精神家园构建的意识形态

国家意识形态是一个国家的核心价值与文化权威,是国家与社会、各社会群体、民族群体之间的共享价值,它深层地范导着国家的文化价值准则,引领着社会的精神文化导向,故而在核心价值与共享价值的层面上与精神家园的构建相互重合。"从文化结构看,中国各民族所能拥有的国家意识形态应当是两个层面因素的有机整合,即各民族的共享价值和国家意识。共享价值更多指的是各民族本身的传统价值里面所包括的和其他民族所共享的价值,而国家意识更多的是作为生活在同一个国家内所产生的国民意识。"② 这也意味着,国家意识形态的功能不仅在于为国家政策提供合理性论证,为现实状况作出可信性解释;它更在于"生产"国家和社会所"共享"的核心价值和道德观念,从而实现国家和社会的思想整合与价值认同。这样,国家便可带领全

---

① 高兆明:《道德文化:从传统到现代》,第 225 页。
② 郑永年:《再塑意识形态》,东方出版社 2016 年版,第 134 页。

社会的民众去追寻并实现"共享"的核心价值。而在中国这样一个缺乏宗教传统的国度之中,国家意识形态的功能显得尤为重要,它为人民提供所信念的精神资源和价值食粮,若国家意识形态无法满足民众之"共享"的精神需求,就可能导致各种社会极端意识形态的出现,甚至邪教的兴起,进而引发思想观念的冲突与价值秩序的混乱。从这个意义上讲,"社会主义核心价值体系"的构建,即国家层面的"富强、民主、文明、和谐",社会层面的"自由、平等、公正、法治",以及个人层面的"爱国、敬业、诚信、友善"[①],便是国家意识形态在发生实效性转型之后,聚焦于精神信念领域,贯通于"中学""西学""马学"的基本精神,为中国人民所提供的核心价值与共享价值。然而,在国家与社会出现结构性分离,致使自上而下、单维度的国家意识形态构建机制越来越趋于失效的状况之下,问题的关键反而在于构建机制的创新与共享价值的落实。也就是说,社会主义之核心价值与共享价值的落实,不仅仅在于观念本身,更在于思想观念与社会结构的互动。

由于总体性社会形态中国家与社会的"合一",以及一元化的利益格局,致使国家意识形态自上而下、单维度的"统一"极易形成,然而随着国家和社会的"分离",利益格局之分化和多元化的思想表征,便是社会意识形态的高度分化和多元化。此时,如果国家意识形态的构建机制,仍然是一如既往地自上而下、单维度的"推广"和"输出",而未形成国家意识形态与社会意识形态的互动机制,以致社会意识形态的"共识"不可能上升为国家意识形态,而国家意识形态也未能在这种互动中实现对多元化社会意识形态的"引领",那么仅仅凭借国家意识形态的价值推广与思想控制,便难以真正为社会所认同。其中的根源并不在于思想本身的正确与否和价值自身的正确与否,而在于总体性社会结构的国家意识形态的构建机制,已不适应于分化性社会结构的国家意识形态的构建。也就是说,国家意识形态的构建机制

---

① 胡锦涛:《坚定不移沿着中国特色社会主义道路前进,为全面建成小康社会而奋斗——在中国共产党第十八次全国代表大会上的报告》,《人民日报》2012年11月18日。

应该转换为，在权威精神资源输出的支撑下，孕育国家意识形态与社会意识形态的双向互动。

  一方面，国家必须致力于社会公共领域的构建与中产阶级的培育，使社会意识形态成为国家意识形态的源头活水。中国社会已经步入了思想多元、社会意识形态多元的时代，社会公共领域就是承载多元化思想孕育和多样性价值生产的重要土壤。"这种局面是改革开放以来所形成的多元利益格局的反映，利益的多元主义必然导致思想多元主义，同时多元的社会意识形态从长远来说也可以为国家意识形态的建设提供丰富的资源。"① 而社会公共领域的构建，就是使社会自身拥有思想孕育的自主能力，具有社会意识形态生产的自主空间，从而在重要问题的思考和争议中，逐渐凸显出社会的基本共识，以至转化为一定的政策意义和决策价值。从一定意义上讲，没有充分的社会公共领域作为孕育土壤，没有自主生产的多元社会意识形态，国家意识形态的构建便没有坚实的社会根基。与此同时，庞大数量的中产阶级的培育亦是国家意识形态构建以及共享价值落实不可忽视的重要载体。毋庸置疑，庞大数量的中产阶级既是防止社会过度分化、阻止社会极端冲突、维护社会秩序稳定的重要力量，亦是形成思想共识、捍卫爱国精神、落实共享价值的社会基础。一切社会治理经验已经表明，单薄而脆弱的中产阶级是产生社会意识形态冲突的渊薮，极端化和激进化的社会群体，"在普遍互相否定的情况下，要确立一种社会大多数能够接受的意识形态变成一种不可能的使命。……只有分化社会的少数人的意识形态，而没有整合社会的多数人的意识形态；只有极端的原教旨主义，没有具有妥协精神的普世主义。在意识形态领域，边缘社会群体占据着主导地位，而主体社会则处于边缘状态，这是很可怕的现实"②。不仅如此，由于中产阶级主要是来自工薪阶层的劳动人民，其数量的庞大将直接有助于恢复人们对"勤劳致富"之传统正义观念的信心，也易于达成自由、平等、民主、正义的价值共识，从而成为承载社会主

---

① 郑永年：《再塑意识形态》，第 57 页。
② 同上书，第 110 页。

义之核心价值与共享价值的重要的社会力量。

另一方面,国家必须致力于有机知识分子的培育、文化产业的发展、制度正义的构建,进而实现国家意识形态之于多元社会意识形态的"引领"。郑永年曾言:"意识形态的领导权是以特定的意识形态和其他意识形态进行自由竞争得到的地位。社会成员自由选择该意识形态,自愿接受认同这种意识形态,并且在行动中受这种意识形态的引导或者指导。意识形态的统治权则不一样。统治权往往意味着一个政党或者政治组织在取得政权以后,把自己的思想或者意识形态加在社会群体之上。"① 其实,国家意识形态对社会意识形态的引领,就是一种意识形态领导权的争夺,它使国家意识形态的构建机制,从对社会思想的"统治",转换为以核心价值与共享价值的体现,实现对多元社会意识形态的"领导"。这种领导权的实现使执政党之有机知识分子的培育,成为一个颇为重要的环节。"他们是党和社会整体的有机连接点。来自不同部门的党的有机知识分子通过理性的争论、讨论、交流等过程,达成共识,不仅能重塑执政党的意识形态,而且也可以造就社会的主流价值。有了主流意识形态和价值观,执政党就可以开放更多的思想空间给社会,增加社会在思想领域的创造能力,同时减轻有关部门监管的压力,减少社会抱怨,使得有关部门和社会进入一个良性互动状态。"② 这样,有机知识分子就成为国家和社会之间互动的桥梁和纽带,他们在将社会的思想传递给国家的同时,也将国家意识形态传递给社会,从而不仅使社会自身拥有了思想生产的能力,还使国家意识形态之核心价值和共享价值,成为各社会群体和各民族之间的整合力量。与此同时,国家亦可以公共传媒和文化产业为载体,既可通过公共传媒以社会教育的方式赋予民众法理精神和信念精神的修养,也可通过文化产业的发展,对内对外进行润物细无声的价值生产与精神渗透,以此宣扬中国的核心价值理念。更为重要的是,核心价值与共享价值的落实,并不仅仅在于观念本身,它更在于思想观念与社会

---

① 郑永年:《改革及其敌人》,第 99—100 页。
② 同上书,第 102 页。

结构的互动,这就使得制度正义的构建成为一个最为关键、最为基础的环节。只有它才能使核心价值和共享价值,真正显现于人民的日常生活之中,进而使民众在制度之程序正义的行使与平等之自由权利的保障中,切实地感受到国家形态的"富强、民主、文明、和谐";感受到社会运行的"自由、平等、公正、法治";感受到个人行为的"爱国、敬业、诚信、友善"。唯其如此,社会主义的核心价值和共享价值,才能真正得到落实。

三、多元的共契:社会主义精神家园构建的终极价值

正如王南湜所言:"在市场经济所导致的领域分离的条件下,与实用性文化层面上单一的现代性不同,理想性文化的存在状态有可能是多重的。当理想性文化对于政治活动的直接支持作用不再是必要的,且存在着多种可供选择的理想性文化的时候,选择什么样的终极理想,便完全成为个人之事。这样一来,我们在理想性文化层面上便进入了一个巴赫金式的'复调'或'杂语'时代,一个百家争鸣的时代,一个多种文化倾向将不得不在相互斗争中并存的时代。"① 也就是说,社会主义现代性之精神家园的构建,在终极价值的层面上不再是重返已经陨落之传统总体性社会的一元论最高价值,而是自主性社会主体通过自身的实践理性,构建与选择的多元化的终极精神资源,从而延续和再生中华民族传统的精神血脉和文化生命,成为中国社会新的精神家园。更何况,市场经济的博弈和异化、脆弱心灵的挫败和创伤、道德伦理的遵从和坚守等等,都需要一种"超验"的终极力量来慰藉和支撑,如此生命之个体便可从中安身立命,获得心灵的宁静与灵魂的安顿。尽管传统之一元论的终极意义丧失了整体性的政治治权,但这并不意味着终极价值自身意义的流失,超验力量之于私人领域的收缩,"为社会秩序和基本道德提供基础的,不再是某一种在合法冲突中的意义知识的统一性社会治权,而是多种意义知识共同支撑的多元的意义

---

① 王南湜:《从领域合一到领域分离》,第 276 页。

知识网络"①。这样，社会个体之于终极意义的自主性选择和构建，反而更大限度地扩展和涵盖了个体信仰的范围，使之在实证法律的规约与国家意识形态的引领之下，形成整个社会的道德共契与终极意义的系统网络。这不仅为社会个体之终极信念提供了空间和领域，亦为社会的道德秩序提供了超验的支撑，也使中国文化传统中的理想性、终极性意义资源，在社会主义精神家园的构建中获得"重生"，从而为中国社会扬弃价值虚无主义提供了重要的精神资源，最终形成程序正义的共同信念、规范价值的底线共识、终极价值的多元共契。

任何一个民族的文化都可分为"实用性文化"和"理想性文化"，"如果说实用性文化层面的生活意义是与现实生活直接捆绑在一起或直接结合在一起的话，那么，理想性文化层面的生活意义由于其超越性只是虚拟地与现实生活连接在一起的"。如现实性伦理规范就是一种"实用性文化"，而"理想性文化就其实质而言，只是人类为自己所创设的一个终极目标，其作用只在于为受现实生活制约的实用性文化提供一种超验性的支持。这种支持并不是实在地发生作用，而只是虚拟地起一种象征性作用"②。也就是说，实用性文化对现实生活具有一种直接规约的作用，而理想性文化只是在终极和超验的意义上，对现实生活和实用性文化进行虚拟性的范导和升越。正是由于实用性文化的这种直接规约性特征，使得传统文化只有追问永恒意义与终极价值的理想性文化，才能经过现代性的转化，融入现代社会之分化性结构形态之中，从而承续文化传统之精神血脉，重构现代社会之新的精神家园。中国文化传统中的实用性文化，亦由于不适应现代社会的生存方式与结构形态，不可避免地遭到瓦解，而理想性文化却以领域的分离，不再需要直接为政治秩序的生产服务，故而便可回归其"超越性"的位格和功能。同时，理想性文化并不直接规约现实生活，而是指向人类生活的终极意义，它虚拟了超越现实的终极目标，构建了一个民族的终极理想，进而获得了永恒的意义和升越的价值。因此，当代中国

---

① 刘小枫：《现代性社会理论绪论》，第504页。
② 王南湜：《从领域合一到领域分离》，第248—249页。

社会之精神家园的重建与终极价值的重塑，其精神资源就来自文化传统中经过现代性转化的理想性文化，如儒家传统即可"从现代化这一'新外王'的既存事实出发，引向对之逆向超越的'内圣'境界"，"是从现代化生活的后果，从其缺陷性后果出发，从对现代化生活方式的超越性批评中证明与之反向的传统理想性文化存在的正当性"①。由于现代社会的生存方式亦存在极大的局限性，生命的压抑、人格的异化、心灵的创伤、人生的荆棘，都需要一种超验的力量来满足亟需抚慰的心灵。由此，既然现代性的理性文化已经产生了主体性危机，人们势必转而向传统理想性文化那里寻求心灵的慰藉，这不仅使中华民族之传统文化拥有了现代复兴和转化的重要契机，具有了治疗异化和创伤的世界意义和普遍价值，亦使各种超越的理想性文化，在满足人们内心需求的竞争中，形成复调的终极价值之多元并存的格局。于是，这种传统理想性文化之于现代社会的重要意义当然就不是"正向"的，毋宁说它是以"反向"的批判性资源供给与精神性心灵慰藉，来应对现代性发生的后果。"在现代社会的理想性文化层面上，现代性与传统性可能构成一个互补的两极，一者为社会提供一种精神上的推动力，一者则提供一种制动力。"② 从这个意义上讲，传统超验的理想性文化成为中国社会消除价值虚无主义重要的精神资源。

李泽厚曾言："有人问：上帝死了，人怎么办？尼采之后还有没有路？答曰：有，有中国智慧的情本体之路，包括内外。上帝死了，人照样活。""所谓'情本体'也就在这日常生活中，在当下的心境中、情爱中、'生命力'中，也即在爱情、故园情、人际温暖、漂泊和归宿的追求中。"③ 这就是说，在凡俗之中获致超越凡俗的人生态度、天人合一的思想境界、共生共在的超脱情怀。其实，人们对于中国传统之理想性文化的诠释，尚只是问题的一个方面。更为重要的是，这种"内在超越"的理想性文化与终极性价值，何以在社会土壤与现实生活

---

① 王南湜：《从领域合一到领域分离》，第 279 页。
② 同上书，第 277 页。
③ 李泽厚、刘绪源：《中国哲学如何登场？——李泽厚 2011 年谈话录》，上海译文出版社 2012 年版，第 110、113 页。

中生发出自身的力量和影响。我们认为，终极价值抑或终极意义在现代社会的构建机制，就是在社会公共空间，以学术组织的研究、各类学校的教育、社群团体的普及等方式，在社群共同体的相互交往、相互对话中，自主重构能够满足人们多元化的心灵需求，包括儒家文化、传统宗教在内的精神资源，从而产生多元共契之终极价值的超验网络和意义空间，搭建多元价值相互支撑的共在平台与意义网络。"分化系统是相对性的系统，多元宗教的存在维护了一个联结分化的多元社会的平台，每一群体作为社会次属制度为每一子系统建构起一个属己的系统，同时又是一个共在的平台的多元支柱之一。在这一道德共契的平台上面，个体受社会的分割性制度的侵害（这是诸多现代异化的根源之一）的程度，会有所减轻。"① 问题的关键还在于，这不仅需要国家在实证法律的层面上对其进行秩序性的规约和管理，亦必须在国家意识形态的范导和引领之下，使之获得思想的理性提升，进而破除内在的神秘性，使"中学"的理想性文化和终极性价值，在与"马学"和"西学"的对话中，既实现自身的现代化，亦实现西学的本土化，又实现马学的中国化。如此一来，不仅社会个体能够从中获得永恒的精神慰藉，也能为规范价值寻求惩恶扬善、以正人心的"超越支点"。这样，便形成了整个社会之道德共契与终极意义的系统网络，不仅为终极信念提供了空间和领域，也为道德秩序提供了超验的支撑，中国文化亦在社会主义精神家园的构建中获得"更新"，从而为中国社会扬弃价值虚无主义提供重要的精神资源，最终形成程序正义的共同信念、规范价值的底线共识、终极价值的多元共契。

综上所述，中国社会消除价值虚无主义的路径，决非重新回到一体化社会整合与绝对性价值构建，而是在结构分化与利益多元的现实状况之下，在融入全球化的时代语境之中，全力推进社会主义现代性的建设，完成契约性社会整合与相对性价值构建。具体说来，这种社会主义现代性构建，就必须明确划分政府、市场、社会之间的边界，以自主性社会领域的重建赋予人民行动以独立性，使之不仅成为人民

---

① 刘小枫：《现代性社会理论绪论》，第516页。

表达意志的公共空间，亦成为人民交流意愿的公共平台，又成为人民自主行动的公共领域，以至形成承载人民权利、走出价值虚无主义之必不可少的社会土壤。这种社会主义现代性构建，更必须以程序正义的创设保障人民权利的实质正义，不仅防止"权力"和"资本"对"社会"的共谋和僭越，也以权利义务、社会资源的公正配置，形成人民平等的自由权利，成为保障人民权利、扬弃价值虚无主义之重要的制度架构。这种社会主义现代性构建，还必须以德行有用、德福一致之制度伦理的锻造，以社会担当、自我成就之责任伦理的塑造，以自主性而非依附性之公民人格的生长，形成良善的社会主义伦理生态，为中国社会克服价值虚无主义奠定肥沃的精神土壤。这种社会主义现代性构建，也必须在展开社会结构与社会体制变革的同时，进行文化结构与社会灵魂的塑造，其国家意识形态与精神家园的重塑，使之形成"世界的哲学化"与"哲学的世界化"的双向扬弃，进而在社会体制的变革、改造与文化灵魂的塑造、凝聚之间产生良性的互动。这样，就必能在制度架构与文化形态的双向推动中，实现程序正义的共同信念、规范价值的底线共识、终极价值的多元共契。唯其如此，中国社会之契约性社会整合与相对性价值构建才能真正得以形成；只有这样，中国社会才能最终走出价值虚无主义的泥沼。

结　语

价值虚无主义是传统社会向现代文明迈进过程中，由于总体性社会整合向契约性社会整合、绝对性价值构建向相对性价值构建转变，所必然发生的普遍问题，是轴心时代确立的最高价值的陨落与超越世界的坍塌，引发的意义向度的萎缩与价值秩序的颠覆。奔赴现代文明的中国社会，不可避免地遭遇了价值虚无主义的问题，只是其核心内涵不同于西方社会之传统神性立法权的剥夺与主体立法的失效，而是传统神圣价值襁褓功能的失落以及主体理性尚未发育成熟二者交互作者用下所造成的混乱。具体说来，中国传统社会以最高价值为根本准则的绝对性价值构建所确立的传统规范秩序已然失范，但又未能及时产生拥有自主性人格的多元化社会主体以自我立法的相对性价值构建、建立有效的现代规范秩序，以致心灵世界与公共生活的价值秩序乱象丛生，终极价值连同规范价值同时"祛魅"，唯功利价值独尊。"天道"是中华民族在"轴心时代"确立的最高价值，尽管中国文化之"内在超越"的表现形态，使之并不存在西方文化"外在超越"的神性实体，自我心性与神圣天道、日常人伦与超越世界之间，具有不即不离、体用不二的内在贯通性，但却不能将中国人的精神价值源头看作与世俗世界完全等同的东西，它依然是中华民族所构建的"超越世界"。在总体性传统社会中，"天道"不仅为政治权力提供了"受命于天"的权威性基础，亦为社会规范呈现了"天网恢恢，疏而不漏"的正义性归宿，还为道德行为承载了"人在做，天在看"的自律性信心，更为人生意义担负了"天生德于予"的神圣性信念。这样，"天道"就为传统社会的政治秩序、社会秩序、心灵秩序，提供了超越的最高价值与神圣的终极关怀。虽然中国社会具有与西方社会迥异的文化传统，但在现代化进程中由于最高价值的废黜，同样引发了精神价值问题。所不同的是，中国社会之价值虚无主义的发生，并不在于社会的理性化所导致的精神生活与神圣实体的分离，而在于被动急促的现代化进程与中国社会内在超越的文化结构、与实质性伦理传统发生了"断裂"，从而导致传统最高价值"天道"的陨落："从天到人"的敬畏伦理失落、"从人到天"的耻感伦理消解、信念伦理约束力的削弱，以致引发意义世界的萎缩与价值秩序的颠覆。

尽管中国社会之价值虚无主义的产生，源于传统总体性社会整合的失效与现代契约性社会整合的未完成，源于以旧神性为基础之精神信仰的已然坍塌与以新理性为根基之思想信念的尚未形成，故而是中国社会大转型过程中无可避免、必然发生的精神价值问题，但由于信仰的迷失与价值的迷茫已经引发的一些人的功利短视、人性沦陷等现象，却决不是一个可听之任之的严重问题，它极大地危害着中国社会的价值生态与伦理秩序，严重地吞噬着人们的幸福感。中国的社会转型令人欣喜地告别了旧的时代，却在伦理传统断裂与契约文化未立的巨大虚空中，致使一些人走向了极端的功利主义、没有底线的物质追求、透支未来的竭泽而渔、沉迷钱权的角逐游戏，他们已经与理想、精神、意义、境界等渐行渐远。我们可以鲜明地体认到经济交往中的诚信缺失，政治生活中的拥权自肥，公共生活中的自私冷漠。贪婪膨胀、反智主义的物欲主义，亵渎和瓦解规范价值的潜规则，妨害和恶化公共生活秩序的信任危机，已经成为中国社会价值虚无主义最为严重的表征。

价值虚无主义的发生并非毫无来由，传统价值构建的失效是其深层根源之一。中国社会现代化进程的展开和推进，使得整个社会形态与生存方式，发生了从封闭性到开放性、从同质化到异质性、从单一性到多元化的转变。在此过程中，传统一体化社会整合与绝对性价值构建的日益失效，导致中华民族在"轴心时代"所确立之最高价值亦即"天道"的崩塌以及与之一脉相承的"神圣目的"的式微，"人在做，天在看"的价值信念与"神圣目的"的精神追寻已无法产生昔日应有的范导性和规约力。同时，由于中国社会现代化的推进与转型是在列强专横、中华民族遭遇亡国灭种之虞的急迫性历史境遇中展开的，传统文化未有充分时间实现自身的现代性转化便已成为一种强大的阻滞性力量，从而导致只能以激进社会变革的方式予以彻底抛弃甚至摧毁。这是中国社会在现代性转型过程中产生价值虚无主义的文化根源。加之中国社会"半现代性"的现实状况，不仅社会结构呈现出尚未完全分化的"半总体性特征"，制度伦理亦表现为普遍性力量亏欠的特质，社会人格也显示出自身依附性的表征，这种前现代性的残留与现代性的匮乏，成为中国社会价值虚无主义发生的现实根源。这种状况如若任其继续发展和进一步恶化，势必对社会造成严重的伤害，因而必须着力探求扬弃价值虚无主义的必然性路径。

可以肯定的是，这种扬弃路径决非重新回到一体化社会整合与绝对性价值构建，而是在中国社会发生结构分化与利益多元的现实状况以及融入全球化的时代语境之中，全力推进社会主义现代性的构建，进而完成契约性社会整合与相对性价值构建，实现程序正义的共同信念、规范价值的底线共识、终极价值的多元共契。这就必须明确划分政府、市场、社会之间的边界，以社会领域的重建赋予人民行动的自主性，以程序正义的构建承载人民权利的实质正义，最终形成具有现代性特征的社会结构与制度架构，将市场机制、民主法治、自主人格等普遍的现代性因子，植根于儒家传统与社会主义传统的内部，呈现出"中国性格"的现代文明形态，从而使中国社会在社会主义现代性的构建中走出价值虚无主义的泥沼。

参考文献

一、中文参考文献

（一）国外著作

1. ［德］马克思、恩格斯：《马克思恩格斯选集》，人民出版社 1995 年版。
2. ［德］马克思：《1844 年经济学哲学手稿》，人民出版社 2000 年版。
3. ［英］梅因：《古代法》，沈景一译，商务印书馆 1959 年版。
4. ［德］黑格尔：《法哲学原理》，范扬、张企泰译，商务印书馆 1961 年版。
5. ［德］黑格尔：《精神现象学》，贺麟、王玖兴译，商务印书馆 1979 年版。
6. ［美］凡勃伦：《有闲阶级论》，蔡受百译，商务印书馆 1964 年版。
7. ［意］利玛窦、［比］金尼阁：《利玛窦中国札记》，何高济等译，中华书局 1983 年版。
8. ［德］马克斯·韦伯：《新教伦理与资本主义精神》，于晓、陈维纲等译，生活·读书·新知三联书店 1987 年版。
9. ［德］马克斯·韦伯：《学术与政治》，冯克利译，生活·读书·新知三联书店 1998 年版。
10. ［德］马克斯·韦伯：《儒教与道教》，洪天富译，江苏人民出版社 2005 年版。
11. ［德］卡尔·雅斯贝斯：《历史的起源与目标》，魏楚雄、俞新天译，华夏出版社 1989 年版。
12. ［德］尼采：《权力意志——重估一切价值的尝试》，张念东、凌素心译，商务印书馆 1991 年版。
13. ［德］尼采：《权力意志》，孙周兴译，商务印书馆 2007 年版。
14. ［美］丹尼尔·贝尔：《资本主义文化矛盾》，赵一凡等译，生活·读书·新知三联书店 1992 年版。
15. ［德］海德格尔：《海德格尔选集》，孙周兴选编，上海三联书店 1996 年版。
16. ［美］弗兰西斯·福山：《信任：社会道德与繁荣的创造》，远方出版社 1998 年版。
17. ［美］E. 博登海默：《法理学：法律哲学与法律方法》，邓正来译，中国政法大学出版社 1999 年版。
18. ［德］舍勒：《舍勒选集》，刘小枫选编，上海三联书店 1999 年版。
19. ［德］舍勒：《伦理学中的形式主义与质料的价值伦理学》，倪梁康译，商务印书馆 2011 年版。
20. ［德］哈贝马斯：《公共领域的结构转型》，曹卫东等译，学林出版社 1999 年版。
21. ［德］哈贝马斯：《交往行为理论》第 1 卷，曹卫东译，上海人民出版社 2018 年版。

22. ［英］吉登斯：《现代性的后果》，田禾译，译林出版社 2000 年版。
23. ［德］西美尔：《时尚的哲学》，费勇等译，文化艺术出版社 2001 年版。
24. ［加］查尔斯·泰勒：《现代性之隐忧》，程炼译，中央编译出版社 2001 年版。
25. ［英］马修·阿诺德：《文化与无政府状态》，韩敏中译，生活·读书·新知三联书店 2002 年版。
26. ［美］沃尔泽：《正义诸领域》，褚松燕译，译林出版社 2002 年版。
27. ［美］麦金太尔：《追寻美德——伦理理论研究》，宋继杰译，译林出版社 2003 年版。
28. ［德］康德：《纯粹理性批判》，邓晓芒译，人民出版社 2004 年版。
29. ［德］约纳斯等：《灵知主义与现代性》，刘小枫选编，华东师范大学出版社 2005 年版。
30. ［德］霍克海默、阿道尔诺：《启蒙辩证法：哲学断片》，渠敬东等译，上海人民出版社 2006 年版。
31. ［美］马尔库塞：《单向度的人》，刘继译，上海译文出版社 2008 年版。
32. ［美］列奥·施特劳斯：《苏格拉底问题与现代性》，彭磊等译，华夏出版社 2008 年版。
33. ［美］列奥·施特劳斯：《自然权利与历史》，彭刚译，生活·读书·新知三联书店 2016 年版。
34. ［俄］陀思妥耶夫斯基：《陀思妥耶夫斯基全集》，陈燊编，河北教育出版社 2010 年版。
35. ［美］杜赞奇：《文化、权力与国家》，王福明译，江苏人民出版社 2010 年版。
36. ［法］鲍德里亚：《符号政治经济学批判》，夏莹译，南京大学出版社 2015 年版。
37. ［美］斯坦利·罗森：《虚无主义：哲学反思》，马津译，华东师范大学出版社 2019 年版。
38. ［美］斯坦利·罗森：《存在之问：颠转海德格尔》，李昀译，华东师范大学出版社 2019 年版。
39. ［德］雅可比等：《虚无主义：本质与发生》，刘森林、邓先珍选编，华东师范大学出版社 2020 年版。
40. ［美］伯纳德·雷金斯特：《肯定生命：尼采论克服虚无主义》，汪希达、施玉刚、杨一杰等译，华东师范大学出版社 2020 年版。
41. ［英］康纳·坎宁安：《虚无主义谱系》，李昀译，华东师范大学出版社 2022 年版。
42. ［英］雷·布拉西耶：《虚无的解缚：启蒙与灭尽》，上海文艺出版社 2022 年版。
43. ［荷］诺伦·格尔茨：《虚无主义》，张红军译，商务印书馆 2022 年版。

44.〔美〕迈克尔·艾伦·吉莱斯皮：《尼采之前的虚无主义》，张红军译，商务印书馆 2023 年版。

(二) 国内著作

1.《二十四史》，中华书局 1997 年版。

2.《十三经译注》（全十五册），程俊英、黄寿祺等译注，上海古籍出版社 2009 年版。

3.〔春秋〕左丘明：《国语》，中州古籍出版社 2010 年版。

4.《荀子译注》，张觉撰，上海古籍出版社 2012 年版。

5.《庄子译注》，杨柳桥撰，上海古籍出版社 2012 年版。

6.《吕氏春秋译注》，张双棣等译注，北京大学出版社 2011 年版。

7.《孔丛子译注》，白冶钢译注，上海三联书店 2014 年版。

8.《淮南子校释》，张双棣撰，北京大学出版社 2013 年版。

9.〔汉〕许慎：《说文解字》，中华书局 2013 年版。

10.〔汉〕董仲舒：《春秋繁露》，中华书局 2012 年版。

11.《说苑校证》，向宗鲁校证，中华书局 1987 年版。

12.《论衡校注》，张宗祥校注，郑绍昌标点，上海古籍出版社 2010 年版。

13.〔宋〕周敦颐：《周敦颐集》，中华书局 1990 年版。

14.〔宋〕张载：《张载集》，中华书局 1978 年版。

15.〔宋〕程颢、程颐：《二程集》，中华书局 1981 年版。

16.〔宋〕朱熹：《朱子全书》，上海古籍出版社 2002 年。

17.〔宋〕朱熹：《四书集注》，岳麓书社 2004 年版。

18.〔宋〕罗大经：《鹤林玉露》，中华书局 1983 年版。

19.〔宋〕石介：《徂徕石先生文集》，中华书局 1984 年版。

20.〔明〕吕坤：《呻吟语》，中州古籍出版社 2008 年版。

21.〔明〕徐昌治：《圣朝破邪集》，宣道出版社 1996 年版。

22.《日知录校注》，陈垣校注，安徽大学出版社 2007 年版。

23.〔清〕黄宗羲：《明儒学案》，中华书局 2012 年版。

24.〔清〕张集馨：《道咸宦海见闻录》，中华书局 1981 年版。

25.〔清〕徐松：《宋会要辑稿·食货》，中华书局 1957 年版。

26.〔清〕刘大鹏：《退想斋日记》，山西人民出版社 1990 年版。

27.〔清〕龚自珍：《龚自珍全集》，上海人民出版社 1975 年版。

28.〔清〕康有为：《康有为政论集》，汤志钧编，中华书局 1981 年。

29.〔清〕康有为：《康子内外篇（外六种）》，中华书局 1988 年版。

30.〔清〕康有为：《大同书》，辽宁人民出版社 1994 年版。

31.〔清〕谭嗣同：《谭嗣同全集》，中华书局 1981 年版。

32.〔清〕吴趼人：《二十年目睹之怪现状》，岳麓书社 1993 年版。

33.〔清〕郑观应：《盛世危言》，辽宁人民出版社 1994 年版。

34.《清末筹备立宪档案史料》，中华书局 1979 年版。

35. 严复：《严复集》，中华书局 1986 年版。
36. 邹容：《邹容集》，人民文学出版社 2011 年版。
37. 孙中山：《孙中山著作选编》，中华书局 2011 年版。
38. 闻钧天：《中国保甲制度》，商务印书馆 1935 年版。
39. 黄远庸：《远生遗著》，商务印书馆 1984 年版。
40. 蔡元培：《蔡元培全集》，中华书局 1984 年版。
41. 毛泽东：《毛泽东早期文稿》，湖南出版社 1990 年版。
42. 邓小平：《邓小平文选》第 3 卷，人民出版社 1993 年版。
43. 胡适：《胡适文集》，北京大学出版社 1995 年版。
44. 林语堂：《吾国与吾民》，华龄出版社 1995 年版。
45. 钱玄同：《钱玄同文集》，中国人民大学出版社 2000 年版。
46. 梁漱溟：《中国文化要义》，上海人民出版社 2003 年版。
47. 鲁迅：《鲁迅全集》，人民文学出版社 2005 年版。
48. 陈独秀：《陈独秀文集》，人民出版社 2013 年版。
49. 杨绛整理：《杨荫杭集》，中华书局 2014 年版。
50. 宋广波编：《中国近代思想家文库·丁文江卷》，中国人民大学出版社 2015 年版。
51. 王德昭：《清代科举制度研究》，中华书局 1984 年版。
52. 王祥龄：《中国古代崇祖敬天思想》，台湾学生书局 1992 年版。
53. 邹谠：《二十世纪中国政治》，牛津大学出版社 1994 年版。
54. 王南湜：《从领域合一到领域分离》，山西教育出版社 1998 年版。
55. 刘小枫：《现代性社会理论绪论》，上海三联书店 1998 年版。
56. 刘小枫：《拯救与逍遥》，上海三联书店 2001 年版。
57. 张光直：《中国青铜时代》，生活·读书·新知三联书店 1999 年版。
58. 张世英：《进入澄明之境——哲学的新方向》，商务印书馆 1999 年版。
59. 唐长孺：《魏晋南北朝史论丛》，河北教育出版社 2000 年版。
60. 李世涛主编：《知识分子立场——激进与保守之间的动荡》，时代文艺出版社 2000 年版。
61. 萧功秦：《与政治浪漫主义告别》，湖北教育出版社 2001 年版。
62. 萧功秦：《中国的大转型——从发展政治学看中国变革》，新星出版社 2008 年版。
63. 樊浩：《伦理精神的价值生态》，中国社会科学出版社 2001 年版。
64. 樊浩：《道德形而上学体系的精神哲学基础》，中国社会科学出版社 2006 年版。
65. 孙立平：《断裂：20 世纪 90 年代以来的中国社会》，社会科学文献出版社 2003 年版。
66. 孙立平：《失衡：断裂社会的运作逻辑》，社会科学文献出版社 2004 年版。
67. 孙立平：《转型与断裂——改革以来中国社会结构的变迁》，清华大学出版社 2004 年版。

68. 孙立平：《博弈：断裂社会的利益冲突与和谐》，社会科学文献出版社 2006 年版。

69. 孙立平：《守卫底线——转型社会生活的基础秩序》，社会科学文献出版社 2007 年版。

70. 孙立平：《重建社会——转型社会的秩序再造》，社会科学文献出版社 2009 年版。

71. 余英时：《士与中国文化》，上海人民出版社 2003 年版。

72. 余英时：《余英时文集》第 3 卷，广西师范大学出版社 2004 年版。

73. 余英时：《论天人之际——中国古代思想起源试探》，中华书局 2014 年版。

74. 孙隆基：《中国文化的深层结构》，广西师范大学出版社 2004 年版。

75. 吴思：《隐蔽的秩序——拆解历史弈局》，海南出版社 2004 年版。

76. 谢维扬：《周代家庭形态》，黑龙江人民出版社 2005 年版。

77. 汪民安等主编：《现代性基本读本》，河南大学出版社 2005 年版。

78. 郑也夫：《信任论》，中国广播电视出版社 2006 年版。

79. 费孝通：《乡土中国》，上海人民出版社 2006 年版。

80. 高瑞泉主编：《中国近代社会思潮》，上海人民出版社 2007 年版。

81. 陈来：《古代宗教与伦理——儒家思想的根源》，生活·读书·新知三联书店 2009 年版。

82. 陈来：《古代思想文化的世界》，生活·读书·新知三联书店 2009 年版。

83. 杨美惠：《礼物、关系学与国家——中国人际关系与主体性建构》，赵旭东、孙珉译，江苏人民出版社 2009 年版。

84. 白春阳：《现代社会信任问题研究》，中国社会出版社 2009 年版。

85. 王俊：《于"无"深处的历史深渊——以海德格尔哲学为范例的虚无主义研究》，浙江大学出版社 2009 年版。

86. 徐贲：《通往尊严的公共生活》，新星出版社 2009 年版。

87. 徐贲：《在傻子和英雄之间：群众社会的两张面孔》，花城出版社 2010 年版。

88. 徐贲：《怀疑的时代需要怎样的信仰》，东方出版社 2013 年版。

89. 徐贲：《听良心的鼓声能走多远》，东方出版社 2014 年版。

90. 金耀基：《从传统到现代》，法律出版社 2010 年版。

91. 金耀基：《中国现代化的终极愿景》，上海人民出版社 2013 年版。

92. 傅佩荣：《儒道天论发微》，中华书局 2010 年版。

93. 王中江：《进化主义在中国的兴起：一个新的全能式世界观》，中国人民大学出版社 2010 年版。

94. 李德顺等：《精神家园——新文化论纲》，黑龙江教育出版社 2010 年版。

95. 许纪霖：《启蒙如何起死回生——现代中国知识分子的思想困境》，北京大学出版社 2011 年版。

96. 江晓原：《天学真原》，译林出版社 2011 年版。
97. 李松：《中国隐性权力调查》，华夏出版社 2011 年版。
98. 翟学伟：《中国人的关系原理——时空秩序、生活欲念及其流变》，北京大学出版社 2011 年版。
99. 翟学伟：《关系与中国社会》，中国社会科学出版社 2012 年版。
100. 翟学伟：《人情、面子与权力的再生产》，北京大学出版社 2013 年版。
101. 崔大华：《儒学的现代命运——儒家传统的现代阐释》，人民出版社 2012 年版。
102. 吕小康：《社会转型与规则变迁——潜规则盛行的社会学阐释》，南开大学出版社 2012 年版。
103. 郑永年：《改革及其敌人》，浙江人民出版社 2011 年版。
104. 郑永年：《保卫社会》，浙江人民出版社 2011 年版。
105. 郑永年：《中国改革三步走》，东方出版社 2012 年版。
106. 郑永年：《重建中国社会》，东方出版社 2016 年版。
107. 郑永年：《再塑意识形态》，东方出版社 2016 年版。
108. 郑永年：《中国模式：经验与挑战》，中信出版社 2016 年版。
109. 金观涛、刘青峰：《兴盛与危机——论中国社会超稳定结构》，法律出版社 2011 年版。
110. 金观涛、刘青峰：《开放中的变迁——再论中国社会超稳定结构》，法律出版社 2011 年版。
111. 金观涛、刘青峰：《中国现代思想的起源——超稳定结构与中国政治文化的演变》，法律出版社 2011 年版。
112. 高兆明：《制度伦理研究》，商务印书馆 2011 年版。
113. 高兆明：《政治正义：中国问题意识》，人民出版社 2014 年版。
114. 高兆明：《道德文化：从传统到现代》，人民出版社 2015 年版。
115. 高兆明：《道德失范研究——基于制度正义视角》，商务印书馆 2016 年版。
116. 甘阳：《文明·国家·大学》，生活·读书·新知三联书店 2012 年版。
117. 方克立：《中国文化的综合创新之路》，中国社会科学出版社 2012 年版。
118. 马俊峰等：《当代中国社会信任问题研究》，北京师范大学出版社 2012 年版。
119. 张康之、张乾友：《共同体的进化》，中国社会科学出版社 2012 年版。
120. 李泽厚、刘绪源：《中国哲学如何登场？——李泽厚 2011 年谈话录》，上海译文出版社 2012 年版。
121. 冯尔康：《中国古代的宗族和祠堂》，商务印书馆 2013 年版。
122. 刘森林：《物与无：物化逻辑与虚无主义》，江苏人民出版社 2013 年版。
123. 贺来：《有尊严的幸福生活何以可能》，中国社会科学出版社 2013 年版。
124. 熊培云：《这个社会会好吗》，群言出版社 2013 年版。

125. 葛兆光：《中国思想史》，复旦大学出版社 2013 年版。
126. 罗志田：《权势转移——近代中国的思想与社会》，北京师范大学出版社 2014 年版。
127. 罗志田：《道出于二——过渡时代的新旧之争》，北京师范大学出版社 2014 年版。
128. 高勇、吴莹：《国家与社会："强国"与"新民"的重奏》，中国社会科学出版社 2014 年版。
129. 甘阳：《通三统》，生活·读书·新知三联书店 2014 年版。
130. 唐忠宝：《虚无主义及其克服——马克思的启示》，人民出版社 2014 年版。
131. 李泽厚：《由巫到礼 释礼归仁》，生活·读书·新知三联书店 2015 年版。
132. 石磊：《先秦汉代儒教天论研究》，中华书局 2015 年版。
133. 马新宇：《辩证法与价值虚无主义》，中国社会科学出版社 2015 年版。
134. 邹诗鹏：《虚无主义研究》，人民出版社 2016 年版。
135. 吴晓明：《论中国学术的自我主张》，复旦大学出版社 2016 年版。
136. 杨庆堃：《中国社会中的宗教》，范丽珠译，四川人民出版社 2016 年版。
137. 刘建军等：《转型中国的正义研究》，上海人民出版社 2016 年版。
138. 张有奎：《资本逻辑与虚无主义》，中国社会科学出版社 2017 年版。
139. 杨丽婷：《走出虚无主义的深渊：路径与反思》，社会科学文献出版社 2020 年版。

（三）参考文章

1. 习近平：《决胜全面建成小康社会，夺取新时代中国特色社会主义伟大胜利——在中国共产党第十九次全国代表大会上的报告》，《人民日报》2017 年 10 月 28 日。
2. 习近平：《在纪念马克思诞辰 200 周年大会上的讲话》，《人民日报》2018 年 5 月 5 日。
3. 习近平：《在庆祝中国共产党成立 100 周年大会上的讲话》，《求是》2021 年第 14 期。
4. 习近平：《扎实推动共同富裕》，《求是》2021 年第 20 期。
5. 习近平：《高举中国特色社会主义伟大旗帜，为全面建设社会主义现代化国家而团结奋斗——在中国共产党第二十次全国代表大会上的报告》，新华社，2022 年 10 月 25 日。
6. 胡锦涛：《高举中国特色社会主义伟大旗帜，为夺取全面建设小康社会新胜利而奋斗——在中国共产党第十七次全国代表大会上的报告》，《人民日报》2007 年 10 月 25 日。
7. 胡锦涛：《坚定不移沿着中国特色社会主义道路前进，为全面建成小康社会而奋斗——在中国共产党第十八次全国代表大会上的报告》，《人民日报》

2012年11月18日。

8.《中共中央关于全面深化改革若干重大问题的决定》,《人民日报》2013年11月15日。

9.《中共中央关于全面推进依法治国若干重大问题的决定》,《人民日报》2014年10月29日。

10.《中共中央关于坚持和完善中国特色社会主义制度推进国家治理体系和治理能力现代化若干重大问题的决定》,新华社,2019年11月5日。

11. 潘晓:《人生的路啊,怎么越走越窄》,《中国青年》1980年第4期。

12. 余潇枫、盛晓蓉:《论公民人格》,《浙江大学学报》1998年第2期。

13. 王南湜:《重建亲切的精神家园》,《求是学刊》1999年第6期。

14. 王恒:《虚无主义:尼采与海德格尔》,《南京社会科学》2000年第8期。

15. 田海平:《告别"欧洲虚无主义"》,《东南大学学报》2001年第2期。

16. 张凤阳:《论虚无主义价值观及其文化效应》,《南京大学学报》2003年第6期。

17. 陈泽环:《底线伦理·共同信念·终极关怀——论当代社会的道德结构》,《学术月刊》2005年第3期。

18. 阎孟伟:《"道德危机"及其社会根源》,《道德与文明》2006年第2期。

19. 阎孟伟等:《现时期我国社会诚信缺失的现状及原因——构建社会诚信体系研究报告(一)》,《理论与现代化》2013年第4期。

20. 余虹:《虚无主义——我们的深渊与命运?》,《学术月刊》2006年第7期。

21. 陈赟:《虚无主义、诸神之争与价值的僭政——现代精神生活的困境》,《人文杂志》2007年第1期。

22. 王金林:《历史生产与虚无主义的极致——评后期海德格尔论马克思》,《哲学研究》2007年第12期。

23. 刘森林:《马克思与虚无主义:从马克思对施蒂纳的批判角度看》,《哲学研究》2007年第7期。

24. 刘森林:《虚无主义与马克思:一个再思考》,《马克思主义与现实》2010年第3期。

25. 刘森林:《物与意义:虚无主义意蕴中隐含着的两个世界》,《中山大学学报》2012年第4期。

26. 刘森林:《论虚无主义与形而上学——基于唯物史观与文明论意义上的思考》,《南京大学学报》2012年第4期。

27. 刘森林:《资本与虚无:马克思论虚无主义的塑造与超越》,《吉林大学学报》2012年第5期。

28. 刘森林:《为什么要关注虚无主义问题?》,《现代哲学》2013年第1期。

29. 刘森林:《文化、虚无主义话语与社会发展:德国和俄国对中国的启示》,《西南大学学报》2014年第1期。

30. 刘森林:《物化通向虚无吗?——马克思与尼采的不同之路》,《哲学动态》2014 年第 6 期。

31. 刘森林:《面对现实的无能：尼采论虚无主义的根源》,《学术月刊》2014 年第 12 期。

32. 刘森林:《虚无主义的历史流变与当代表现》,《人民论坛·学术前沿》2015 年第 10 期。

33. 邹诗鹏:《现时代虚无主义信仰处境的基本分析》,《江海学刊》2008 年第 2 期。

34. 邹诗鹏:《现代性的物化逻辑与虚无主义课题——马克思学说与西方现当代有关话语的界分》,《天津社会科学》2009 年第 3 期。

35. 邹诗鹏:《虚无主义的极致与人的解放问题——重思马克思对虚无主义的批判》,《复旦学报》2015 年第 5 期。

36. 邹诗鹏:《虚无主义的现代性病理机制》,《河北学刊》2016 年第 2 期。

37. 邹诗鹏:《现代哲学虚无主义概念之分疏与辨析》,《当代中国价值观研究》2016 年第 3 期。

38. 黄滨:《晚清中国乡村的公共道德生活探微》,《伦理学研究》2008 年第 1 期。

39. 仰海峰:《虚无主义问题：从尼采到鲍德里亚》,《现代哲学》2009 年第 3 期。

40. 宋友文:《重思虚无主义问题的价值学理路》,《天津社会科学》2009 年第 5 期。

41. 孙立平:《走向社会重建之路》,《第七届中国改革论坛论文集》,2009 年 10 月 17 日。

42. 袁祖社:《虚无主义的文化镜像与当代中国"自我经验"实践的困境——"事实"与"价值"的深度分离及其历史性后果》,《陕西师范大学学报》2009 年第 6 期。

43. 贺来:《个人责任、社会正义与价值虚无主义的克服》,《哲学动态》2009 年第 8 期。

44. 贺来:《超越理想主义与犬儒主义的"辩证法"——对当代中国人精神生活的分析》,《学术月刊》2014 年第 1 期。

45. 严春友、朱红文:《简论当代中国人精神家园的重建》,《北京师范大学学报》2010 年第 3 期。

46. 张有奎:《资本逻辑与虚无主义的批判》,《哲学动态》2011 年第 8 期。

47. 张有奎:《虚无主义的终结与人的解放——基于马克思主义实践逻辑的考察》,《南京大学学报》2015 年第 3 期。

48. 庞楠:《价值虚无主义与价值秩序建构》,《深圳大学学报》2012 年第 1 期。

49. 唐忠宝:《马克思与虚无主义问题的新考察》,《云南社会科学》2012 年第 6 期。

50. 郗戈:《"后黑格尔"虚无主义境遇与马克思的哲学革命——以〈关于

伊壁鸠鲁哲学的笔记〉为中心》,《中国人民大学学报》2014 年第 5 期。

51. 邓先珍：《论尼采与马克思对虚无主义克服的起点与归宿》,《山东社会科学》2014 年第 8 期。

52. 刘宇：《论当代中国价值虚无主义精神状况及其超越》,《道德与文明》2014 年第 3 期。

53. 刘宇等：《论现代社会生存状态的犬儒主义倾向》,《教学与研究》2014 年第 5 期。

54. 刘宇：《论当代中国社会的价值虚无主义》,《东岳论丛》2014 年第 11 期。

55. 刘宇：《论现代社会的价值虚无主义及其扬弃》,《江汉论坛》2015 年第 4 期。

56. 刘宇：《论中国社会转型中的犬儒主义及其扬弃》,《理论与现代化》2015 年第 6 期。

57. 刘宇等：《价值虚无主义：现代文明深刻的精神危机》,《教学与研究》2018 年第 3 期。

58. 刘宇：《论中国现代化进程中的价值虚无主义及其扬弃》,《天津社会科学》2020 年第 5 期。

59. 刘宇：《论马克思共产主义的总体性辩证法及当代意义》,《南开学报》2020 年第 1 期。

60. 田明：《指谓与对象化：克服虚无主义的辩证反思》,《马克思主义与现实》2015 年第 6 期。

61. 杨丽婷：《论虚无主义与当代中国的关系图景》,《广东社会科学》2015 年第 2 期。

62. 杨丽婷：《论当代中国克服虚无主义的实践资源》,《江苏社会科学》2015 年第 3 期。

63. 杨丽婷：《论克尔凯郭尔与尼采的争辩：应对虚无主义的两种路径》,《广东社会科学》2020 年第 1 期。

64. 杨丽婷：《马克思与虚无主义批判：一种历史性的实践方案》,《学术研究》2020 年第 7 期。

二、英文参考文献

1. Johan Goudsblom, *Nihilism and Culture*, Oxford: Basil Blackwell, 1980.

2. Gilles Deleuze, *Nietzsche and Philosophy*, translated by Hugh Tomlinson, London: Athlone, 1983.

3. Petersloterdijk, *Critique of Cynical Reason*, translated by Michael

Eldred, London: University of Minnesota Press, 1987.

4. Donald A. Crosby, *The Specter of the Absurd: Sources and Criticism of Modoern Nihilism*, Albany: State University of New York Press, 1988.

5. Gianni Vattimo, *The End of Modernity: Nihilism and Hermeneutics in Postmodern Culture*, Baltimore: Johns Hopkins University Press, 1988.

6. Gianni Vattimo, *Nihilism and Emancipation: Ethics, Politics and Law*, translated by William McCuaig, New York: Columbia University Press, 2004.

7. Karen L. Carr, *The Banalization of Nihilism: Twentieth Century Responses to Meaninglessness*, Albany: State University of New York Press, 1992.

8. R. W. K. Paterson, *The Nihilistic Egoist Max Stirner*, Aldershot: Gregg Revivals, 1993.

9. Eugene Rose, *Nihilism: The Root of the Revolution of the Modern Age*, Platina: St. Herman of Alaska Brotherhood, 1994.

10. Michael Allen Gillespie, *Nihilism before Nietzsche*, Chicago: The University of Chicago Press, 1995.

11. Michael Allen Gillespie, *The Theological Origins of Modernity*, Chicago: The University of Chicago Press, 2008.

12. Bruce Wilshire, *Fashionable Nihilism: A Critique of Analytic Philosophy*, Albany: State University of New York Press, 2002.

13. Arthur Kroker, *The Will to Technology and the Culture of Nihilism: Heidegger, Nietzsche and Marx*, Toronto: University of Toronto Press, 2004.

14. Will Slocombe, *Nihilism and the Sublime Postmodern: The History of a Difficult Relationship from Romanticism to Postmodernism*, New York: Routledge, 2006.

15. Shane Weller, *Literature, Philosophy and Nihilism: The Uncanniest of Guests*, Basingstoke: Palgrave Macmillan, 2008.

16. Shane Weller, *Modernism and Nihilism*, Basingstoke: Palgrave Macmillan, 2011.

17. Bülent Diken, *Nihilism*, New York and London: Routledge, 2009.

18. Nolen Gertz, *Nihilism*, Cambridge: Masachusetts Institute of Technology Press, 2019.

后　记

带着一丝倦意和苦涩,我终于杀青了这部"尝试"之作。在艰苦的写作过程中,我一直在苦苦地思索哲学该如何参与人类社会、国家民族的发展和幸福的构建之中,如何在以经济建设为中心的现时代凸显自身的尊严。两个挥之不去的"意象"总是占据着我的脑海:一个是孩提时代听长辈讲述的"猎人海力布";一个是普利策所言之"船头守望者"。"猎人海力布"呈现的是这样一个故事:海力布在无意中解救了山神的女儿,山神赋予他一种神奇的力量,可以听懂百兽的语言,只是这个秘密决不可以透露给任何人,否则就将化为石头。但在一次山洪就要来临的危机时刻,海力布为了说服人们赶紧离开,终于将这个"致命"的秘密公之于众,结果化为了一尊石像。"船头守望者"则是普利策激励新闻工作者的重要意象,他认为新闻工作者的职责就是要提前为社会这条大船可能遭遇的危险提出预警,进而提醒人们防范风险。然而,我却总是坚定地认为,"猎人海力布"与"船头守望者"正是哲学工作者的神圣使命。这个深沉的总体性学问必须要以批判和反思的方式"嵌入"人类历史与社会生活的深处,去探知社会发展可能出现的风险,从而使人类驶往未来的航行不会偏离正确的轨道。但这种探知决不是一种实时性的警报,而是一种趋势性的叩问;不是一种及时性的反馈,而是一种深沉性的反思。哲学凸显自身尊严的功能,应该是为时代诊脉,为未来引路,尽管没有功利意义上的"用",却是"无用之大用"。我之所以称这部书为尝试之作,正是对这种哲学信念的践行,也是对我的博士生导师陈晏清先生的"理论以理论的方式为现实服务"之治学理念的践行。这让我坚定了哲学真正的生命力和尊严,并不存在于不食人间烟火的书斋和学院,也不存在于佶屈聱牙的概念构建与冷涩生僻的词句创设,它更为重要的意义和功能,恰恰是对社会生活与人类未来最深沉的关切和思考。

中国社会在迈向现代文明的进程中所发生的价值虚无主义,正是哲学工作者必须关切的重大问题,因为它极大地损害着社会的健康发展与人们的幸福追寻。我们决不能回避问题的存在,以致失去解决问题的机遇和动力;也不能陷入消极的情绪,将中国社会视为漆黑一团,进而丧失克服困难的信心和勇气。任何富有担当的学者都有责任对这一问题进行深度的研究和批判,使人们能够理性地面对中国现代化进程中所产生的精神价值问题。从这个意义上讲,这部著作便拥有了一种独特而重要的价值。尽管"虚无主义"的问题与概念都源于欧洲的现代化国家,但实际上却是人类社会在现代化进程中所必然遭遇的普遍问题,它是一体化社会整合与绝对性价值构建的失效,引发传统最高价值的陨落,导致意义世界萎缩与价值秩序颠覆的问题。我决非以西方的概念轻率地套用中国的现实,而是竭力揭示虚无主义在中国社会特定的表现形态,也力图从现代化进程的大尺度上探寻中国社会之精神价值问题的本质根源。事实上,虚无主义正在猛烈地敲击着迈向现代文明之中国社会的大门,从而以道德信念的颓靡、意义世界的萎缩、内在灵魂的消解,表征着自身深刻的转型之痛,不仅扭曲着人们的心灵,更危及社会主义各项事业的发展。我们并不能简单地将其归于市场经济的负面效应,进而以道德滑坡、价值迷茫、人情冷漠等现象描述遮蔽问题的核心与要害。无可否认,市场经济对于道德信念与精神价值具有巨大的解构力量,但决非这一社会问题的本质所在,毋宁说伦理传统的知性断裂所带来的价值空场,才是中国社会精神价值生态恶化的滥觞。这就好比身体免疫力脆弱的人易于遭受病菌侵入一样,社会肌体的精神羸弱也使自身完全无法抗拒资本逻辑的侵蚀,从而被解构得更为严重和彻底,以致产生种种精神价值乱象。也就是说,我们只有在传统社会向现代文明转型的大视野中,去检视社会整合和价值构建之形态与方式的转变,才能深度厘清中国社会所遭遇的精神价值问题。从这个视角来看,这种精神价值问题的凸显本质上就是虚无主义的来临。鉴于虚无主义概念运用的混乱,以致出现了各种不同形态的虚无主义,我们必须去除非哲学的概念滥用,回归哲学的本质内涵。从根本上讲,虚无主义只有一种,就是价值论意义上的虚无主义,它是社会转型中凸显的价值危机及其哲学表达、反思和批判,其他任何一种虚无主义都是其在不同领域的表征,故而称之为价值虚无主义。它的中国形态是传统一体化社会整合与绝对性价值构建逐渐失效,现代契约性社会整合与相对性价值构建又未真正建立引发的当然后果。这样,我们就将当下的现实问题带入中国伦理传统与现代化进程的历史深处,呈现出中国社会遭遇价值虚无主义的必然性及其内涵和表现的独特性。由于中国文化是"内在超越"的伦理传统,它在没有组织建制的同时,又与政治权力高度统合,道德伦常笼罩着个人、家族、社会、国家全部的社会政治生活,王权、绅权、族权的一体化整合也使道德规范体系无法收缩于私人生活领域,继续承担规约社会、安抚心灵的功能。内忧外患的现实处境亦使中国社会的现代化必定是一种急迫性的路径抉择,没有机会和时间进行伦理传统的现代性转化。一荣俱荣、一损俱损的总体性社会结构与兵临城下、民族危亡的历史性境遇,势必导致整个伦理传统的认同危机和知性断裂。这正是中国社会价值虚无主义的独特性所在,它植根于急迫性现代化进程中伦理传统的断裂而非"理性化"的祛魅,进而导致了传统最高价值"天道"的陨落,不仅是"从天到人"之敬畏伦理的失落,也是"从人到天"之耻感伦理的失效,还是"终极目的"之信念伦理的式微,从而引发了意义世界的萎缩与价值秩序的颠覆。这种历史深处的逻辑昭示旨在使人们从中看到问题发生的必然性,亦希冀呈现中国形态之价值虚无主义的独特表征与求解路径。

就方法论而言,我力图通过形上与形下的辩证统一、历史与现实的相互贯通,更深入地揭示价值虚无主义的本质内涵与现实危害,不仅以较大的篇章颇为详尽地呈现出中国传统最高价值"天道",以及传统敬畏伦理、耻感伦理、信念伦理的形成、贯彻和失效的历史境遇、内在机制与必然逻辑,更以强烈的现实批判,指认价值虚无主义决不可听之任之的社会危害。无论是在第一章概括性揭示的"敬畏的失落""犬儒主义的生存抉择""价值秩序的混乱""人性的异化""社会信任的危机",还是在第三章重点论述的"物欲主义的汹涌:社会灵魂的侵蚀和消解""潜规则的盛行:规范价值的亵渎和瓦解""社会信任的危机:公共秩序恶化的开始"等方面,都显示出我不仅意图昭示价值虚无主义发生的内在必然性,更希望阐明这一问题存在的巨大危害性,以及决不能将其合理化的现实批判性。我在书中这样写道:"中国社会价值虚无主义的产生,是现代化进程中无可避免、必然发生的精神价值问题,然而其信仰迷失、价值迷茫、功利短视、人性沦陷的现实表征,却是决不可听之任之的严重问题,没有底线的物质追求、透支未来的竭泽而渔、沉迷钱权的角逐游戏,已经使人们与理想、精神、意义、境界等渐行渐远。"不仅如此,这种辩证结构也体

后记

现在对价值虚无主义形成的深层根源、文化根源、现实根源的揭示上,不仅历史地表现了传统一体化价值构建方式的失效,以及现代化进程中急迫性社会变革的负面效应,更清晰地勾勒出中国社会"半现代性"的现实状况,既呈现出历史发展的逻辑路径,也表现出历史进程的当然后果。这种辩证结构还表现在中国社会克服价值虚无主义的路径论述上,从制度结构、伦理形态、终极价值三个层面构建以人民为主体的社会主义现代性,从而实现"世界的哲学化"与"哲学的世界化"的双向扬弃,完成程序正义的共同信念、规范价值的底线共识、终极价值的多元共契,最终走出价值虚无主义的困境。总之,我力图将形上与形下相互统一、历史与现实彼此贯通的辩证结构贯穿始终,既呈现价值虚无主义形成的逻辑必然,又昭示这一社会问题的现实危害与扬弃路径;既告诫人们理性面对这一问题,又警示人们决不可对此听之任之。

当然,这本"尝试"之作所讨论的问题难度、所涉及的历史跨度、所关涉的知识领域都是巨大和广泛的,必然存在着不少有待完善的地方,需要进一步深化、拓展、修订。但让我欣慰的是,这部社会问题的批判之作将激情纳入理性的轨道,将实证纳入逻辑的格局,从而避免了情绪化的宣泄,也超越了就事论事的浅陋,希望引起学界对这一问题的进一步思考和研究。

这本书也是我在武汉大学哲学学院从事博士后研究工作的出站报告。我的博士后合作导师汪信砚教授是一位治学严谨、学养深厚的优秀学者,他热情地鼓励了我将现实问题上升为哲学问题,将哲学的解剖刀"嵌入"社会生活的治学方式,并为之提供了精心的指导和有力的帮助。在此,我对汪老师悉心的教导和无私的付出表示衷心的感谢,也必将以更多优秀学术作品的问世来回报老师的恩情。

在博士后学习期间,武汉大学哲学学院众多的优秀学者给我留下了深刻的印象。睿智博学的赵凯荣教授、勤奋多产的李佃来教授、忠厚严谨的赵士发教授、机智善言的李志教授、治学认真的吴昕炜副教授、活泼可爱的周可教授,正是你们的存在让我在博士后生涯中受益良多、收获颇丰,和你们在一起研磨学问、畅谈人生的经历和片段也将成为我一生的宝贵财富和珍贵记忆。

此外，最需要感谢的是我的父母双亲，你们一直是我事业发展、学术进展的坚强后盾，很难想象没有你们的帮助，我的学术事业能够走到今天。

在此书行将出版之际，我对所有帮助过我的人表示由衷的感谢，也将沿着所信奉的学术理念继续前行，不断努力！

刘　宇
2024 年 3 月 31 日于浙江师范大学

图书在版编目(CIP)数据
中国现代化进程中的价值虚无主义研究/刘宇著.
上海：复旦大学出版社,2024.11. -- ISBN 978-7-309
-17702-2
Ⅰ.D61;B2
中国国家版本馆 CIP 数据核字第 2024BP9123 号

中国现代化进程中的价值虚无主义研究
刘　宇　著
责任编辑/陈　军

复旦大学出版社有限公司出版发行
上海市国权路 579 号　邮编：200433
网址：fupnet@fudanpress.com　http://www.fudanpress.com
门市零售：86-21-65102580　团体订购：86-21-65104505
出版部电话：86-21-65642845
常熟市华顺印刷有限公司

开本 787 毫米×960 毫米　1/16　印张 19.5　字数 281 千字
2024 年 11 月第 1 版
2024 年 11 月第 1 版第 1 次印刷

ISBN 978-7-309-17702-2/B·819
定价：86.00 元

如有印装质量问题,请向复旦大学出版社有限公司出版部调换。
版权所有　　侵权必究